白帝社アジア史選書
HAKUTEISHA's
Asian History Series
001

皇帝政治と中国

梅原　郁

白帝社

はじめに

半世紀近くも大学の教壇に立っているが、専門としている中国史で、概説と名のつく授業にはあまり気乗りがせず、教科書風の概説書などは、評価の定まったもの以外はあまり関心を持てなかった。京都の国立大学を停年でしりぞき、縁あって岡山の私立大学から、大学院担当ということで口をかけられた。その時、理事長から「君もこれまでと違って、学園や地域のため、少し協力してくれないか」と釘を刺された。そこで、これまで消極的だったカルチュア講座に顔を出し、毎月一回定期的に話をする破目に陥った。引受けた以上は、糊と鋏みのありきたりの話しではつまらないと一念発起し、新石器時代後半の彩陶文化に始まり、鄧小平に至るまで、中国四千年以上の歴史を、自分なりの一味違ったものに組立てる試みをやってみた。この講座は五年間でちょうど六十回に達し、なかでも十数人の方々は、ほとんど全部の話しにつき合っして下さった。皆さん、最近の大学生諸君とは比較にならぬ熱心さで聞いてくださり、わたしとしても望外の充実した時間を過させてもらった。多くの方から、中国の歴史がこんなに面白かったのは意外だったとか、中国に対する興味や関心の持ち方が変ったなどという感想をいただき、折角だから話しの内容を書物にまとめてはと勧められもした。わたしはそんなことをするニンでないと思っていたところ、たまたま白帝社から、新しいシリーズの最初にもってくるのに相応しい内容のものを書いてくれないかという相談を持ちかけられた。

一九四九年の中華人民共和国の成立以来、中国においては、それまで数千年続いた皇帝政治は過去のものとなり、マイナスの価値、おぞましき遺物として、真面目にとりあげようとされなかった。私が大学に入った当時は、日本の中国史研究者の多くも、皇帝政治は諸悪の根源と見做し、わたしがそれに疑問を抱くと、まるで反革命分子のように先輩たちから糾弾されたものである。時うつり、当時とは周囲の事情も全く変わったいま、改めて二千数百年の中国の皇帝政治を振返ってみると、そこには当然のことながら、興味深くかつ重要な事柄がぎっしりと詰まっている感じがする。そこで、カルチュア講座で扱った素材の中から、皇帝政治という切り口を使い、前近代の中国の歴史を縦につないでみようかと考えた。本書は、過去の中国で生起した出来事や、あらわれた人物を過不足なく網羅し、それらを時代順につみ重ねた概説ではなく、また中国史における何人かの偉大な皇帝たちの事跡を顕彰するためのものではさらにない。中国において、かくも長く続いた皇帝政治とは、そもいかなる内容を持っていたのかという点にいわば主眼がある。本文の中でも繰り返すが、中国の皇帝たちのおおむねは、名君や賢君とはむしろ遠い人間たちで占められている。それは『三国志演義』の劉備や、『西遊記』の三蔵法師で描かれているような、頼りない、周囲の引き立て役にすぎぬ場合が普通である。にもかかわらず皇帝政治が再生産され続けたカラクリはどこにあるのか。本書はそういった問題を、わたしなりに提示したものとして、お読みいただければ幸甚である。

平成十五年盛夏

梅原　郁　識

目次

目　次

序　章

その一

中国の皇帝の数

私は生来野次馬根性が旺盛で、何にでも興味を持ちたがる男である。大学に入った時、ある先生から、歴史なんて俗な学問だから、野次馬でないとできない。その点君は好奇心の塊だから、歴史をやる資格は十分だ、と妙なお墨付をもらった。

その性癖は年がたっても一向に変らない。私はこれまで、本書のような、いってみれば一般読者を対象にした書物を書く余裕がなかった。そろそろ古稀を迎えようとした折も折り、お誘いを受けたのを機会に、中国の皇帝政治を標題として、気軽に読める本を書いてみようかと思い立った。そこでまず手始めに、中国関係の書籍を扱っている本屋で、皇帝政治という標題のついた近刊書を何冊か集めてきて一読してみた。私の知らない勉強になることも少くなかったが、一方、中国の皇帝政治と関係し、それに興味を持つ者が、最初に知っておくべきもろもろの常識が、ほとんどの書物には書かれていない点が気になった。たとえば、かのチンギス汗は太祖、その子オゴタイは太宗と呼ばれるのに、孫のフビライはなぜ世祖なのか。大抵は漢の武帝と書かれるのに、なぜ唐は太宗や玄宗なのか。そして明や清はどうして洪武帝、咸豊帝などと三字なのか。よく読めばどこかにその理由が書いてある場合もあるが、大抵はすでに諒解ずみの約束事として、そんな説明は最初から無視されている。特に驚くべきは、最近似たようなものが数冊でている『中国歴代皇帝人物事典』風の書物である。プロ野球の選手名鑑さながらに、中国歴代皇帝の略歴と肖像画のようなものが、二千年にわたってならべられている。私のような専門家には、ここに書かれているような略歴なら、座右にある原典を見る方がずっと手っ取り早いし正確でもある。それにこうした杓子定規的名鑑では、誰が賢く誰が愚かなのか、その人物の評価や存在意義などはあまり詳しくはわからない。要するに、これから私が書き連ねるような、野次馬の興味を満足させるような記事は、どこにも書いてないから仕方がない。

試みに中国二千年、皇帝（天子）が何人いたか質問してみよう。これがなかなか難問である。何故ならば、長い中国で、王朝と呼ぶべきものをまず決めてかからねばならぬからである。かりにそれを、秦・前漢・新・後《ご》漢・魏・西晋《しん》・東晋・北魏と東魏・西魏に北斉・北周、南朝の宋・斉・梁・陳、そして隋・唐、五代の後《こう》梁・後《こう》唐・後《こう》晋・後《こう》漢・後周《こうしゅう》、北宋と南宋、遼・金・元《げん》に明《みん》と清《しん》の三十としよう。ひとまずこの三十の王朝で、幼児で殺害された、名ばかりの皇帝も全部いれると、ほぼ二二〇人となる。これに四世紀の五胡十六国、十世紀の五代中原以外の十国、そして西夏といった準王朝の皇帝一二〇人ばかりをプラスすると、まず三三〇人の名前を知ることができる。そういうと、では過去の中国の正式記録とされる「二十四史」に皇帝が何人いるかという質問をする人が出てこよう。これがまた厄介で、北魏や遼、金、元のような異民族王朝では、その始祖から本紀を書きはじめるため、実際にその王朝が中国で創設されるまでの何人かは、皇帝の数から省かねばならぬ。それがあるから、先に触れた中国皇帝とはいえぬ蒙古帝国の始祖チンギス汗は太祖で、元王朝の開祖フビライは世祖とされることになる。それでも『清史稿《しんしこう》』を加えて、「二十五史」に記載されている中国皇帝は一八〇人余りだから、あらましのところ千二百年で二百人前後は「皇帝」と呼ばれた人間がいたことになる。

では、我々はこの二百人余りの中国皇帝のうち、何人の名前や事跡を知っているだろうか。秦の始皇帝、漢の劉邦、武帝、光武帝、隋の煬帝《ようだい》、唐の太宗と玄宗、宋の徽宗《きそう》、元の世祖《せいそ》フビライ、明の永楽帝、清の康熙《こうき》、乾隆《けんりゅう》と、普通のかたならせいぜい十数人、皇帝全部の一割にも満たぬのではあるまいか。彼らのほとんどは、王朝の始祖あるいは特別な功労者として際立って立派な、もしくはその逆の、正・負を問わずいわばチャンピオンたちである。それ以外の大部分の皇帝は、あたかも『三国志演義』の劉備や、『西遊記』の三蔵法師のように、記号的ともいうべきたいして個性のない連中で占められ、各王朝の歴史の引立役を演じる。そうした連中全部の名鑑を作ってみても、私にはたいして意味のある仕事とは思えない。

皇帝の呼名── 諡《おくりな》・廟号《びょうごう》

最初に、曖昧にされたまま説明を省かれているため、我々の好奇心を混乱に導く幾つかの事柄について、私なりの解説を加えておきたい。

皇帝の皇と帝の二字がいつごろでき、何時二つに合わさったかについては、学者の意見も一致しない。殷周《いんしゅう》文字学の泰斗白川静《しずか》氏は、皇は王の上にある玉飾りで、光が煌々《こうこう》とたちのぼる様、帝は祭祀のための大卓《テーブル》だと言われる。皇と帝を一つにした熟語は『書経《しょきょう》』の「呂刑《ろけい》」などにもあらわれるが、おおいなる上帝、光輝あふれる絶対王者の意味として使ったのは、秦の始皇帝だった。彼は臣下がたてまつる泰皇《たいこう》の称号が気にいらず、自分で皇帝に改めたと伝えられる。後漢の学者蔡邕《さいよう》は、皇とは盛徳が煌々として照らさざるはなく、帝は審諦《しんてい》の諦と同義で、明らか、天につかえてかげりなしの意味だと解釈する。文字にこだわる中国のこと、たとえば『称謂録《しょういろく》』なる清代の事典では、唐代の陸贄《りくし》の説を引用しつつ、徳の天に合する者が皇、地に合する者が帝、人に合する者を王と解釈する。天を父、地を母とし、人を養い物を理《おさ》むる、これを皇帝という、とのこじつけに類する。始皇帝がこの二字を使った真意はよくわからない。西嶋定生氏の、天の上帝とならぶ位置に自分を置くもので、天の子である天子とは違い、それゆえにこそ、不老不死を求めたとする見解も、一つの推測としておく方がよいだろう（西嶋定生『秦漢帝国』講談社学術文庫）。従って私は、この書物ではあくまでも便宜的に、皇帝と天子をほぼ同義に使うことをおゆるしいただきたい。それはさて措き、秦王政《しんおうせい》は、自分では始皇帝などと始をつけず、二世、三世と子孫たちが永遠に皇帝であるよう望んだ。その夢は僅か十四年で果敢《はか》なく消える。ではそれに続く漢代から清《しん》末に至るまで、中国の皇帝は正式には何と呼ばれてきたか。皇帝の二字にこだわり、終始それを使い続ける書物は、司馬遷《しばせん》の『史記』とならぶ、宋の歴史家司馬光《しばこう》の書『資治通鑑《しちつがん》』である。漢の高祖劉邦を「太祖高皇帝」と書くのに始まり、後《こう》周の「世宗睿《えい》文孝武皇帝」柴栄《さいえい》に至るまで、秦代以後の二八五巻の巻頭には、すべてその時々の天子に皇帝の二字を付ける。では、先にも触れた漢から清までの二十五種類の正史はどうであろうか。

『漢書』は高帝紀、武帝紀と素気ないし、『後漢書』は光武帝紀を除いて、顕宗孝明帝紀とか孝献帝紀のように、きまって「孝」の一字を加える。晋代以後も似たようなものだが、すべてそれらは顕宗文宣皇帝とか、太宗文武大聖大広孝皇帝の形式をとる。そこではあとで説明するように、廟《びょう》号や諡《し》号など、幾つかの次元の異なる呼名を省略ないし一緒にして書かれている。ところが『宋史』に至ると、標題に帝の字もつけず、太宗、神宗、高宗と呼びすてにする。皇帝も帝も自明の事柄だから、いちいち断わる必要はないとする考え方は、それなりに合理的なのだが、これまでの例でわかるように、その書き方は必ずしも統一がとれていない。

すでに秦帝国成立以前、王や有力者が亡くなると、臣下や子孫が、生前の業績をあらわすにふさわしい一、二字を選び、諡《おくりな》とする習慣が根づいていた。始皇帝はそれを廃止したのだが、漢に入ると再び息を吹きかえす。高祖劉邦の太祖高皇帝の高、武帝劉徹《りゅうてつ》の世宗孝武皇帝の武は、両人の事績を一文字で表現した諡である。おまけに漢代は、儒教が指導理念に採用された時代とあって、特に前漢と後漢の皇帝には、儒教のキイ・ワードの一つである「孝」の字を諡に加えて表《おもて》にあらわす。劉邦と光武帝劉秀にそれがないのは、王朝の創業者、つまりは父親にあたるためにすぎない。もっともこの孝の字は、拓跋族の北魏を除き、漢代のように表だっては書かれぬが、歴代どの皇帝の諡の中に必ず含まれている。時代が下ると、皇帝の諡《おくりな》、つまり諡号《しごう》は字数が増え、二十字を超える大袈裟なものになる。王安石の改革を支持した北宋第六代皇帝神宗の諡号は、紹天法古運徳建功英文烈武欽仁聖孝皇帝というが、このうち半分以上は、彼が在世中に臣下からたてまつられた尊号《そんごう》をそのままとりこんでいる。

それなら高祖とか太祖、あるいは仁宗、英宗といった呼称は何かという疑問がいだかれて当然であろう。これは廟号《びょうごう》と呼ばれ、本人の廟所《みたまや》の標識、簡単に言うと、お位牌の文字にあたる。儒教の礼の規定に従い、天子は七廟といって、廟域の中に七つ廟所《みたまや》を設置しなければならない。この一つ一つの廟所《みたまや》の掲額《けいがく》に書き入れる文字が廟号なのである。よりわかりやすく言うと、我々の家庭の仏壇に、祖先のお位牌が一人ずつ入っているようなもので、もし一杯になれば、古いものと新しいものを入換える必要が生じる。皇帝七廟でも、始祖の廟所はそのままにして、あとは一人ずつ順に移動させ、古いものは別の場所に一括してまつる。漢の武帝と我々は諡《おくりな》で呼ぶけれども、彼の廟号は世宗で、唐の太宗と廟号で言うのなら、正確には武帝も漢の世宗と呼ぶべきである。しかし、すでにお気付きかとも思うが、漢の劉邦じたい、正式には太祖高皇帝つまり漢の太祖とすべきところを、漢の高祖、高祖劉邦と誰もが書く。好奇心旺盛な私はすぐそうしたことに疑問を持つけれども、結局のところは、あまりたいした問題ではなく、その時々の状況に応じた慣行が作られ、諡号《しごう》、廟号《びょうごう》、あるいは一世一代と決まった明清時代には年号が皇帝の名につけられることになる。諡号や廟号のルールは、いちおうは定《き》まっているのだが、すべてがそのようには運ばぬため混乱が生じる。唐以後の皇帝の諡は長大で、誰もそんなものは覚えていない。そのため、お位牌の名前である廟号で、それを簡便に代用することが始まる。本来廟号にも諡号の要素が含まれているのだから、別に不都合は起こらない。唐の玄宗や宋の真宗といった珍らしい廟号は、彼らがとりわけ道教やその祭りに熱心だったことに由来し、南宋の理宗は、朱子学（理学）の傾倒者、また各王朝にみられる仁宗《じんそう》はよく言えば仁愛な、悪く言うと毒にも薬にもならぬ天子の意味を持つ。この中で気の毒なのは隋の煬帝《ようてい》、日本風の読みならわしを使えば「ようだい」は、諡《おくりな》のマニュアルでは、「内《じょせい》を好み政《まつりごと》を怠る」「礼を去り衆を遠ざく」「天に逆らい民を虐《しいた》ぐ」と最悪の意味であり、この字をつけられた皇帝は、隋の楊広のほか、南朝陳と女真族の金に一人ずついる。

最近の中国の出版物では、皇帝の諡号《しごう》や廟号をやめ、本名を使う方法が採用され、日本でも例によってそれに追随する人が増えてきた。しかし、この皇帝たちの普通の姓名なるものが、皇帝政治の歴史をそのうちに宿すため、意外に厄介な代物である。つまらない平等主義や右へならえはやめ、これまで通り、唐の代宗とか、宋の哲宗とか、光緒帝《こうちょてい》、宣統帝《せんとうてい》などと適当にいっておく方がはるかに楽でわかりやすい。古い時代はともかく、宋代以後皇帝の血縁者が鼠算式に増えると、彼らにどんな名前（諱《いみな》）をつけるかが大問題になる。皇帝とて一家を構え、本家、分家の大男系血縁者集団を擁している。その宗廟つまり祖先たちの祭祀をはじめ、冠婚葬儀に、何千、何万という親属が集まってきた時に、どのように交通整理をするのか。日本人などには想像もできぬような問題が日常的に起る。そこである世代、親等を同じくする血縁者たちに、標識として同じ一字を諱《いみな》につけることが広く行われる。たとえば、北宋時代なら、皇族趙氏の男子には、士、不、善、汝、崇、必、良、友というような字で世代別に上下の順番をきめ、同じ親等なら同じ一字を含む二字の諱をつける。そのカテゴリーが、父、自分、子、孫の区分を自然にあらわし、同じ文字を持つ者たちの中で年令の上下により席順などをきめればよく、また何百、何千といる親族が、自分からみてどの親等にあたるか一目瞭然《りょうぜん》となる。この程度ならまだよいのだが、さらにことは厄介になる。すでに宋代、士大夫の間で各世代に木火《もくか》土金水《どごんすい》の五行《ごぎょう》をふりあて、木扁《きへん》から水扁《さんずい》までの字を諱とする習慣が広く行われ始めた。朱子学の大成者朱熹《しゅき》は、父親は朱松、本人は朱熹、息子は朱在《しゅざい》で、木火土とならぶことは誰の目にも明らかであろう。普通の士大夫の場合ならたいして問題にならないが、ことが皇帝となると事情が違い、その典型が明代に現われる。洪武帝の息子で、若くして世を去った懿文《いぶん》太子標《ひょう》に始まり、十七代目の崇禎《すうてい》帝由検《ゆけん》に至るまで、朱氏の血縁者は、木火土金水の一字を、世代順に自分の名前に組みいれる。太祖洪武帝の男児は、『明史』に載せるだけで二十六人おり、この名前の中には日本人が見たこともない木扁の文字が混ざっている。有名な三代皇帝永楽帝にしてからが、その諱朱棣《いみなしゅてい》を正しく音読できる人が何人あろうか。まして彼に国を簒奪《さんだつ》された甥の建文帝朱允炆に至っては、当てずっぽにブンと読めはしようが、そんな字は普通の漢和字典にはまず載っていない。漢字に木火土金水の扁をつけた字が群を抜いて多い理由は、後世のくだらない命名競争の結果にすぎない。さいわいにも、明清二代は、一世一代が定着し、年号をつけて弘治《こうち》帝とか道光《どうこう》帝とか呼べば、すぐに見当がつく。わざわざ本名に呼びかえる必要など政治的理由を別にすれば、少しもないのである。

皇帝たちの寿命

次に、中国の皇帝たちの寿命に言及しておきたい。こうした話しは、真面目な学術書ではとりあげにくく、かといって多人数でこま切れ的に執筆する一般概説書では考慮にもいれられないだろう。二百人以上の皇帝の正確な生没年は必ずしも明らかではなく、また年齢計算も数え年や満年齢がいりまじるため、ここではおよそのことでご勘弁をいただきたい。さしあたり、中原王朝で生没年の推定できる皇帝を、秦の始皇帝から清末の宣統帝まで一九六人選び出してみた。そこでは、陸秀夫《りくしゅうふ》の背に負われ、海に消えた南宋最後の皇帝のような幼少者を除外し、全部の平均をとると四十二歳という数値がでる。ところがこれを細かく割ってゆくと、少しは興味のある事柄も浮かびあがってくる。まず、秦漢から魏晋《ぎしん》あたりまでは、平均年齢は四十歳に達しないのにくらべ、隋唐・五代は四十一、宋代以後には四十六—七とかなりはねあがる。これを王朝別に調べると、前漢・後漢は三十九、唐代四十七、北宋四十七、南宋五十七に対して、モンゴル王朝元は三十四、満洲族の清は五十二歳となる。ところが同じ唐代でも、高祖から徳宗までの前半十人は平均六十一歳と長寿なのにくらべ、順宗以下の十一帝は三十四歳と著しい開きが生じ、そこからでも唐中期以降の時代の姿を感じ取ることが不可能ではない。もう少し遊びを続ける。試みに二十ほどの王朝の創業者を選び出し、その平均年齢をとると、何と六十二歳という高齢に達し、全体の平均を二十歳も超す。王朝の創業者たちが、並はずれた体力と気力などの資質の持主であり、逆に言うと、そうした超人でなければ王朝の創始者になれなかったことが、この寿命の長さにも明白にあらわれている。毛沢東とてその例外でないことは断わるまでもなかろう。

最後に、では二百人足らずの皇帝のうち、誰が一番長生きで、六十歳以上の高齢者がどれ位いたかを付け加えよう。中国皇帝の中で最も長命だったのは清朝乾隆《けんりゅう》帝の八十九歳で、以下南朝梁の武帝蕭衍《しょうえん》八十六、南宋高宗と元の世祖フビライの八十と続く。また七十代は、最高齢が唐玄宗の七十八歳で、前漢武帝七十歳まで五人と意外に少く、六十歳以上も二十一人と現代の感覚からすると決して多くない。まさしく「人生七十、古来稀なり」を地でいっている。男性に混り、皇帝に準ずる女傑としては、漢の高祖劉邦の呂后《りょこう》、唐の高宗の皇后則天武后《そくてんぶこう》、清の咸豊帝西太后を挙げねばならない。それぞれ、六十二、八十二、七十三歳と、いずれも長寿を保った点でも、流石といわねばならぬだろう。

皇帝たちの絵姿

さきに挙げた「皇帝事典」類はもとより、一般向けの中国歴史書には、皇帝たちの肖像が多数掲載されている。また中国各地の博物館、文物展示場や、日本の展覧会場でも、皇帝たちの絵姿や彫像が飾られているのが普通である。ではそれら肖像が何に由来するのか、ごく一部には、その拠《よ》り所を注記することもあるが、ほとんどの場合は何も書かれていない。

十世紀後半、北宋の趙匡胤《ちょうきょういん》からあと、宋・元・明・清の諸皇帝の大部分については、清代に描かれ、北京宮廷南薫殿《なんくんでん》に旧蔵されていた、着色の立派な肖像画が揃っており、現在は台湾の故宮博物院にあって、その写真を転載する方法が常套手段となっている。問題はそれ以前で、唐の高祖李淵と太宗李世民は、宋以後の皇帝肖像に似せた立派な絵があるが、それ以外はおおむね出自が明らかではなく、本人が見れば卒倒するような代物も混る。そうした中にあって、唐初の有名な画家閻立本《えんりっぽん》の名を冠した「歴代帝王図巻」がひときわ重要な存在となっている。全巻の長さ五・三一メートル、幅五〇センチ、絹本《けんぽん》着色のこの巻物は、二十世紀初め、宮中から流出し、現在はボストン美術館の所蔵に帰している。そこには、前漢の昭帝、後漢の光武帝以下、劉備、孫権、下って隋の文帝楊堅《ようけん》と煬帝楊広まで、十三人の皇帝が描かれている。このため、これら皇帝が登場する部分では、挿図に閻立本の図巻が頻用されるのは当り前である。

呉の孫権（右）と晋の司馬炎（左）（「歴代帝王図巻」）

しかし、専門家の立場から見れば、この「歴代帝王図巻」じたいにさまざまな問題が含まれている。何よりも、唐初の画家の第一人者閻立本というのは仮託で、この巻物の最後にある跋文《ばつぶん》や、北宋から南宋時代のこの絵についての記述を総合すれば、それは北宋中期、十一世紀後半の楊褒《ようほう》の摸作というのが妥当な線である。その原本となった帝王図が、本当に閻立本のものだったかどうかも、正直のところ証明はできにくい。次に、中味に目をうつすと、十三人の帝王たちの構図に類似が多く、そのうち九図までは、日本の聖徳太子の画像でよく知られる、帝王の左右に一人ずつ侍者を配した、いわゆる三尊形式で、おまけにその侍者たちの面相はほとんど変らなかったりする。そこで、この図巻は二乃至三の原図を反復拡大し、十三人に増やしたものと考えるのが普通となっている。さらに、清末に宮廷から持ち出し、海外に送る前に、衣服の文様や顔の一部に要らざる加筆をして、せっかくの唐代線描画の俤《おもかげ》を傷つけたりもしている。ただ、余談ながら、この「歴代帝王図巻」に描かれた皇帝の姿は、文献に書き残される、皇帝の正式の服装と一致している点は重要である。特に頭の上に、長さ四〇センチ、幅二四センチの長方形の延《えん》を載せ、その両端に各十二本の旒《りゅう》と呼ぶ五色の色糸を垂らし、各旒には十二個の五彩の玉をつけた、冕《べん》なる冠物《かぶりもの》が目を惹《ひ》く。つまらぬ物に眼を奪われず、重要なものだけ見よとの意を寓し、同時に両耳に多くのことを聞きすぎぬようにと瑱《てん》（耳ふさぎ）をつけるのとあいまって、帝王の心構えをあらわすものに他ならない。

すでに唐代、太宗はしきりに自分の周りの文人や功臣の肖像をえがかせ、凌煙閣《りょうえんかく》の二十四人の功臣図は後世に喧伝され、お手本となる。また先の閻立本はじめ、幾人かの画家たちも人物画を専門にしていたから、皇帝像もその対象とされていたろう。それが次の宋代に入り、宮中アカデミー、皇帝の趣味の機関として翰林書画院の活動が始まると、そこに籍をおいた画人たちによって、肖像は格段に多く描かれたであろう。現在ワシントンのフリア美術館に所蔵される、南宋の馮平《ふうへい》と王渙《おうかん》の像などは、宋代官員の肖像画の有様を彷彿《ほうふつ》とさせる。恐らく宋以後は、皇帝の肖像は、祖先をまつる太廟《たいびょう》の御容《ぎょよう》（ご真影《しんえい》）をはじめとして、下は簡単なスケッチに至るまで、現在の写真同様に、かなりの量が蓄積されていたと想像できる。

明代まで時代が下ると、たとえば明の王圻《き》の『三才図会《さんさいずえ》』には、五十人ほどの皇帝の絵がのせられている。また民間でも、帝王や名臣の肖像を板に刻した『古先君臣図鑑《こせんくんしんずかん》』などがあらわれ、我が国でも『歴代君臣図像』と銘打って翻刻《ほんこく》されている。そうした本には、四十人ほどの皇帝、百人に達する臣下の粗笨《そほん》な肖像が掲載されており、日本の一般向けの書物では何とかヴィジュアルにという考えから、そうした中から怪しげな肖像をとり出して来て使う。ともあれ、皇帝を筆頭とした数多くの官員たちの肖像画は、問題は多いにせよ、それなりに何がしかの真実を伝えている点は、認めておいてもよさそうである。

その二

始皇帝以前

秦の始皇帝が黄河中流域の中原を統一した紀元前二二一年から溯って、甲骨文字が出現して歴史時代に入る殷代の前一五〇〇年までだけでも、一千年を遥にこえる歳月が過ぎ去っている。中国の皇帝政治が最初に姿を現す前段階がどのようなものだったか。その時期は考古資料や、文字史料とてまだ散発的、部分的で絶対量も多くない時代である。そこで、実証研究と並行して、さまざまな仮説や理論が提出され、それを柱として、中国における政治・社会の発達を説明しようと試みられる。母系制社会の存在、原始共産制、奴隷制など、すべてそうした仮説の概念であるが、論者は自分たちの理論を有利に導くために、都合の良い資料だけを使い、あるいは事実を歪曲する危険が常に伴う。ここでいう、殷の末期、巨大な王が出現し、それが秦の始皇によって統一するまでは、現代の中国における歴史学の建前では、「奴隷制時代」というきまりになっている。しかし、中国のような政治の枠組を遵守する必要のない我々は、「奴隷制時代」とご大層にいわれても、かつての儒教史観の古聖人の時代と似たりよったりで、事実かどうかは勿論わからず、そうした概念そのものも無視して一向にかまわない。要は、現在の段階では、この一千年余りの、特に前半期は、資料に則して歴史の歩みを辿《たど》るには、欠落部分があまりに多く、急速にその量を増しつつある新発現の考古資料の助けを借りて、今後それを埋めてゆかねばならぬ段階にある。

「皇帝」の二字を最高権力者の名称としたのは始皇帝とされるから、それ以前、類似した例があったにせよ、いちおうここでは取あげない。漢の武帝以降、儒教イデオロギーにもとづく政治的立場から、過去の伝説が整理されてできあがった「三皇五帝」なる呼名には、皇と帝の字が配当されている。司馬遷は流石に三皇は黙殺して、『史記』の叙述を五皇から始めるが、別にそれを信じていたわけではなかろう。ところが、儒教的立場から整理された古代史、あるいは聖天子たちの歴史が一度完成してしまうと、本当に信じるか信じないかは別として、それが中国の古代史として固定されてしまう。黄帝を最初に、顓頊《せんぎょく》、帝嚳《こく》、堯《ぎょう》、舜《しゅん》の五帝の次には、夏、殷、周の三代がくるわけだが、明治以後の日本の近代東洋学では、堯舜抹殺論がゆきすぎて、殷代までを虚構の時代とする風潮がもてはやされたこともあった。現在では、殷の前段階の夏が、中国における考古学調査の一つの焦点となり、洛陽の東、偃師《えんし》県二里頭《にりとう》に注目が集って、何とかその存在を証明しようとする努力が続けられている。こうした状況をふまえて、本書では、皇帝政治と直接につながる、その前史、別の表現を使えば「王」の時代を、前一五〇〇年ごろの殷代後期から始めることとしたい。

前五千年より以前の仰韶《ぎょうしょう》文化の時代、黄河あるいは渭《い》水に流入する小河川に沿った黄土台地の一角に、定着農業集落が誕生した頃は、比較的平等だった社会も、時の経過とともにその中に上下の階層の差を生じる。居住地の地理的位置、生産性、あるいは塩や燃料、武器調達の可否など、さまざまな原因が絡み合って、各集落、部族の間にも落差ができる。やがて強者が弱者を併せ、強力な集団の首長が他を服属させるとともに、権威を確立して号令を発する。龍山や大汶口《だいもんこう》などの文化の墓制では、首長は胸に斧《ふ》などの武器をのせ、副葬品なども、他の人々と異なる例が顕著になる。そうした武力を背景として、各地に次々と大きな勢力の核ができ、それがさらに拡大してゆくのだが、その具体的な経緯の詳細はわからない。たとえば、殷（商）の集団は、河南省北部、黄河が平原に出る場所の、商邱《しょうきゅう》、鄭州そして安陽と拠点を移している。そのうち、鄭州や安陽（殷墟）は発見された遺跡や遺物が少くないのだが、それがどのような部族で、また何故青銅器文化の一つの頂点に達し、あるいは多数の異民族に周囲をとり囲まれながら、神政一致の王国を作り維持できたか、などといった問題には、正直のところまだ解決できない部分が多いと言ってよかろう。

仰韶、大汶口、竜山、そして河姆渡《かぼと》から良渚《りょうしょ》など、新石器後半から末期の遺跡が次々と発見され、それらが青銅器時代に入って、殷のピークにどのように収斂されてゆくかが、次第に明らかになりつつある。ただ、ここで一つ問題となるのは、最近特に日本でジャーナリズムが好んでとりあげる長江文明なるものの性格である。河姆渡にしても馬家浜《ばかひん》にしても、揚子江下流域に、仰韶と同じころ、あるいはそれより早く、注目すべき固有の文化が発生していたことは明白な事実である。しかしそれらは、たとえ、かつて良渚文化が黒陶文化の江南の分派といわれたこともあったように、中原と何らかの交渉はあるにせよ、黄河文明とは区別して考えるのが妥当だと思う。四川から東シナ海までの長大な揚子江の流れに沿って人類が定住し、黄河流域と異った文化を創造していった事実を明らかにすることの重要性は論をまたない。しかしそれは、結局は黄河文明のように、大きく発展し、のちの中国文化の中枢となることはなかった。たとえば良渚の玉器の怪異な文様と殷の饕餮《とうてつ》文を結びつける発想がある。都合のよい図柄の写真だけ一緒にすると、両者に関係があるように見えるけれども、そもそも殷の饕餮文の持つ本当の意味をそれは無視して、表面的デザインの類似に話を矮小化しているにすぎない。すでに春秋から戦国、河姆渡や良渚文化の故地だった呉や越は、その国の人自身が、中原とくらべて自分たちの文化が比較にならぬほど低位にあることを認めている。看過された江南文明といったキャッチフレーズを掲げる前に、なぜそれが中原のような展開あるいは発達を見せなかったかについて、専門の研究者を納得させる学説を提示してもらいたいものである。

王の時代

儒家流の解釈では、「王」という字は、天・地・人を貫くものと説明される。だが、現代の古代文字学者は、その字は斧鉞《ふえつ》すなわち首切りのまさかりに淵源すると考えている。それですぐに想い起されるのは、殷墟の大墓における、ズラリとならぶ頭蓋骨の姿である。一九三〇年に始まる河南省安陽の殷墟の発掘は、二十世紀最大の考古学的発見と称されるが、王の墓とされる大墓の、地下一〇メートルの墓室の周辺や、墓道の一部に、百を超える頭蓋骨だけが並べられている光景、さらには大墓と隣接した墓域から、首のない骸骨が、まるで薪木を重ねるようにして、大量に発見された写真を眺めていると、気味の悪さを通りこして、例の好奇心が俄然湧いてくる。こうした頭蓋骨群は、殷墟の大墓に限らず、それに先行するといわれる鄭州二里崗《にりこう》からも、かなりの数が一ヶ所からまとまって発見されている。郭沫若《かくまつじゃく》を筆頭とした、マルキシズムの教条を掲げる人たちは、こうした頭蓋骨を、主人によって物として扱われ、意のままに殺害される奴隷と見做し、殷代奴隷制を唱え、少くとも中国では、現在もそれが建前としては継承されている。これとてちょっと考えればおかしな話であることに誰もが気付くはずである。殷が国を建てた黄河中流域の旱地農業地帯、夏は酷暑冬は極寒といったところで、唯物史観のいう奴隷制生産様式など、果して現実にしても観念にしても存在し得るものなのだろうか。また頭蓋骨その他はすべてが成年男子であるが、奴隷制生産の中心にある貴重な労働力を、かくも簡単に首をはねて墓に入れるものであろうか。こうした王様は裸《はだか》というに似た単純素朴な質問には、唯物史観の論者は説得力のある解答を、ほとんど与えてくれない。殷墟大墓の大量の犠牲者は、墓葬の中に別に見られる殉葬者や犬などと同様に、三千年後の現代の感覚や知識とは直接結びつかない理由で、こうした状況に追いこまれたとしか、今のところでは説明のしようがない。それはまさしく、先の斧鉞による生殺予奪の権を握った「王」の所業ということができる。そうした雰囲気はまた、殷代盛時の、権力者たちの墓中に必ず副葬される、祭器で

王の象徴である斧鉞（上）と殷墟大墓の髑髏群（下）

ある青銅器の表面を飾る、すべてのものを威圧し、あの世でもそれが有効と意識されたであろう饕餮文と、密接に表裏しているように私には思われる。とまれ、卜辞《ぼくじ》により神意をきき、歴史時代に神政一致の王朝の確実な足跡を残した殷は、たしかに特異な国であった。規模や内容は比較にならぬにしても、一九八六年、四川成都の北東、広漢県で発見された三星堆《さんせいたい》遺跡においても、神政の匂いはかぎとられる。まるで新興の邪教を叩きつぶすかのように、穴の中に累積された青銅の仮面の数々は、殷とは違う面を持つにせよ、祭政一致の指導者たちの存在を前提にしなくては理解できない。

春秋から戦国へ

淫乱・酷虐だった殷の最後の王紂王《ちゅうおう》は、周の武王によって成敗《せいばい》されたことになっている。周にくらべると格段に高い文明を持っていた殷を、周は徹底的に破壊し、その国の人たちの多くは故郷を離れざるを得なくなる。戦国時代に至るまで、殷の子孫たちが作った国である宋が、たとえ話しの中でよく嗤《わら》いものにされるところに、かえって周の殷への畏怖の強さが窺われる。それと同時に、武王の兄の文王や、周公旦たちについては、後世儒教で作りあげられた聖王・聖人のイメージが一人歩きしてしまう。何万とあったであろう聚落の邑《ゆう》（国）が、殷には三千、周初には千八百に淘汰されてゆき、それが周王により、同姓の諸侯や婚姻などで結ばれた異姓の諸侯の連合体に安堵させられると儒家は説く。これがいわゆる周の封建制なのだが、近代の史学では、それを都市国家あるいは城市国家の連合体などと表現する。ただしこうした連合体は、生産手段の未発達、自然への依存度の強い当時にあっては、いってみれば、点を繋ぎ合わせたネット・ワークにすぎない。また、このような周の封建制あるいは邑制都市国家連合なるものも、古今を問わず学者たちの机上の論議である部分が少くない。かりに周が殷を滅した前一〇二七年から、その周が西の方からの野蛮人の圧力で、関中の鎬京《こうけい》（宗周《そうしゅう》）を追われ、東方進出の拠点だった洛陽に遷る前七七〇年までの、約三百年のことは、史料の制限もあって、歴史的事実はそれほど詳しくはわかっていない。周はたしかに、殷王朝の呪術的束縛といった性格を解き放ち、より人間的な世界を開いた。その功績は評価してよいと思う。しかし、西周の基礎を定めた功労者の一人周公旦の子伯禽《はくきん》が封ぜられたという同姓の魯の国や、文王の臣下太公望呂尚《ろしょう》が封ぜられた異姓の斉の国などは、現代の考古学的発見でいうと、大汶口や竜山など優れた文化を持つ地方である。殷の王朝でも、安陽や鄭州から、まっすぐ空白地帯を南下し、湖北省の盤竜城《ばんりゅう》に拠点を構築し、さらに長江を渡って江西や湖南に、自分たちの文化を広めている。そうした、王国の中心と、いわば植民地、あるいは敵地に橋頭堡を築きつつ、自己の領域を拡大する動きを、旧来の考え方から離れて、実証的に追求することが今後は必要であろう。

前七七〇年の周室東遷のあと、前二二一年の始皇統一まで約五五〇年の東周時代は、日本では前四〇三年を境に、春秋と戦国に区分される。その間洛陽を中心とした周王朝は衰退の坂道をくだり、単なる飾り物と化す。それと反比例し、条件に恵まれた場所の諸侯たちは、青銅製の武器の改良、騎馬戦術の採用、さらには鉄製農具の使用による生産力の増強といった新しい動きをとりいれ、点のネットワークから、根拠地の城市＝都邑《とゆう》を中心とした面の領有へ、さらには周囲の諸侯を征圧・併合して、領土国家への歩みを加速させる。春秋時代は、諸侯たちが自己の勢力を拡大してゆく過程で、ある程度は周王室の顔をたて、また「盟約」がしばしば結ばれたりして、表面が取り繕《つくろ》われた。しかし戦国に入ると、文字通り弱肉強食の時代となり、各国は人材を集め、富国強兵につとめ、これまでの社会体制が大きく崩れはじめる。春秋時代にはまだ存在し、当時の文献などにしばしば顔を出す、薛《せつ》、衛《えい》、鄭、宋といった国々は姿を消し、いわゆる戦国の七雄、つまり七つの領土国家の時代に突入する。この頃になると、各諸侯は王、その領域は国と称してよく、官制、兵制、財制など各方面にわたって統治の萠芽形態があらわれはじめる。何よりも、七国の国都は、それまでとは比較にならぬほど巨大化し、高い城壁に囲繞された内部は、諸侯たちの居住区、祭祀《さいし》の場所、武器その他の製造所などに区画される。またそれらの国へ来て指導理念を説く知識人や、武器をはじめさまざまな物質を運びこむ商人たちが、国々を渡り歩くことも珍らしくなくなる。七国の王と呼ばれるまでに成長した

臨淄の馬の殉葬墓

首長たちは、論客たちの説く富国強兵、外交政策論に耳を傾け、自国のより一層の発展を志す。その時、中原中心部に位置し、古くからの伝統と文化を持っていた国よりも、その周辺部で生長してきた、相対的に文化程度の低い、未開な要素の残る国の方が有利であった。

　春秋時代、中原の中心を占めていた強国晋《しん》は、臣下のクーデターで消滅し、魏、趙、韓に三分されてしまう。この中で最初は魏が優勢だったが、西から秦の攻撃を受け、何より重要だった山西西南部の塩産地（解池《かいち》）を奪われて、本拠を河南の大梁《だいりょう》（開封）に移して弱体化する。次には、解池と山西南部を勢力圏におさめた秦と、河北の強国趙が対決する。趙の都邯鄲《かんたん》は、斉《せい》の臨淄《りんし》とともに、戦国時代の文化の中心をなしていたが、次第に外縁部の燕や楚あるいは秦との抗争で力を弱める。七国の中で最も遅れた国であった秦は、それゆえに伝統や文化に縛られることが少なく、中原諸国から知慧と知識人を摂取し、長い時間をかけて国の改造にとりくみ、始皇帝に至って中原の統一を完成する。

第一章　始皇帝をめぐって

始皇帝のイメージ

私が秦の始皇帝陵を初めて訪れたのは、一九七九年一月、乾いた雪が地面を薄く覆う寒い日であった。小学校の歴史の時間、ピラミッド、始皇帝陵、仁徳天皇陵のどれが一番大きいかという、今となってみるとあまり意味のない先生の質問が、いつまでも頭にこびりついていた。眼のあたりにした麦畑の中の始皇帝陵は、小さな丘にすぎず、巨大という表現とはほど遠い印象だった。当時は呑気なもので、私も小走りに始皇陵の頂点に駈け上り、これなら牧童がここで羊を追っていた話も不自然ではないと思ったりもした。調査が進み、重要な発見が相継ぐ現在では、始皇帝陵の周辺は檣壁《しょうへき》で囲まれて立入りを禁止され、一般の観光客はそこを素通りということになる。それに代って、皇陵から二キロほど東北の兵馬俑《へいばよう》は、必ず西安観光コースに組みこまれて、人でごったがえす。一九七九年当時は、発見からすでに四年を経過していたにも拘らず、住民を移住させ、柿などの雑木を掘り起した寒々とした平面に、粗末な木の足場を組み、部分的に鉄骨はあるが、おおむねは粗製煉瓦を積み重ねた、巨大な体育館風の建物が建造中だった。その中から、機械力はほとんど使わず、人々が手押車で黙々と土を運び出す有様は、蟻の群が、食物を少しずつ銜《くわ》えて歩く姿を連想させた。この時には、現在の兵馬俑の全貌はまだ我々には想像できず、せいぜい十体ばかりの俑を、ドームの側のプレハブで見せてもらえたにとどまった。最近では三つの兵馬俑を詳しく参観でき、とりわけ六千を超す等身大の

始皇帝兵馬俑展示館建設工事（1979）

人馬が、九列四人、二列二人ずつ、合計十一列をなし、一列何百人もの兵士が延々と連なる一号坑は、圧巻という以外の何物でもない。上から抑えつける二千年間の土の重みで、人馬の多くは損傷しているから、各俑の修復には、気の遠くなるような手間と時間がかかる。従って参観者は、現在でも、全体の三分の二程度を眼にすることしかできない。それでも、この始皇兵馬俑によって、文字通りヴィジュアルに、始皇帝の親衛部隊、すなわち全国を統一した武力の精髄を、ありのままの姿で脳裡に刻みこむことができる。これら直衛部隊にまもられた始皇帝とは、いったいどのような人物だったのだろうか。

中国皇帝政治の創始者である秦の始皇帝については、日本でもその名を冠した沢山の書物が書店を賑わわしている。だが、肝腎の始皇その人のイメージは、大梁《だいりょう》の人尉繚《うつりょう》が、始皇と面会した時の印象を、司馬遷の『史記』で書きとめられているものが唯一あるだけにすぎない。

始皇帝兵馬俑１号館

そこでは次のように言う。「秦王（のちの始皇）は高い鼻、切れ長の目、猛禽《もうきん》さながらの突出した胸、やま犬のような獰《どう》悪な声の持主。恩愛に欠け、虎狼の心をもち、我慢する時は人の下につくが、優位に立つと簡単に人を殺す。無位無冠の自分にも、利用価値があると考えてへり下る。秦王の天下をとろうとする志を達成させれば、すべてが彼の虜《とりこ》となろう。長く一緒にいるのは危い」。歴史家や小説家、あるいは画家たちは、この話をもとに、自由に自己の始皇帝像を膨《ふく》らます。なるほど、項《こう》羽が巡行中の始皇を見て、「彼奴《あいつ》にとって代ってやる」と口走り、劉邦も咸陽《かんよう》でその姿を目にして、「男たるもの、まさにかくあるべし」と溜息をついているから、始皇が一頭地を抜いた偉丈夫だった点は間違いあるまい。兵馬俑の指揮官たちの顔をコンピューターで解析し、『史記』の記述と混ぜ合わせれば、始皇帝に近い画像が構成できるかもしれぬが、もし彼が本当に河南陽翟《ようてき》の商人呂不韋《りょふい》と趙の美姫の間にできた子供だったとすれば、そんな試みも無意味となってしまうだろう。余談はさて措《お》き、西方の未開発国秦を率いて、始皇帝が全国統一をなしとげ、皇帝政治を開始することができた情況は、少し詳しく説明しておく必要があろうだろう。

秦《しん》―西方の軍事国家

『史記』の秦本紀には、伝説の時代から始皇登場に至るまで、嬴《えい》という姓を持つ秦王の系譜を延々と載せる。西周が西方の異民族たちに追われ、西安の西にあった都鎬京《こうけい》から、函谷《かんこく》関を越えて東の洛陽に遷り、やがて春秋時代の幕開きとなる。この前八世紀の前半、襄公《じょうこう》の時代から算《かぞ》えて、前三世紀なかばすぎの始皇帝秦王政《せい》に至るまで、文献の上では三十一代、五百年以上の歳月が流れている。その間のある部分は、最近目覚しい成果の報告が相継ぐ考古学調査の助けを借り、新しい事実が明らかにされる日も近いであろう。ただ、当面は、秦の東方進出の壁となっていた強国晋《しん》が、趙・魏・韓に分裂した戦国時代、第二十四代献公が西安の東の櫟《やく》陽《よう》に都を遷し、その子孝公（前三六一―三三八在位）が、衛の王族商鞅《しょうおう》を登用して、国政改革を断行した事件をとりあげればよいだろう。秦帝国の出発点ともいえるこの商鞅の改革を論

兵馬俑の若い兵士（上）と
漢陽陵の俑（下）

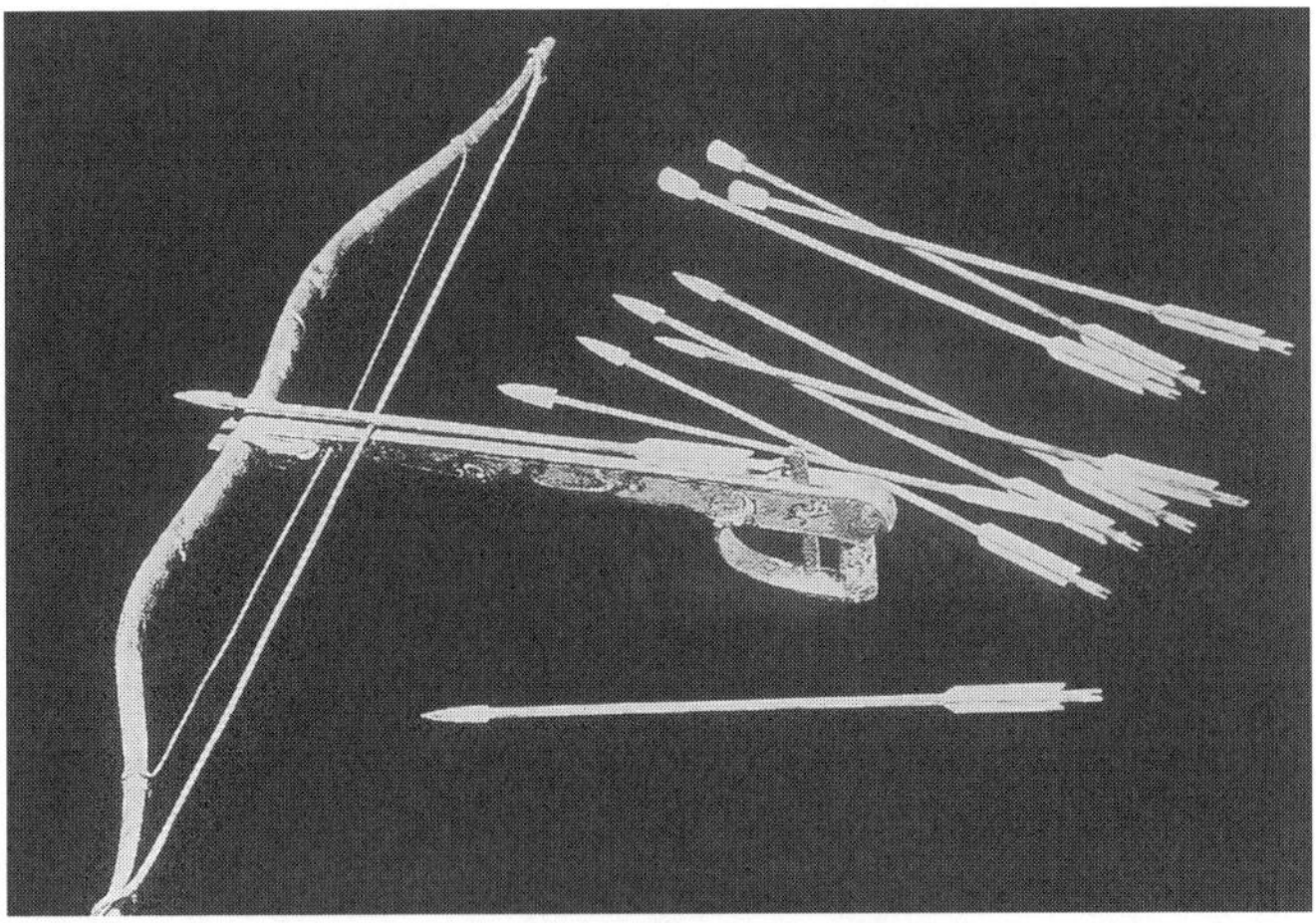
兵馬俑出土の武器

じる研究者の数は少くない。残念ながら文献史料にも限度があり、疑問点も少くないが、土地改革、農業奨励、分家による生産力増大、隣保制、軍功授爵など、二度にわたる改革で、それまでの秦国になかった富国強兵策を、「法」と「刑罰」を使い、強制的に実施した大筋には誤まりなかろう。そこで注意すべきは、春秋をへて戦国に入ったこの段階で、東方の知識分子の手を借りて、未曾有の大改革にふみきらざるを得なかった秦の後進性である。伝説の時代では、秦は陝西省の最奥地で、周王朝御用達の馬を飼育していた部族であり、かつまた周囲を西戎《せいじゅう》と総称される異民族に取り囲まれていた。あるいは彼ら自身が非漢民族だった可能性もないわけではない。こうした点でも始皇兵馬俑は貴重な材料を提供してくれている。等身大でかつ顔の相好はいずれも個性的である人々を、人類学的に分類してゆけば、思いがけない事実が発見されるかも知れぬ。現在は、前漢時代の帝陵、たとえば景帝の陽陵などの調査が進み、そこからも人俑が出土しはじめている。ところが、その人たちの顔かたちは、始皇帝俑と全く違い、全体が四角く、眼なども切長で細く、素人目にも別の系統の人たちに見える。そうしたことは今後の研究に委ねるとして、秦は、春秋・戦国時代の東方諸国と比較して、文化、社会などの諸側面で、かなり劣る未開発国だったことはほぼ間違いない。それが遥かにに強大な東方諸国を打倒し、最後は中原統一を達成するためには、幾つかの条件が必要だった。その中でも軍事力の優越が、やはり最も重要であろう。兵馬俑の一号墓からは、現在でも十分殺傷力のある、二〇センチの挿込み部分をそなえた青銅製の鏃《やじり》や、錫の含有度が高く、クロームで錆《さび》がとめられた一メートル近い長剣が発見されている。戦国に始まる鉄の普及は、農業生産に飛躍的な発展をもたらしたとはいえ、少くとも最初の間は鋳物で脆《もろ》く、武器は依然として青銅が主流だった。戦国諸国の中で、総合的文化程度は低くとも、原料と燃料を調達でき、技術者を集めて強制的に生産を進めれば、こうした武器の分野で優位に立つことはさほど困難ではない。さらに周囲の異民族から新しい知識を手にいれ、技術改良を行うチャンスは秦が圧倒的に有利である。秦の根拠地の北に隣接して、義渠《ぎきょ》の戎《じゅう》と呼ばれる異民族が居住していた。その人種をトルコ人もしくはイラン人とする説も存在する。この部族は結局は秦に滅されるけれども、その族長と秦室の女性の関係が取沙汰されたことなどを考えあわせると、両者にはかなり密接な交渉があり、あるいはこうした民族を通して、西方の軍事技術や情報を入手したのではないかといった推測も可能となる。戦国の七雄中、当初最も強盛を誇った趙は、前四世紀末、武霊王《ぶれい》が、匈奴から騎馬戦の技術を習ったことで有名である。西方の秦にとって、どの程度騎馬戦が有効だったか否かは、俄に定め難いが、もともと馬との関係が見え隠れする彼らのこと、始皇陵の精密な馬車・馬具を持ち出すまでもなく、その方面でも趙と拮抗できる位の能力は持っていたに違いない。

次は軍隊を構成する兵士の質である。戦前の日本でも京都や大阪の師団は軟弱で、東北や中四国の足許にも及ばなかった。兵馬俑の将士たちは、階級、老若、部署などさまざまな差異があるにせよ、全体として個性的であると同時に、内面的な緊張感、真摯《しんし》な表情が面《おもて》にあらわれている。私にはそれがかつての特攻隊の若者たちのイメージと重なりあって見える。漢や唐はいざ知らず、宋以後の傭兵たちと、彼らは全く質が違うような印象を受ける。秦の行く手を塞《ふさ》ぐ敵は、何が何でも殲滅《せんめつ》しようとする空気は、兵馬俑からもひしひしと感じられる。たとえそこに、強制や、戦功による恩賞などの鞭と飴を伴っていたにせよ、文明にスポイルされ、斜陽に向いつつある戦国のほかの国々と較べると、遥かに兵士としての質は上だったろうと私は想像する。このように見てくると、秦はあたかも十九世紀後半、フランスやオーストリーに先を越された、プロシアにも似た立場に思われてくる。皇帝ヴィルヘルム二世が始皇帝、ビスマルクが李斯《りし》というわけにはゆかぬが、全体の雰囲気が、何となく素朴な軍国主義国家を連想させる。では、以上述べて来た軍事力を、秦はどのような形にまとめて、統一帝国の完成に邁進させるのだろうか。

法術による支配

孝公が商鞅の改革を採用した時点で、秦がいわゆる法家の思想にもとづく法治主義路線をとる方向は不動となった。土地改革とそれに伴う小家族への分割の奨励は、魯の国の孔子の系統をひく儒家の、仁愛中心の家族主義と鋭く対立する。社会が進み、数多くの雑多な考え方を持つ集団が叢生した時、人間中心主義ともいえる儒家の論理は、たとえば戦争などの右か左かを決定する時になると、妥協的で優柔不断となり、雑多な考え方を仲々一本化できにくい。これに対して、法はどんな悪法でもないよりはマシと割切り、法の前にはすべてがひざまづくべきだという考え方は、いまから二千年より遥か以前の中国では、権力を掌握した者にとっては甚だ好都合で、法を利用して反対者を容赦なく抹殺できる。秦は東方の文化世界では受けいれられなかった法家思想の主張者を重用し、その指導によって、始皇帝を頂点とした中国最初の皇帝政治を誕生させる。この場合、まちがっても、ここで言っている「法」を、現代の我々が頭に描くヨーロッパ世界で生長してきた法と、同じ感覚、同じ次元で捉えてはならない。戦国時代の諸子百家の中には、商鞅、申不害《しんふがい》、慎到《しんとう》、韓非《かんぴ》など、後世法家として一括される人たちがいるけれども、彼らの説は、当時の現実政治遂行のための法術という色合いが強く、より本質的に法の精神や体系を説く部分は必ずしも多くない。従って本来法術を説く議論を、より高次なものに取繕ろうとするため、法家の書には『商子』はじめ、後世の仮託や追加物が多くならざるを得ない。

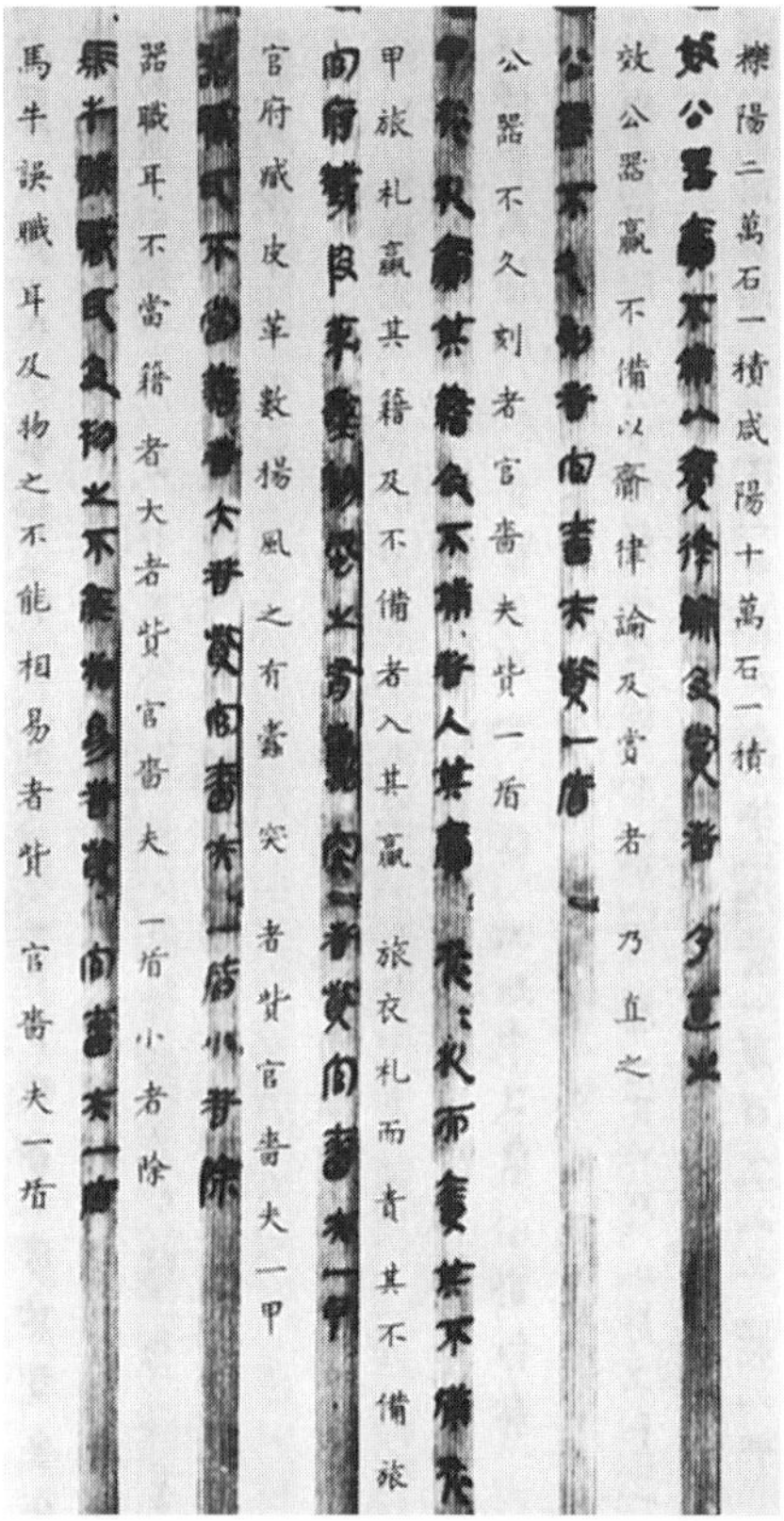

雲夢睡虎地秦簡（上）とその出土状況（下）

このような秦の法治が、どの程度まで帝国の内部に浸透したかにも考慮を払う必要がある。王や権力者たちは、支配の円滑な実現を目的として、次々と命令を発布し、その一部は成文法規として文字に書き残される。一九七四年に発見された、湖北省雲夢《うんぼう》県の始皇帝時代の法吏の棺中には、木簡に書かれた何冊もの法律書を副葬していた。それは始皇帝の法治の実態を知る上で極めて貴重な発見だと喧伝された。湖北張家山の漢初の「二年律令」をはじめ、こうした新史料は今後続々と報告される可能性は高い。下って漢代には、甘粛省や内蒙古西部の乾燥地に置かれた、匈奴防衛の砦に残された簡牘《かんとく》（木片文書）が万単位の数で発見され、その一部にこまかな法令も含まれている。しかし、雲夢で秦簡とともに埋葬された法吏は、自分の担当区域で、人々が法令を守ろうとしないと嘆いているし、居延漢簡と総称される砦の簡牘にしても、行政、軍事の実施技術を中心とした規定が大部分で、より高次な、「法」の本質とかかわる史料は必ずしも多くはない。つまり、秦や漢の法は、法とは何かという知識や前提のない場所に、軍事、徴税、司法など、上からの統治者が一方的に命令として強制したものにすぎない。それに違反すれば刑罰、それも重刑が科せられるが、それとて皇帝政治に役立つ強制労働という目的が隠されており、明らさまにいえば、労役を科し、その為に生命を失っても構わない恐ろしい性格を伴っていた。司馬遷が『史記』で繰返す始皇の残虐さとは、あくまでも法術に名を借りた恐怖政治にほかならない。洞庭湖で刑徒三千を集めて湘山の草木を伐《き》倒《り》し、阿房《あぼう》宮や始皇陵の造営に刑徒七十万を動員し、あるいは罪を犯した吏を長城建設に駈り出す行為を、後世の法治と同じレベルで扱うことはさし控えねばならない。酷虐無道とレッテルを貼られるこの始皇帝の法治だけでなく、全体として秦のことは私には良くわからない。『史記』の白起《びゃくき》列伝には、昭王の四十七年（前二六〇）、秦は宿敵趙と山西省西南部の長平《ちょうへい》で戦い、敵将趙括《ちょうかつ》の無能に乗じて大勝を博した。その時、降伏した敵兵四十万を謀《たばか》って、尽くこれを穴埋めにしたとされる。一体、四十万の軍隊を、いかに食糧がなく衰弱していたとはいえ、どのような計略で生埋めにできるのか。逆に趙の国では四十万の軍隊を失って弱体化したことはわかるが、その妻子や家族たちはそのあとどうなったか。文献は黙して語ってくれない。何時の日か、長平から纍々《るいるい》たる人骨の山が発見されることもあり得るため、速断はできぬが、かくも多数の成年男子を皆殺しにする秦将白起の神経は尋常ではなく、似たような話しは山西の魏のこととして、縦横家蘇代《そだい》のところでも書き残されている。それがとりも直さず始皇帝の心底と相通じているのではないかと疑われるところに、秦帝国の恐ろしさが潜《ひそ》んでいる。

郡県制と万里の長城

話を始皇帝の皇帝政治に戻す。始皇が全国に郡県制を布いたことはどの教科書にも載っている。本来、県とは、懸と同じ意味で、中央政府にかける、つまり周代の封建制のような間接支配ではなく、税金の徴収、軍隊の徴発などが、すべて中央に直接つながる意味を持つ。他方郡は人々が群聚する場所を指し、古くは、いまの日本のように県の下にあったとする意見もあるが、県と郡の両者が、どうして秦代の郡県制となったかは判然としない。また秦の郡数は当初の三十六からのち四十八になったけれども、その詳細には不明な点が少くない。ただ郡県の大部分は揚子江以北に集中し、それ以南は、当時の漢民族の植民地支配のようなものと考えて大過なかろう。これら郡には郡守、郡尉、郡監、県には県令、県尉、県丞など、中央から官員が任命され、形の上では民政、軍事、監察を分担する。この県の下が、どの程度まで秦の政府によって掌握されていたかは、同時代資料の少い現段階では明確にはできない。しかし劉邦が沛《はい》の亭長となり、また淮陰《わいいん》侯韓信伝には、南昌の亭長が史料にあらわれる上、あとに述べる漢代の例から逆推して、ある程度の下級役人が任命されていたことは間違いない。ただ、征服戦につぐ征服戦に明け暮れ、少し落着くと巨大な土木工事に駈り立てられ、人も富も武器も国都咸陽に集中されるとあっては、中央集権官僚制とか郡県制度といったところで、後世のそれと同日に語れないことは容易に理解してもらえるだろう。

始皇帝を主題とした話しは、万里の長城を筆頭にした大土木工事、文字・度量衡・車軌・貨幣などの統一、全国各地への巡行、思想弾圧としての焚書坑儒《ふんしょこうじゅ》、最後は不老長寿を求めて蓬萊への徐福らの派遣と封禅《ほうぜん》というふうに、展開するのがお定まりだろう。しかしここでは、後世の皇帝政治と繋る、もしくは従来誤解されていはしないかと疑われる事柄だけに話題を絞りたい。

　月ロケットからも見え、世界文化遺産とやらの最右翼にある万里の長城が、現在の姿にできあがったのは十五—六世紀の明代の話で、始皇帝のそれと直接には繋らない。断るまでもなく、「万里の長城」の名は、『史記』の「臨洮《りんとう》より起り、遼東に至る万余里」に由来する。だが、甘粛省西南端、黄河の支流に沿ったいまの岷《びん》県（臨洮）を起点に、始皇帝の長城がどういう道筋をへて遼寧省の東端まで至ったか、その全体像はまだ描き切れてはいない。始皇帝より遥か以前から、北の異民族匈奴の防衛のため、燕、趙など河北地方の諸国は、長城を構築していた。始皇帝は、かなりの部分それを利用、補強してつなげたと考えて誤まりない。ところで、始皇の長城は、陝西省の北部、オルドスと通称される黄河の大彎曲部を除くと、包頭《バオトウ》から呼和浩特《フフホト》、張家口の北、つまり北緯四一—四二度線に沿って東西に延び、現在の長城よりだいぶ北を走っている。その間、砂礫《されき》、砂漠などの荒地、山塊《さんかい》、草原など、土地の条件が異るため、その場所で最も入手しやすい材料を使い、かつできるだけ自然の地形を利用して、長城が建造される。従って、陝西などではいまも普通に見られる夯《こう》土と呼ぶ、黄土をつき固める方法が採用されるのに対し、陰山山脈では断崖や斜面を有効に利用する方法が、内蒙古の草原では内部に岩石片を多く使うといった変化が生じる。現在でもこの秦の長城の実地調査は続けられているが、それによれば、一メートル弱の深さの地下基礎の上に、下部の巾が五―六メートル、上部が三メートル、高さは一〇メートル程度の、石を混ぜ黄土をつき固めた檣壁を作ったとされる。二千年以上を経たこんにち、この長城の原像は窺えないけれども、たとえば起伏のある草原を越えて、延々と石と土の線の続く内蒙古の長城址や、基礎のつき固めた部分だけが残り、そのまま自動車道路として利用されている場所もある。

秦代万里の長城の遺址

話は変るが、中国でいうと後漢のなかば、ローマ皇帝ハドリアヌスは、属州ブリタニア、つまり現在のイギリスを訪れ、勇猛なスコットランド人防禦のため、

ハドリアヌス・ウォール

ハドリアヌス・ウォールと名づける長城を築いた。この防壁はタイソン・ソルウェイ地峡と呼ばれる、イングランド北部の最も狭い場所、すなわち西のニューカッスルから、東のボーネスに至る一一七キロに構築され、また、石造、土盛りを問わず高さは三―四・五メートルと必ずしも高くはない。ハドリアヌス・ウォールも全部が残っているわけではないが、数回訪れて実見を繰返したところでは、始皇帝の長城のイメージと、それほどかけ離れてはいないように感じられる。その一つは、地形の巧みな利用で、特にニューキャッスルに近い、アーシングの渡しの南側台地の檣壁は、それ自体の高さは三メートルにせよ、地形とあいまって十分に防衛機能を果せたと想定できる。第二は見張用の物見と、ある程度の兵力を常駐させておく駐屯用の砦の存在で、これなどは中国の烽火台と、障《しょう》と呼ぶ小さな駐屯地の組合せと全く同じ発想の産物である。始皇帝が長城を建造した目的は、匈奴騎馬軍団の防衛のためではあったが、誰もこの檣壁だけで、彼らの侵入が阻止できるなどと考えてはいなかったはずである。匈奴の侵入といったところで、彼らのやってくる道は大体きまっており、延々たる長城は、正直なところ漢民族のデモンストレーション、皇帝の権威の誇示にすぎず、実際の防禦効果はたかがしれている。ハドリアヌス・ウォールと同様に、匈奴の攻撃が始まれば、烽火台を通じて急を報せ、障の駐屯部隊が駈けつけて時間を稼ぎ、後方の大部隊がようやく応援にやってくる手順となる。『史記』の酷吏伝には、張湯の対匈奴強硬論に反対した儒者の狄山《てきざん》に対し、武帝が罰として障の司令官に任ずる話しがのっている。間もなく攻撃してきた匈奴によって、哀れにも狄山は殺され、首が持ち去られる。長城とそのまもりを、秦漢時代では、あまり重視してはならない挿話であろう。秦の帝国が崩壊したあと、劉邦は山西北部で、匈奴の大軍の包囲を受け、命からがら逃げ帰った。これまた長城という防衛線が、烽火台と駐屯兵、後方の正規軍をセットとしたもので、そのメインテナンスがなければただちに崩壊する事実を暴露している。

新しい政策のいくつか

長城のほか、始皇帝は馳道《ちどう》と呼ばれる高速道路をも作った。『漢書』の賈山《かざん》伝は、阿房宮や始皇陵の内容を語ってくれる貴重な文献だが、その中にこの道路の記事が含まれている。東は燕・斉、すなわち河北・山東、南は呉・楚、江南・湖北に達すとあるから、少くとも始皇帝が毎年のように巡行した範囲には、幅七―八〇メートルの堅くつき固めた道路を通し、両側は三丈ごとに樹木が植えられた。始皇の行動を見ていると、国都咸陽《かんよう》からまっすぐ東の山東海岸へ、山東から北上して河北東北端へ、あるいはオルドスを直っすぐ南下しているから、こうした地方には当然馳道が作られ、そこを始皇車馬坑から出土したような、四頭立ての馬車に乗って、彼は走りまわったに違いない。単に理念にとどまらず、統一帝国の領内には皇帝が足跡を印し、紀功碑を樹て、その権威を公示したのであるから、こうした道路が建設される意味は確かにあった。

より重要な施策は、文字や車軌、度量衡、そして貨幣などの統一である。秦漢時代、普通に使われた隷書《れいしょ》と名付ける字体を、以前はその名の通り、獄吏つまり隷属身分の程邈《ていばく》なる人が発明したと多くの本に書かれていた。しかし雲夢《うんぼう》秦簡の出現で、隷書がすでに始皇以前にできあがっており、かなりの程度実際の行政で使用されていたことが明らかになった。行政の便宜のために作られ、漢に至っていっそう普遍化した隷書の他に、戦国時代以前、各地方では独自の文字を使っていた。そうした文字を篆書《てんしょ》という字体を中心に一本化したのが、ここでいう文字の統一に他ならぬ。隷書はいってみればその簡体字、筆記体に相当し、現在でも篆刻という言葉で親しまれているように、ハンコの正式の文字として使用される篆書こそが、始皇文字統一の柱だった。表音と表意を一つに併せた漢字は、殷代の甲骨文字、周代の金石文字、そして春秋・戦国の各種文字を経て、篆書、隷書、楷書へと、ほぼ一直線に連ってゆく。その一つの節目が始皇時代に統一された篆書であり、後漢初めの許愼《きょしん》の『説文解字《せつもんかいじ》』でも、清朝の『康熙字典《こうきじてん》』でも、由緒正しい字引きは、すべて篆書を基本として掲載している。かりにロシアを除き、ヨーロッパ全部、大小合計二十五国の面積が、現在中国の東南半分、いわゆる本部十八省と同じだとしよう。ヨーロッパでは、主要な言葉だけで最低五―六ヶ国語の差異がある。これに対して中国では、少なくとも漢字にさえ書けば、その地域全部の言語表現を統一できることは、改めて考えると驚くべき事柄に属する。その基礎が始皇帝によって確立された点も、我々は忘れてはならない。また、貨幣や度量衡の統一という問題も、これ以後の中国各王朝が、その手本として仰ぎ、観念的にせよそれを目標にして、いろいろな試行錯誤をくり返した点において、やはり高い評価を与えるべきであろう。

巨大なカリスマ

始皇帝をめぐる多くの問題は、先にも述べたが、日本だけでも十指に余る一般向けの書物があるのでそれらに譲り、なお二、三の補足を書きとめるだけにしておきたい。私には始皇帝時代には理解しにくい出来事が多いと、上に述べたが、次のような事実もそれに入る。『史記』には、「天下の銅製兵器全部を没収し、国都咸陽に聚《あつ》め、鎔かして鐘鐻《しょうきょ》の金人十二と為す。重さ各千石、廷宮の中に置く」と書残す。戦国諸国の武装を解除し、少くとも各国の都にあった武器をとりあげたのはわかるが、その全部を何故鋳つぶして金人のような金属の塊にする必要があったのか。秦は戦国六国の武器が不必要なほど、武器とその原料を豊富に所持していたのだろうか。また鐘鐻金人といわれると、秦に先だつ戦国時代、湖北省の曾侯乙墓から発見された、偏鐘を支える銅人像が連想される。重さ千石、別の史料では二十四万斤という巨大な銅製人形が、なぜ偏鐘を支える人物と似た姿に作られたのだろうか。この金人に関してはわからぬことがさらに続く。後の時代の注釈書では、「金人は漢代に咸陽から長安の長楽宮に移され、董卓《とうたく》がその十人を鋳つぶして貨幣とし、残る二人は、五胡十六国時代、石虎（季竜）と苻堅《ふけん》が鋳つぶした」と記されている。また三国の魏の明帝の時にも金人と関係する話しがある。『三国志演義』でお馴染みの暴君董卓が、果して貨幣を必要とするような状況にあったのかどうか。一体で二十四万斤の重さの金人を、石季龍が何ゆえに、どのような方法で遙か遠くの河北省の

鐘鐻金人のイメージ

鄴《ぎょう》までそれを運んだのか。こうした疑問を現在の段階では解き明かすのはむずかしい。

話かわって始皇陵は、秦王政の即位と同時に着工され、上記『漢書』の賈山《かざん》伝や劉向《りゅうきょう》伝が記述するように、驚くべき地下宮殿が建造された。始皇の死とともに、そこに中国全土からの夥しい財宝が副葬された事実は、項羽が目ぼしいものを掠奪し尽すに一ヶ月かかった話からも裏付けられる。この始皇陵や咸陽《かんよう》の宮殿阿房宮造営に際し、『史記』は、「隠宮《いんきゅう》徒刑者七十余万人」を動員したと記す。隠宮とは、死一等を減じて去勢された者で、つまりは後世の宦官に相当するが、労役者の中にそうした分子がどれ位混在していたのかは、この文章だけではわからない。ただこのような造営に駈り出された労力は、別のところでも徒七十万とか、吏徒数十万と言われるから、とるに足らぬ軽罪でこの労役刑の枠に加えられ、強制的に咸陽に連れてこられた者が大部分を占めたことであろう。これらの、私がよく理解できないと申した事柄を総合すると、始皇帝の思考は、後世の皇帝たちとは同じ次元で扱い難い部分が多く、理解しようとしても限界があるように思えてくる。少くとも「皇帝」と称した時点で、彼は現世も未来も含め、全宇宙の主宰者を自任し、自分以外の人間には、常に生か死かの二者択一しか与えず、武力を背景に絶対的な威厳と自信をもって君臨した。彼は一日に一〇斤（六キロ）の簡牘《かんとく》文書の決済をノルマとしたと伝えられるが、本当とすれば、清朝の雍正帝《ようせい》顔負けの物凄さである。そこで権威の実現のため使用される法治なるものは、むしろ天の声、神の声とでも言い換える方が適切で、いまも眼にすることができる秦律は、法文や内容はさておき、その精神的背景は、後世の中国の法とも違った、始皇帝独自の色調を帯びていたと言わざるを得ない。

このように書き連ねてきても、始皇が稀に見る巨大なカリスマであり、決断と実行力を兼備した抜群の実務政治家だったことは厳然たる事実である。尉繚《うつりょう》と同じく、私も彼には会いたくないけれども、中国二千年の皇帝政治の方向、そのあるべき姿を、人々の心に焼付けた点は、好き嫌い、善い悪いの問題を超えた、まさしくエポック・メイキングな人物であった。秦帝国が彼の死とともに、呆気なく崩壊するのは、むしろ当然かも知れない。漢以後の皇帝政治は、表面では始皇帝を反面教師の位置におきつつ、現実にはそこから学び、追随し、彼の事跡を拡大充実させていった部分が極めて多い。そのことは、同時に、人々の脳裡に、明確に「皇帝」なるもののイメージを植えつけたわけで、これ以後の中国では、支配者、被支配者の別なく、統一帝国、その頂点に立つ皇帝とはこういうものだという、一つの確固たる具体像を持ってしまったことを意味する。そうした具体像は、後に触れる漢の武帝や唐の太宗の場合にも当嵌るけれども、始皇帝のそれは、最初にあるだけに、そのインパクトは遥かに強烈だった。

第二章　皇帝政治の確立

劉邦たちの世界

力で抑えつける恐怖政治は、後発の貧しい秦国ではその効果を発揮しても、東方の先進地では、それは長くは通用しない。始皇帝はみずからの死をほとんど予測していなかったようで、帝国の将来にむかって然るべき手を打っておらず、彼が急にこの世から姿を消すと、当然大混乱が起る。彼の死後、二年もたたぬうちに、中原が蜂の巣をつついたような大騒ぎとなったのはむしろ自然の成行きだった。その混乱は、始皇帝のために滅された旧六国の末裔たちや支配者層と、より広範には、従来歴史の表面に顔を出すことの少なかった庶民の集団の、両者が主役となって惹き起される。前者のリーダーが楚《そ》の項羽《こうう》、後者の指導者が漢の劉邦《りゅうほう》（高祖）であることはどなたも御存知であろう。数年にわたる項羽と劉邦の争覇戦は、古来『楚漢軍談』

として、『三国志演義』の面白さには及ばぬにせよ、芝居、講談にいつもとりあげられ、日本でも二人の名をつけた歴史物語や小説にこと欠かない。前二〇二年、垓下《がいか》の戦で項羽を滅し、漢王朝樹立に成功した劉邦は、秦の下役人の亭長だったといっても、氏素姓とてない農民一家の生まれだった。「帝王将相いずくんぞ種《しゅ》あらん」の言葉通り、中国では誰が皇帝になっても別に不思議ではない。言葉はよくないが、どこの誰とも知れない人間が皇帝の位に即《つ》いた代表例は、この漢の高祖劉邦と、明の洪武帝朱元璋《しゅげんしょう》であろう。劉邦はいってみれば地方の一顔役にすぎなかったが、秦末の混乱の中で次第に人望をあつめ、やがて「将に将たるの器《うつわ》」として群雄をつき従え、始皇帝の後釜に坐る結果となる。

とりつく島もないような始皇帝とは反対に、劉邦には、その人間味が伝わってくるような話題が多い。彼の出身地は、山東・河南・江蘇の境界線が交りあう、徐州のやや北の沛《はい》県だった。畑仕事を嫌い、秦の下役人となって労役刑徒を国都咸陽に護送したりしているうちに、その人徳により、任侠《にんきょう》の親分として頭角をあらわす。この劉邦が反秦の旗上げをした時から、漢帝国の成立まで、彼に従いその勢力の中核をなしたグループを、沛県とそれに隣接する豊《ほう》県の名をとって豊沛《ほうはい》集団と呼びならわす。劉邦の側近中の側近たる蕭何《しょうか》を筆頭に、曹参《そうさん》、周勃《しゅうぼつ》、夏《か》侯嬰《こうえい》、周昌《しゅうしょう》、灌嬰《かんえい》から、鴻門《こうもん》の会の豪傑樊噲《はんかい》たちは、蕭何ら一部が秦の下役人であったのを除くと、ほとんどが市井の商人や庶民の出身である。この集団が膨張してゆく過程で、戦国韓の知識人で、蕭何とならんで劉邦の参謀となる張良や、魏の陳平《ちんぺい》らを加え、さらに軍事的に大きな力となった外様《とざま》の韓信、彭越《ほうえつ》、黥布《げいふ》らを味方につけ、最後に知識人として陸賈《りくか》、婁敬《ろうけい》、叔孫通《しゅくそんとう》たちが参加する。『史記』の中で、劉邦と彼らのやりとりを読んでいると、そこに彼の人間性が浮彫りにされ、興味津々として尽きない。待遇を失すると逃げ出した韓信を張良が連れ戻す時の劉邦の応待、儒教嫌いの劉邦が儒者の帽子に小便をかけるいたずら、下女に足を洗わせつつ客に会ってたしなめられたり、皇帝として儀式に列席し、「皇帝ってこんな立派なものだったか」と口走る話し等々は、司馬遷の筆致も預かることながら、劉邦の愛すべき個性が、そこここに躍動している。そうした中で、彼が特に優れていたのは、これと信頼した人物の言い分には、素直に耳を傾け、それを採用する度量であろう。真の部下とするべき人間を見る眼、彼らを信頼し、決して自己の意見を無理押しせぬこと、それが張良をして、一見田舎親父風で教養とてない劉邦を「沛公は天の授り物なり」と言わしめた最大の理由だったろう。

時の流れに乗り、秦に代って改めて皇帝政治を継承することになった劉邦ではあったが、始皇帝の恐怖政治の記憶は、人々にはなお強く残っている。劉邦は最初に関中に乗りこんだ時、在地の有力者たちを集めて、秦の苛法をとり除き、殺人、傷害、盗みだけを罰する。名高い「法三章」を約束した。しかし、これは、単なるリップ・サーヴィスにすぎず、統一帝国の法治が、それだけで片付く道理はない。すでに秦の行政文書や戸籍、法規などをいち早く接収した蕭何は、ほどなく律九章を制定し、行政の実務面でも秦の制度が踏襲されたことは間違いない。最近公刊された江陵張家山の漢墓から出土した「二年律令」は、秦代の法規が、漢初、地方で相変らず主要な役割を果していたことを物語ってくれる。ただ、秦のように法治や法律をふりかざすことは一種のタブーとして舞台の裏に追いやられたにすぎない。

長安と陵墓都市

婁敬《ろうけい》と張良の献策に従い、国都を関中の長安にさだめると、豊沛集団はじめ、新しく劉邦の配下に入った人たち、旧秦国の軍人や庶民を、長安を中心とした渭水《いすい》盆地に安堵させることが焦眉の急となる。ここでもまた、後世では見られない特殊な現象が起る。前漢の国都長安城の姿は、不完全ながら文献に描かれ、最近の発掘調査と重ね合わせて、およそのプランが判明する。それは渭水の南、隋唐の長安城、つまりいまの西安の西北に近接し、一辺約六キロの四角形をなすといってよいのだが、西から北にかけては、北斗七星に象《かたど》った階段状になっている。さらに、城内の面積の大半が、長楽宮、未央《びおう》宮と名づけられた、皇帝と皇后たちの宮殿区で占められ、長安九市と呼ばれた市場区は混在するものの、一般人民の生活空間は物理的に著しく制限されざるを得ないように見える。それでは国都、いな漢帝国の中心を支える人たちは、いったいどこに住んでいたのであろうか。すでに始皇が天下の豪民富人十二万家を、新都咸陽に

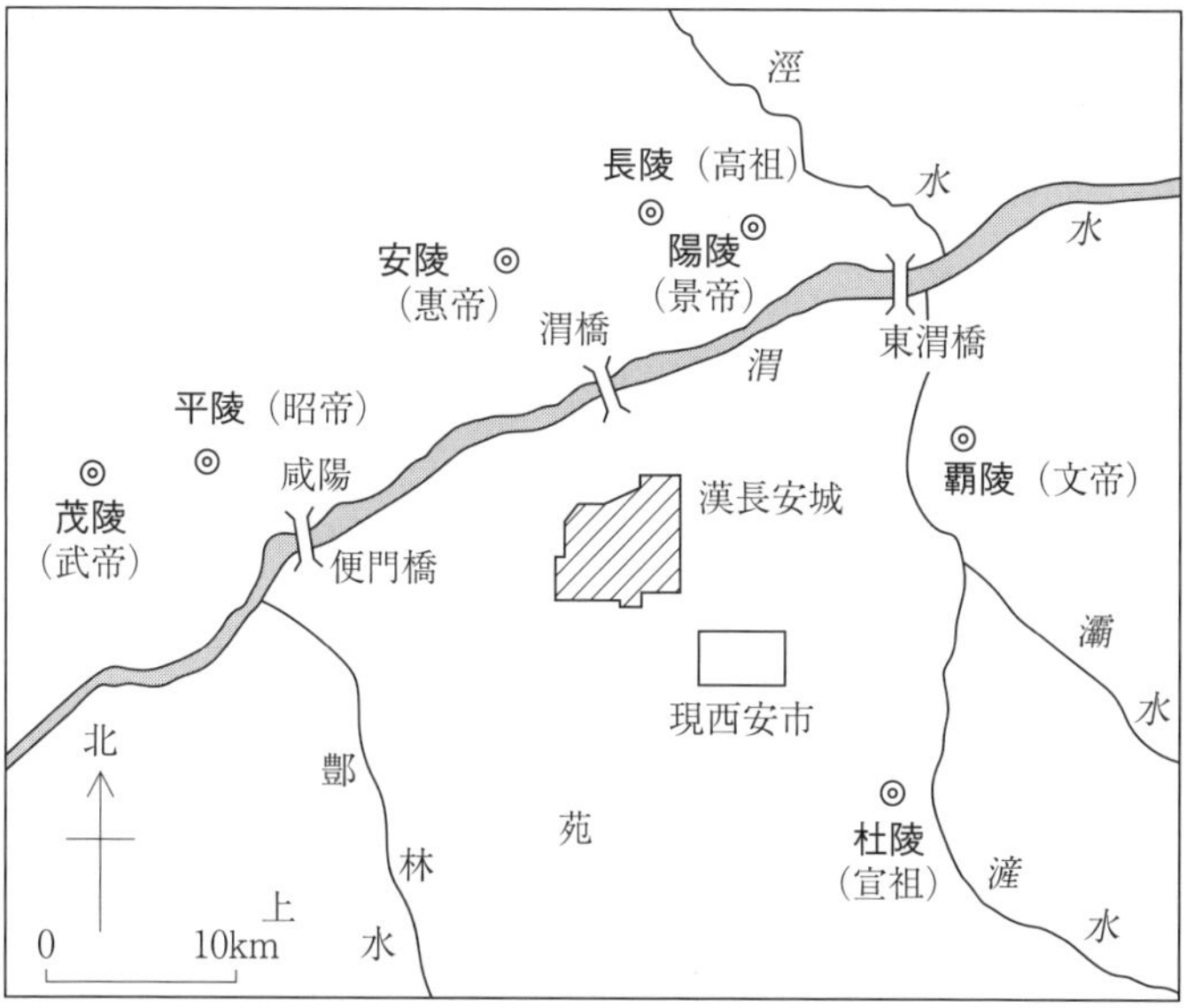

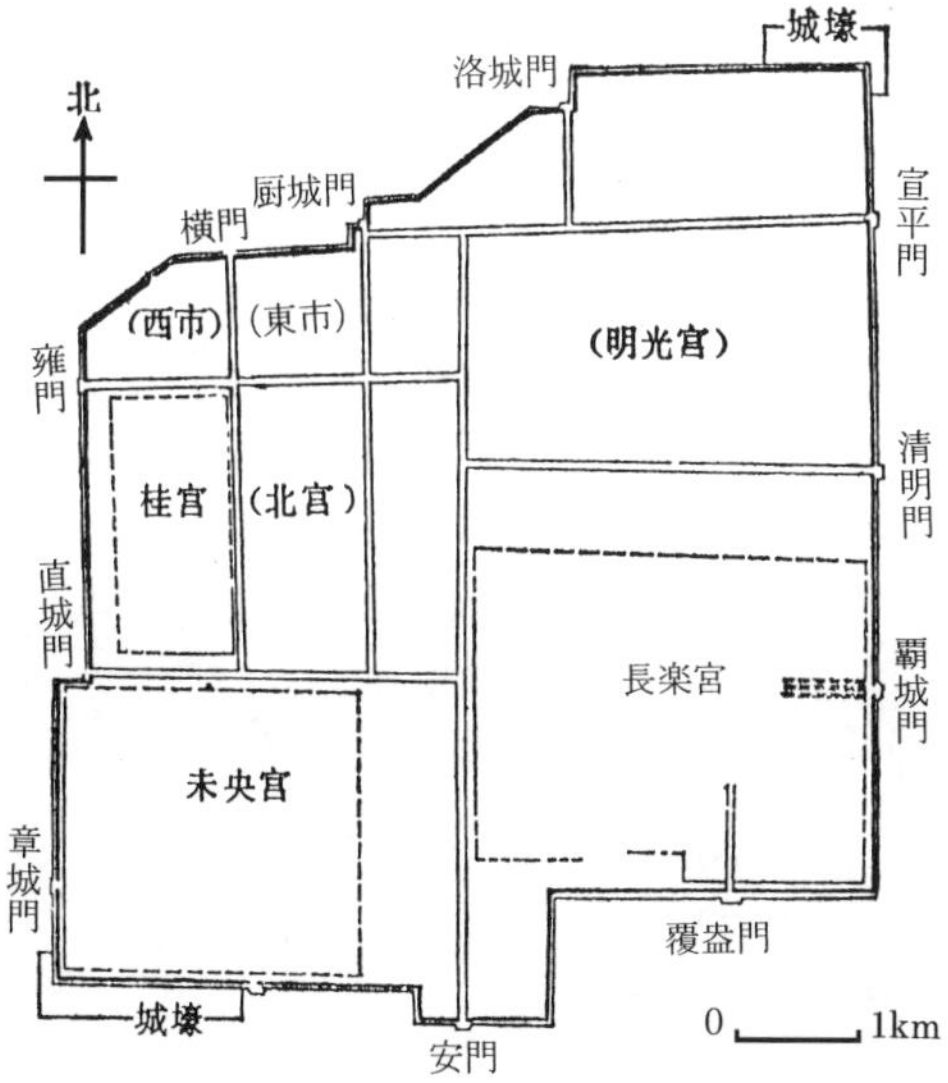

陵墓衛星都市群（上）
前漢の国都長安のプラン（下）

強制移住させた前例がある。彼らの、秦末の戦乱に遭遇した際の去就は明らかではないが、少くともその居住区を復活したり、再利用する方法は誰もが考えつくであろう。

ところで、漢代の長安周辺の県名を眺めると、長陵、茂陵、渭《い》陵といった具合に、陵の字をつけた県がやたらに目につく。これらは通常、漢時代の皇陵に近接し、それを守護する目的を兼ねて作られた町であったと説明される。なるほど、長安の北、渭水の北岸には景帝陽陵を東端にして、長陵、安陵、平陵から武帝の茂《も》陵まで、また長安の東南には文帝の灞《は》陵と宣帝の杜《と》陵がならび、その陵名は同時に県名とされる。現在の時点では、このうち、長陵、安陵、陽陵、杜陵などの調査が行われつつあり、高祖劉邦の長陵で、陵墓に接する東面以外、北一・三、西二、南一・二キロの城壁の存在が確認された。後世晋《しん》代の記録に、「長陵は東面に城壁はなく、関東の大族万家を徙《うつ》し、もって陵邑とする」（潘岳『関中記』）とあるものと合致する。ただ各陵墓の附属都市すなわち「陵邑《りょうゆう》」の詳細の解明は、今後の調査にかかっている。『漢書』の「地理志」が載せる紀元二年の人口統計によると、長陵の戸数は五万、口数十八万、茂陵は戸六万、口二十八万とある。同じ場所に記された、長陵の属する左馮翊《さひょうよく》の県数は二十四で戸数約二十四万、茂陵の属する右扶風《うふふう》の県は二十一で、戸数約二十二万という。それから考えると、一県一万戸の平均値にくらべ、長陵と茂陵の陵邑は際立って大きい点が注目される。当時県といえば、方百里、すなわち四—五十キロが一辺の広さであった。大小規模の差はあるにせよ、陽陵から茂陵まで五〇キロにも満たない場所に、五つの陵墓県がひしめいているのは異常に感じられる。こうした幾つかの陵邑は、前漢時代、順次建設されていった人為的な衛星都市にほかならず、調査の進んだ陵邑では、皇帝陵、皇后陵、陪冢《ばいちょう》陵、民居の配置が明らかとなっている。『漢書』の列伝を読んでいると、しばしば茂陵の人とか杜陵の人という風に出身地を記す。たとえば司馬遷は茂陵の人となっているけれども、実は左馮翊《さひょうよく》西端、黄河に沿う韓城が本籍で、父親の仕官とともに茂陵に徙ったにすぎない。同じような幾つかの例から推測すれば、豊沛集団はいうまでもなく、漢帝国の中央政府とかかわる人たちは、多く長安附近に移住させられ、陵邑都市に居を定めて生活した可能性が高い。このような陵邑の経済を支える関中盆地の農業生産に対し、秦が開掘した陵邑の北側に隣接した鄭国渠《ていこくきょ》や白渠といった用水路が少なからぬ貢献をしたと考えても、あながち空論ではないだろう。とまれ、秦の国都咸陽でも、似たような状況を想定できるが、前漢王朝の長安周囲の環境は、隋唐のそれや、ましてや宋以後の国都などとはかなり様相を異にしていたのではないかと私は想定している。

漢初の政治―匈奴・呂氏

始皇帝とは全く性格を異にする人物が皇帝の坐にすわり、かつ周囲の状況にも変化が生じた前漢前半期において、どのような皇帝政治が推進されたかに目を向けたい。法家の旗印を掲げられなくなったのは仕方ないとして、儒教、というよりは知識人一般に何となく劣等感を抱いていた劉邦は、孔孟の教えを直接政治に取込むことは積極的ではない。ただ、皇帝政治の枠組を継承する以上、始皇と同じ行政実務は、一日として欠かせない。蕭何《しょうか》や張良を頭とした智慧者たちにより、それは曲りなりに遂行されたけれども、表向きは法家のイデオロギーにはヴェールをかぶせておかねばならぬ。かといって政権の中心となる豊沛集団は、まだ皇帝政治の目標や理念を明確にうちたてられるほどには成長していない。そこで一見成行きまかせの、強いて言えば無為自然の道家的思想が拡がり、すべてに積極的行動を慎む大勢が暫く続く。それは結果的には、始皇帝によってもたらされた人民の疲弊を癒《いや》し、恐怖政治を忘れさせるに預って力があった。また一見子供騙しに類するにせよ、郡の一部を国に改めて、宗室や功臣を王侯に封じ、実際には中央から監察官を派遣する郡国制も、漢初の混乱した社会を段階的に整理しつつ、最終的に郡県制に帰着させるために、ある程度効果的な方策であった。

眼を北に転じると、秦から漢への争乱の間に、長城線の北では、匈奴の中に優れた指導者があらわれ、中国の内紛に乗じて、これまでより格段に強い圧力をかけ始める。韓信のような戦場に生を送った将軍、あるいは秦国の職業的軍人と違い、劉邦その人はむろん、豊沛集団は決して武力に優れてはいない。まして騎馬戦を駆使する新興匈奴とまともに太刀打ちできるはずはない。前二〇〇年、山西大同の東南白登《はくとう》で、三十万の冒頓単于《ぼくとつぜんう》の大軍に包囲され、文字通り命からがら逃げ帰った劉邦は、以後、匈奴に対してひたすら恭順の姿勢をとらざるを得なくなる。後世唐まで続く、異民族に対する定期的な贈与（歳幣《さいへい》）や、皇女を異民族首長に降嫁させる和蕃公主《わばんこうしゅ》などの政策がここに胚胎《たいはい》する。そうなってくると、始皇帝のように、宇宙全体を支配する皇帝や天子の称号も、ややトーン・ダウンせざるを得ない。高祖劉邦の没後、漢王朝は一時、皇后呂氏とその一族に奪い取られかかる。どちらかというと押掛け女房型の呂氏は、劉邦と同郷で教養程度も似たようなものだが、人間的にはあまり感心できない女性である。それが劉邦が皇帝になると政治が面白くなったか、韓信を謀反のかどで抹殺したあたりから表面に出たがり始める。劉邦がなくなると、自分のせいで病気にしたといってもよい後継者恵帝をさしおき、やがて劉氏にかわって呂氏の天下を樹立しようと舞上ってしまう。旧中国では、夫が亡くなると、その正妻は夫の権利をすべて代行でき、そこに嫡子があれば、その力は揺ぎないものとなる。皇帝政治にあてはめると、この呂氏と、唐の高宗の皇后則天武后、そして清朝咸《かん》豊《ぽう》帝の西太后がその代表といえる。この三人のうちでは、呂氏が一番見劣りし、その企みも周勃《しゅうぼつ》ら重臣たちの活躍で粉砕されてしまう。そのあと、文帝、景帝の二代をへて、国初から四十数年、前一四〇年の武帝の即位を迎える。それから前八七年まで、半世紀に及ぶ長い武帝の治政こそは、漢王朝の皇帝政治の完成期であると同時に、中国の皇帝政治全体の歴史の中においても、後世に大きな影響を与えた、極めて重要な意味を持つことになる。

武帝を支えた制度

武帝個人の伝記は、古く吉川幸次郎氏の『漢の武帝』（岩波新書　一九四九）を始め、これまた幾つかを入手することは困難でないから、彼個人の叙述はそちらに譲り、ここでは、皇帝政治の確立者とされる側面だけをとりあげることにする。それは、機構的な部分と、理念・思想的な部分に分けて説明するのが便利であろう。

すでに、秦代、中央政府では、皇帝を補佐し政務万端に目配りする丞相《じょうしょう》と、軍事の総責任者太尉、丞相を援け政務を総括する御史《ぎょし》の三者が最高の地位とされた。その下には、図のように、式部長官から皇帝私財の管理にあたる少府までの、いまでいえば各省大臣に相当する「九卿《きゅうけい》」と、それに準ずる、皇后以下の皇族、国都の政務などを相当する国務大臣が設けられた。漢はそれを継承するのだが、名称の一部を変更し、内容をいっそう整備する。一見して気付かれると思うが、この「九卿」の職務は、王の個人、さらに遡れば部族長や有力者たちの、自然発生的な家政維持機関を拡張・整理したものにすぎない。祖先の祭り、屋敷の警備、外出の時の車馬の支度や護衛、賓客の接待、そして家計の管理と出納など、現在でも大臣や大会社には当然附随している雑務であろう。問題は、そのような個人中心の職務が、その範囲を拡大し、地域行政から全国行政に及んだ時、どのように変化するかという点にある。皇帝直属の秘書官から家の子郎党を統轄する郎中令、司法担当の廷尉、そして何よりも国家と皇帝の財務と関係

秦		前漢
丞相	皇帝補佐　万機助理	左・右丞相
太尉	武事の総帥	大司馬
御史	丞相の副　総務	御史大夫　中丞　待御史
【九卿】		
奉常	祭祀、宗廟儀礼	太常
郎中令	宮中出仕、宿衛、（大夫、郎）	光禄勲
衛尉	宮城警護	衛尉
太僕	車馬、輦輿	太僕
廷尉	司法、刑獄	大理
典客	外国、蕃夷	大鴻臚
宗正	王室、親族	宗正
治粟内史	財貨、穀物（一般財政）	大司農
少府	山林、沢池（皇室財政）	少府
中尉	国都守護	執金吾
将作少監	造営、工作	将作大監
内史	首都知事	京兆尹
詹事	皇后、皇子	詹事

秦漢中央官制略表

を持つ治粟内史《ちぞくないし》と少府などは、これまでの狭い範囲の仕事にとどまるわけにはゆかず、またそれを受持つ人員とて、飛躍的に増加させなければならぬ。おまけに、それまでと規模や性格を異にする国都の管理、維持といった、帝国の新しい重要な職務も加わる。秦から漢へ、九卿などの名称の変更は、その背後に家政から国政へという大きな動きが横たわっていた。念のためつけ加えると、この秦漢時代の中央の最高クラスの行政官ポスト九卿は、基本的には歴代継承されつつ、唐代には九寺三監として、尚書六部の補助機関に位置づけられ、その後も時に応じた若干の変化はあるにせよ、清朝に至るまで、中央の主要行政官庁として、その伝統を守り続ける。

さて、九卿の中で、漢代の皇帝政治の発達と直接かかわる一、二の重要な官職につき説明しておきたい。その一つは、武帝の末年近く、光禄勲《こうろくくん》と改名した郎中令という役所である。『漢書』の列伝を読むと、「郎」とか「大夫」にとりたてられ、そこから出世する人物が多いことが目につく。郎は廊下の廊と同じで、皇帝の御座の廊下に待機する近臣を意味する。要するに主人を最も近くで取囲む子飼いの臣従たちなのだが、その能力に従い幾つかに区分される。議論にあずかる議郎、すぐ側につき従う侍郎《じろう》、そして中郎、郎中などがそれであるが、すべて定員はなく、多ければ百人から千人以上にもなる。そうなると家の子郎党といってさしつかえない。郎のグループの上には、皇帝の下問に答え、国政を論じる、太中大夫、中大夫、諫大夫などの「大夫《たいふ》」が、これまた多い場合は数十人置かれる。帝国内で有望とみられる若者たちは、有力者や地方官の推薦で「郎」の列に加わり、皇帝に認められると太守などの地方官に任命され、さらに大夫などを経て、国都や中央政府の要職に昇進してゆく。

いま一つは少府なる役所である。春秋戦国時代の段階で、すでに支配者である王たちの私的財庫と、一般財政に属する公的財庫の区分が始まっていたであろう。それが秦漢では、山林や沢地の収入と総称される。一般農民たちの土地以外の、鉱山、御料地《ごりょうち》などからのこうした収益は、すべて少府が管理し、皇帝の私的財庫に納めた。しかし、たとえば、武帝が外征を繰返し、国庫が窮乏すると、当然皇帝の私財を融通する必要が生じる。それがさらに進むと、少府の管轄範囲が縮少されはじめる。ところで少府という役所は、皇帝の財務にとどまらず、その日常生活全般にわたり、いわば宮内庁の任務も一緒に引受けていた。財政面ではその中味を、大司農（大蔵省）に移管しても、宮廷内の職務は、皇帝政治の発達に比例し、却って増加する。なかでも、本来は皇帝の発する文書の取扱い、起草などを受持っていた「尚書」なる部門の重要性がたかまる。尚書は後漢に入ると、皇帝の名で発せられる公式文書を一手に引受け、同時に下から上ってくる公文書、上奏文などを取捨選択する国政の中心機関にのしあがる。これがさらに発達して尚書省・六部に至ることはのちに唐代のところで述べる。このような動きとともに、尚書令や僕射《ぼくや》、侍郎、のちの門下省と関係する侍中《じちゅう》、それに中書省の源流ともいうべき中書謁者《ちゅうしょえつしゃ》などの諸官は、すべて漢代の少府の中で育くまれていった。これら若干の例からだけでも漢の皇帝政治の後世に与えた影響を読みとれるだろう。

秦代では、郡県制の下部組織については、史料が断片的なため、よくわからないと書いておいた。漢代に入ると、これまでの文献史料とは次元を異にする出土史料によって、多くの詳細な事実が明らかにできるようになった。その一つは匈奴防衛の最前線である、内蒙古から甘粛に南北に走るエチナ河流域の城砦から、続々と発見された「居延《きょえん》漢簡」である。ただ、居延漢

尹湾漢牘の語る地方官職

簡は、どうしても軍防という制限があるため、その方面の組織の詳細を知り得ても、漢代の地方行政全体の解明には、ただちにそれを適用できぬ恨みが残った。ところが、一九九三年、江蘇省東北端の連雲港市の東、漢代の東海郡東安県の地尹湾《いんわん》で発見された簡牘《かんとく》が、その渇《かつ》を十二分に癒してくれた。発掘された六座の漢墓のうち、第六号墓、師饒《しじょう》 字《あざな》君兄《くんけい》の棺中には、縦二三センチ、横七センチの二十三枚の長方形木牘《もくとく》と、百三十三本の竹簡が副葬されていた。この方形の木牘の両面に、二十行、毎行平均八—九十字で、びっしりと東海郡とそれに属する十八県の、官・吏の職名と定員が書きこまれている。その時期は、武帝から百年をへた、前漢末成帝の頃と推定される。退屈な官名の羅列になるから、とばしていただいて結構だが、『三国志演義』で曹操と呂布が戦う下邳《かひ》県の一例だけ挙げておく。下邳県では秩《ちつ》千石の県令、四百石の県丞と県尉の下に、官有秩《ゆうちつ》、郷有秩《きょうゆうちつ》、令史、獄吏、官嗇夫《しょくふ》、郷嗇夫、有徼《ゆうきょう》、牢監、尉史、官佐、郷佐、郵佐、亭長と、地方組織の末端で、おかみの御用を勤める役人が百七十人ときめられていた。これによって、漢代では、県以下は、官・郷・亭などと区分され、城市に置かれた県役所では、県令・県尉らに分属する有秩・令史・嗇夫・尉史・官佐と獄吏・牢監、農村部では、有秩を筆頭に嗇夫・佐・亭長たちの手で、末端行政が運用されていたことが、これまで以上に明白となった。そこから逆推して、高祖劉邦の沛の亭長という地位が、どの程度のランクだったかもよく理解できるであろう。

このように官僚制度が整備されてくると、そこに当然登用をめぐる問題が伴うはずである。通例、漢代の官員は、万石公の別名を持つ三公や大将軍を除き、二千石以下百石未満まで、十数段階の石（俸禄）で差等がつけられる。この場合一石はおよそ日本の二〇リットルに当る。そのうち、郡の太守が二千石と、その地位は中央の大臣なみの高さに置かれている点が目をひく。官員は後世のように、必ずしも下から順番に昇進の階段をのぼるのではなく、天子側近の人材プールの地「郎」に集められてから、各方面にふりわけられる方法が主となる。すでにここにおいて、中国皇帝政治における皇帝と官僚の関係が、個人的つながりを濃厚にやどす性格が垣間見られる。この郎には、公卿《こうけい》（三公九卿）の子弟や、武術に卓越した西北六郡の出身者（良家子）などが優先的に加えられるが、武帝時代に入ると、郡の太守が然るべき美名を使って人数を限り、定期的に推薦する、中国風にいう上からの選挙（選抜推挙）制度が定着しはじめる。すでに武帝以前、「孝」あるいは「廉」という特性の顕著な人材を、郡の太守や有力者たちが推挙する例もあり、それが定制化していったと考えてよい。これを有名な董仲舒《とうちゅうじょ》の献策と関係づけ、その開始を武帝の元光元年（前一三四）とする通説には、疑問を呈する研究者が少くない。「孝廉」と通称される郡の太守を媒介としたこの推薦制度は、それから二百年たった後漢の中頃まで下ると、かなり様子が明らかになってくる。すなわち、人口二十万ごとに一人、従って毎年中央に推挙される人数は二百人から二百五十人となる。こまかな問題を省略して大筋だけ述べると、昭帝以後の前漢時代後半から後漢まで、毎年州の長官刺史《しし》は茂才《もさい》（のち秀才）の名で一名、郡の太守と国の相は、孝廉の名で一、二名を推薦し、後漢では彼らに経学や文書（章奏）の試験を課す。また天変地異など特別な事態が発生した時には、制科と称し、賢良、方正、直言などの名目で、中央高官から郡守までに、少数の特別推薦を命じ、皇帝が出題する策問に対策（解答文）を書かせる。この孝廉に関しては、『漢書』と『後漢書』の多数の実例から、郡の功曹《こうそう》を中心とした下級役人と、一部庶民が、制科の方は中、下級の官員が対象にされたことがわかる。話が少しこまかくなるが、漢代の文献に残る「挙孝廉」「察孝廉」

の事例を分析した結果、孝廉の二字が連用されていても、それは挙孝と察廉に二分すべきだとするのが専門家の意見である。この場合、「孝」の方は、皇帝の諱《いみな》の所でも触れた通り、儒教理念と関係づけられようが、「廉」というのは果して清廉、廉潔の廉なのだろうか。断定はさし控えるが、私は『漢代官吏登用制度の研究』で福井重雅《しげまさ》氏が述べられる、廉とは「かどめのきっかりとがった性行」を意味し、法家者流の官吏の特性に転用されても不思議はない、という解釈に魅力を感じる。さすれば「孝」は儒家的徳目、「廉」は法家者流のそれと見做せるし、後に試験の際、諸生には儒教の章句を、文吏には行政文書類に相当する牋奏《せんそう》を使った理由も納得がゆく。

儒教を指導理念に

さて、以上縷説《るせつ》してきた官吏をめぐる諸制度と密接に繋りつつ、それより一層重要な意義を持つ改革が、国家の指導理念としての儒教の採用だったことは、改めて断わる必要もなかろう。何回か繰返したように、秦の始皇帝は、みずからを宇宙の主宰者と同等にひきあげ、それに相応しい事業を遂行せんとした。しかし、武帝に至るまでの漢帝国の何人かの皇帝は、そのような看板を掲げられなかった。漢初の不安定さが大筋では解消し、国力の充実とともに、宿敵匈奴にも顔をあげられるようになった時点で、青年皇帝武帝が、帝国の基本理念、イデオロギーの確立を企図するのは、むしろ当然だった。既述のように、表だって法家の学説は唱えられず、儒家をさしおいて、一見老荘思想が優越していた。しかし春秋戦国以来、三百年以上の時の流れの中で、いわゆる諸子百家、実際には十ばかりの実践を目的とした政治社会学説の集団は、法、道、儒の三家に収斂されつつあった。表向きにはなりを潜めてはいても、漢の皇帝政治、その行政が日々行われている以上、法術の使用は水面下ではやむところがない。漢の行政を下部で支える「刀筆《とうひつ》の吏《り》」と総称される役人たちは、多く法家の学説を学んでいた。他方道家の思想あるいは思考様式は、上下を問わず個人的には賛同者を獲得できるとはいえ、それ自身皇帝政治推進のための理論的基礎を提供するのは困難である。この間にあって儒教思想は、孔子、孟子、荀《じゅん》子と展開されて来た正流に、諸子の学説を多くつまみ喰いしつつ、文字通り融通無化、玉虫色に内容を拡げ、発展してきている。その根底には、黄河中流域で発達してきた中華文明の、基礎細胞ともいうべき農民たちの意識、それを綴り合わせた家族制度を置いている。一口でいえばこの儒家のレーゾン・デートルとでもいうべきものが「礼」にほかならない。これが武帝の時代、その価値を認められ、新しい、皇帝政治のための指導理念、あまり感心しない言葉だが国教に採用されると、それまで何となく腰の坐らなかった官僚や知識人たちは、一斉にこの柱によりすがり、その強化に邁進しはじめる。

優れた資質の持主だった武帝は、劉邦以来の漢王朝の歩みをふまえつつ、それをさらに飛躍させるため、賢良、文学などの名目で優秀な人材をブレーンに加え、みずから施政方針の質疑を提出し、彼らの意見を求めた。彼らの解答が先にふれた対策なのだが、その中でも董仲舒《とうちゅうじょ》のそれは、武帝に最も大きな影響を与えた。若くして『公羊《くよう》春秋』を学び、すでに景帝の時代に博士となった彼は、脇目もふらずに儒学に専心し、多くの弟子たちから尊崇されていた。施政の基調について武帝の下問を受けた彼は、天意を受け、正しき王道＝徳治の実現を求めた。その具体策として、太学を興し、明師を置き、天下の士を養い英俊を育てることと、各郡の太守たちから、毎年二人ずつ吏民の賢者を推薦させ、皇帝の側近に送るべしと提言する。武帝は仲舒の対策に強く心を動かしたとはいえ、この時すぐに儒教が指導理念として採択されたとみるのは早計である。こうした流れを承け、これも春秋学者だった公孫弘《こうそんこう》が丞相となった前一二四年、十八歳以上の容儀端正の者を博士弟子《ていし》とし、一博士官につき五十人の定員で授業を受けさせる命が下った。博士弟子たちは、その成績に応じて文学・掌故などの欠員に補充され、優秀な者は郎中に加えられた。この時、博士の学官、いまでいえば専門課程がたてられたのは、すでに文帝時代から存在していた詩経博士のほか、書経、礼、易、春秋の四部門で合わせて五経博士と名づける。やがて各経書の解釈の差異に応じて分科の数が増え、前漢末で十二、後漢で十四の博士が設けられる。こうした帝国大学にも相当する教育機関を通じて、儒教のテクストにもとづく徒弟修業が実施され、やがてその学生たちにより、儒教イデオロギーが浸透、定着してゆくわけだが、それまでにはかなり長い歳月を必要とした。つけ加えると、日本も古くから儒教を移入し、とりわけ徳川時代には、朱子学が統治の柱とされた。しかし日本における儒教の移入は、他の外来文化の受容と同様に、その本質的部分を避け、甚だ一面的かつ歪曲されたところが多く、本家の中国と同じ平面で儒教イデオロギーを考えることは、厳に慎まねばならない。

経書《けいしょ》のあらまし

儒教においては、バイブルやマルクス・レーニン全集に相当する教典を「経書《けいしょ》」と総称する。一部後世の追加を含むが、それらは原則として、太古の聖人たちの言動、事跡のうち、真理を内に秘め、人類の永遠の規範となるべきものを、孔子が編纂し直したものと意識される。後世の「経書」は全部で十三種類だが、その中心は、易、詩、書、礼、春秋の「五経」である。旧中国では、経書に書かれた記述はすべて公理として、疑うべからざる価値を持つと見做す。現在の研究では、五経の一つ一つにつき、精密な分析と考証や比較が行われ、経書の性格は建前とは違うことは誰でも知っている。しかし、二千年に及ぶ中国皇帝政治の理念＝イデオロギーは、事実の如何にかかわらず、経書＝公理の建前なくしては成立しなかった点も、十二分に心得ておかねばならぬ。あえて言えば、それは日本のような小さな島国では、あまり必要でない事柄に属していた。そのことは、日本人が中国を本当に理解できにくい、重要な一因と言えそうである。

経書の経は、圣《けい》（巠）の旁《つくり》を持つ字がすべてそうであるように、まっすぐ縦に伸びる意味（たていと）を持つ。従ってそれは、永遠性の象徴と理解される。また経は径と同音のために、小道の意味に転用できる。人間の住む所、道とりわけ小道は不可欠の存在である。そこから経に普遍性の象徴の意味が加えられる。つまるところ、「経書」は普遍性と永遠性をあわせ持つ、人類の真理の書であり、そこに儒家でいう孔子をはじめとした聖人のイメージが重ねられ、疑うべからざる公理となる。周の政治・社会体制が崩壊に瀕し、それをたて直す実践活動として人材を育成し、そのテクストとして、これら経書の一部を孔子が使用したのは事実であろう。その際、これまであったさまざまな教材を編纂し直したとしても不思議ではない。書経、詩経、礼、そして春秋は、太古以来この国の人びとが刻んできた、人文学的史料の集成として、歴史、文学、制度などの教科書に立派にたえうる書物である。

ところが時代は、孔子の考えていた個人中心の世界から、大きな社会変動を伴った戦国の力の世界に変化してゆく。新しい時代の要求に応じるため、儒家も脱皮を余儀なくされ、孟子、荀子らの手で、孔子学団は拡大再生産、つまりは改革を余儀なくさせられる。秦の始皇の弾圧を被りながら、中国の人たちの普遍的な支持を受けやすい家族を核とした人間主義、歴史を中

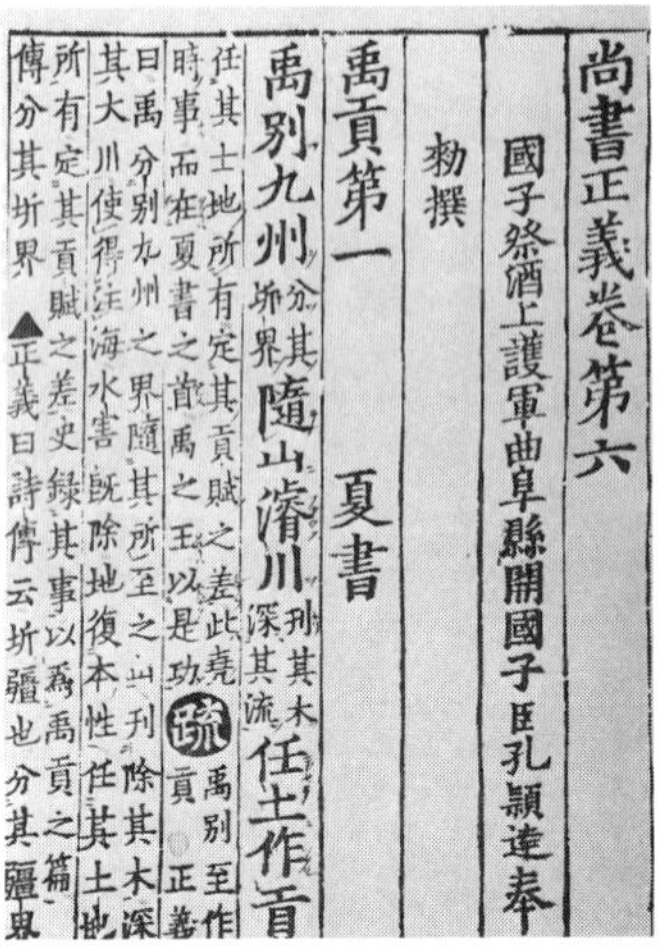
尚書正義卷第六
國子祭酒上護軍曲阜縣開國子臣孔穎達奉
勅撰
禹貢第一　夏書
禹別九州 分其圻界 隨山濬川 刊其木深其流 任土作貢
任其土地所有定其貢賦之差此堯時事而在夏書之首禹之王以是功
疏 禹別至作貢 正義曰禹分別九州之界隨其所至之山刊除其木深其大川使得注海水害既除地復本性任其土地所有定其貢賦之差史錄其事以爲禹貢之篇
傳分其圻界 ▲正義曰詩傳云圻疆也分其疆界

宋刊本『尚書正義』

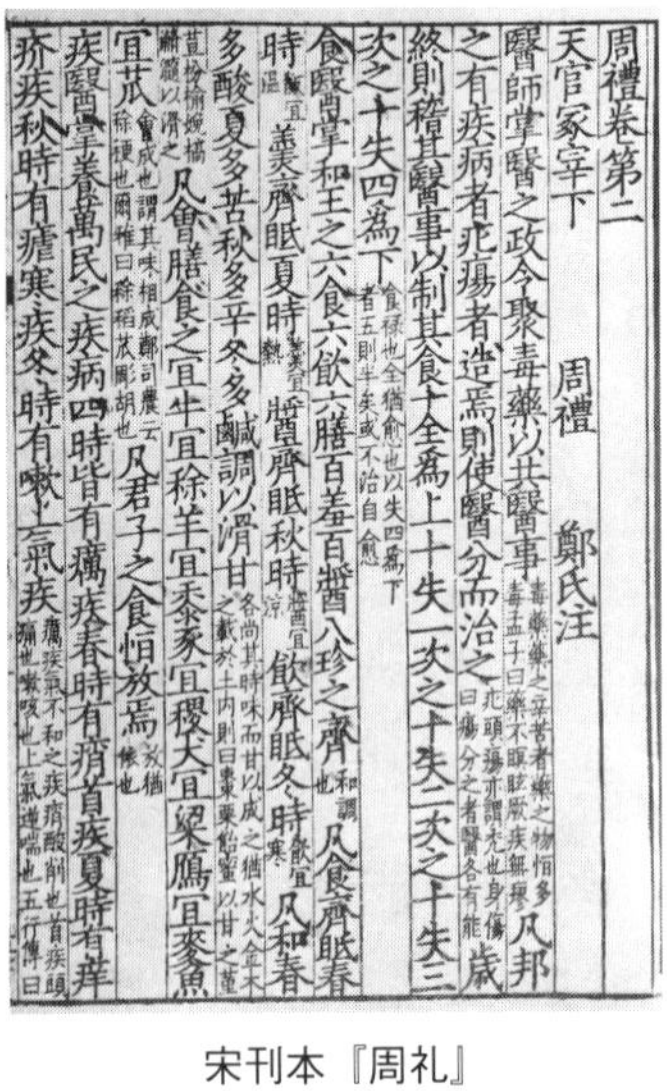
周禮卷第二
天官冢宰下　周禮　鄭氏注
醫師掌醫之政令聚毒藥以共醫事 凡邦之有疾病者疕瘍者造焉則使醫分而治之 歲終則稽其醫事以制其食十全爲上十失一次之十失二次之十失三次之十失四爲下
食醫掌和王之六食六飲六膳百羞百醬八珍之齊 凡食齊眂春時 羹齊眂夏時 醬齊眂秋時 飲齊眂冬時 凡和春多酸夏多苦秋多辛冬多鹹調以滑甘 凡會膳食之宜牛宜稌羊宜黍豕宜稷犬宜粱鴈宜麥魚宜苽 凡君子之食恒放焉
疾醫掌養萬民之疾病 四時皆有癘疾 春時有痟首疾 夏時有痒疥疾 秋時有瘧寒疾 冬時有嗽上氣疾

宋刊本『周礼』

心とする広い知識、抽象的論理や強制を直接にあらわさぬ柔軟な現実主義、などの諸要素を混ぜ合わせ、儒教は特に中国の東方部、いわゆる山東地方で、その勢力を継承、発展させて行った。『漢書』の儒林伝では、漢初の儒家を概観し、孔子集団が、易、書、礼、春秋に分れ、それぞれの専門家が、魯をはじめ、斉や燕など東方の旧六国で輩出し、やがて武帝の儒教採用に収斂することを暗示している。国家の指導理念として、いつ儒教が正式に採用されたか、その正確な時期は暫く不明としても、武帝の時代に、それがイデオロギーとしての方向を確立した点は間違いない。

少し退屈なことは承知であるが、ここで『五経』を一通り説明しておかねばならない。日本では「四書五経」の呼名がポピュラーであろうが、「四書」すなわち『論語』『孟子』『大学』『中庸』がこのように纏められたのは、十三世紀の朱熹《しゅき》以後のことで、漢代にはそのような組み合わせはない。まず、上古の聖王たちの事跡や言動を載せる経書として、『書経』別名『尚書』がある。日本の昭和や平成の年号はいずれも『書経』に来源することをどれくらいの方が知っておられようか。近代以前では、中国の古代史は、『書経』の記載にもとづき語られてきた。儒教でいう聖人、すなわち堯《ぎょう》・舜《しゅん》・周の文王と武王・周公旦《たん》たちの行動は、いずれもその大部分がここに出てくる。『書経』は孔子が百篇にまとめ直したというが、始皇の焚書などで四散し、現在我々の手にする『書経』五十八篇のうち、二十五篇は後世の偽作とされる。『詩経』は現存するもの三百余篇、東アジア最古の民族の詩集である。孔子が「思い邪なし」と評したように、主に周代のなかば以前、古い共同体の壁がくずれ、人々が素直にその感情を吐露できるようになった時期の産物といえる。それらは諸侯たちの国々の民謡である「国風」、周の王国、王室とかかわる「大雅《たいが》」と「小雅《しょうが》」、儀式で歌われる「頌《しょう》」に区分される。のちに儒教イデオロギーの固定化とともに、この詩にさまざまな意味が附託され、説教臭くなってしまう。次の「礼」は、周初の聖人周公旦が制定した、社会生活と個人・家庭生活、言い換えれば公私の場における規範と作法であり、日本人が思い浮かべがちな「礼儀」とは違い、はるかに広く深い内容を包含する。たとえば、社会の公的な礼という時には、吉、凶、賓、軍、嘉の五項目が立てられ、それぞれについて、王、諸侯、大夫《たいふ》、士の支配階層四者に分けて、該当する作法をきめる。建前としては、「礼は庶人に下さず」で、一般人民にそれは強制されないが、人民とて、親族内や一家のうちで、「礼」の精神が無視されていたわけではなく、それを尊重かつ手本としつつ、みずからもそれに加わり補強していった点は、特に注意しておかねばならぬ。なお経書としての「礼」は、『儀礼《ぎらい》』『周礼《しゅうらい》』『礼記《らい》』の三つで「三礼《さんらい》」と総称される。さきの「四書」の『大学』と『中庸』は、『礼記』四十九篇から二篇をとり出して独立させたものにすぎない。

また『春秋』とは、春夏秋冬を略した、一年単位の年代記を意味し、本来は孔子の故郷である魯の国の、十二人の殿様の二四〇年の断片的記録だった。東周の前半を春秋時代と呼ぶのは、丁度その頃の歴史事実がこの書に載せられているためである。ところが、『春秋』は、通例一年に数条から十数条、簡単で味も素気もなく、おまけに意味がとり難い文字が並べられているだけである。十一世紀後半の革新政治の旗頭王安石は、歴史とくに『春秋』が嫌いで、この書をまるで新聞の断片記事のようだとこきおろした。しかるにさにあらず、この断片的に見える文字の一つ一つには、孔子が深い意味を隠したとして、その解釈が行われ、それが『春秋』の「微言大義《びげんたいぎ》」、僅かな言葉のうちの大きな意味を持つとして定着するため面倒なことになる。そもそも経書としての『春秋』の文章だけでは、微言大義どころか、その記事の背景や内容を理解することさえむづかしい。そこで経文《けいぶん》の解釈、敷衍説明を伴う「伝」と呼ばれる第一次の注釈があらわれる。孔子の弟子子夏《しか》の門人と伝える公羊高《くようこう》の『春秋公羊伝』、同じく穀梁赤《こくりょうせき》の『春秋穀梁伝』、そして魯の盲目の君子左丘明《さきゅうめい》の『春秋左氏伝』、あわせて「春秋三伝」がそれである。このうち前二者、わけても『公羊伝』は、『春秋』に秘められた孔子の意図（義理）を、体系的理論として解釈したところに特色があり、皇帝政治の理念を称揚した董仲舒も代表的な公羊学者だった。このため、『公羊伝』の行動における動機の重視や、復讐の肯定などは、当然武帝時代の司法問題の解決と直接かかわってくる。これに対して、前漢末の学者劉歆《りゅうきん》が発見したと伝える『春秋左氏伝』は、『春秋』本文と関連した豊富な歴史事実を記載し、春秋時代の貴重な文献、歴史書としての役割も果す。武帝時代、理念を強く表面におし出していた政治的性格の強い『公羊伝』が下火になると、この『左氏伝』が広く流布するようになる。これら『春秋』の三伝は、本来は伝の名の通り解釈書で、経ではなかったが、やがて経に準ずる扱いを受けるようになる。

　最後にまわした『易《えき》経』は一言でいうと占の書である。ただ、五十本の蓍《めどき》を使用して、⚊と⚋の陽陰の爻《こう》を六回出す操作をくり返し、その結果出てきた六十四種類の卦《け》によって、宇宙万般に及ぶ深遠な理法を説明しようとするこの書物は、甚しく難解である。また易《えき》は始皇の弾圧の際、焚書《ふんしょ》の対象から外されていたから、当時それが儒教とは関係を持たなかったはずである。

『論語』には、孔子が易を愛読し、木簡を綴り合わせる韋《なめしがわ》の紐が三回も切れるほど愛読したと書き、また易経の注釈もすべて孔子の作とするが、本当はあとでつけ加えた話しであろう。現実的、具体的な儒家の弱点は、深奥な哲理、抽象的な論理である。これを補い、法家や道家の強敵に対抗するため、漢初の儒学者たちは、なりふり構わず諸子百家の学説をとりこんだ。『易経』はその代表だったと考えられる。ただ、一旦それで落着いてしまうと、誰も文句をつけなくなる。それどころか、十二世紀、朱子の新しい理論体系の中心的な柱となったのは、この『易経』にほかならない。

前二世紀の後半、漢の皇帝政治が、その根底となるイデオロギーを必要とし、それを儒教に求めたことは、その後の中国の歴史を決定的に方向づけたといえるかも知れない。その一つは、経書の知識を身につけ、その実践の場として政治に参与した官僚たちにとっても、儒家のイデオロギーはまことに好都合だった。天が天子（皇帝）を見放した時には、天命を失ったと解釈し、新しい適格者に代える革命の是認、人徳ある君子は学問によって知識を貯え、それができない庶民や農民といった小人《しょうじん》たちの労働で養われ、君子としての恩徳を彼らに頒ち与える道徳的階級観、天下を一家のごとく、尊卑長幼の序列に従って統制する身分制、それらは、のちに士大夫《したいふ》として生長してゆく、新しい官僚・支配者層に都合よく受け容れられる論議だった。

ただそれが、先の経書の学習と結びあわされ、皇帝制度の強い支柱として、制度的に確立するためには、まだ相当の紆余曲折をへねばならなかった。孔子が整理編定したという伝説は暫く措《お》くとして、もともと、内容も、作られた時代もまちまちで、相互矛盾の多いこれら経書は、博士について一書を習得するだけでも大変で、『詩経』のように幾つものテクストや解釈がある場合はなおさらである。経書がイデオロギーの根底として本当に動き出すためには、古い言葉、古い文字、意味不明の部分に対する懇切な説明の出現が必須の条件となる。こうした難問を克服し、五経全体にわたり、統一した注釈を付与した大学者が、後漢の末にあらわれた鄭《じょう》玄《げん》で、『三国志演義』でも彼を尊敬した扱いがされているのは、決して理由のないことではない。

元号のはじまり

ここで話題を転じ、武帝の皇帝政治のあまり触れられない、しかし忘却してしまってはならない幾つかの問題をまとめて、書き記すことにしたい。まず元号をとりあげよう。

一九四九年以降、中国本土では西暦紀元が使われている。そのためというわけではないにせよ、日本でもとかく元号をめぐる論議が絶えず、元号賛成などと言おうものなら、保守反動と非難されかねない。日本での元号問題は封印して、中国の皇帝政治の大半の時期に、年号が使用され、それに附随した政治、社会、文化などに影響を与えた事実は葬り去るわけにはゆかない。たかが年号などは、封建的な符号にすぎないからという態度を捨て、中国二千年の年号を虚心に見渡すと、それはそれで興味深い話題も少くない。皇帝の数と同様、五胡十六国や異民族王朝の幾つかを勘定外とすると、年号の種類は軽く四百を超える。これら大部分の年号は、詩や文章にも入れやすいように大部分は二字から成るが、稀には三字、四字があり、簡明直截《せつ》にその時代の特性をあらわす。唯一の三字の年号「始建国」は、前漢を乗取った王莽《おうもう》の「新」のもので、彼がいかに新奇を衒《てら》ったかが窺える。また四字の年号は、唐と宋にあらわれる。宋太宗の太平興国《こうこく》は、唐末以来の長い争乱に倦《う》んだ宋初の雰囲気が托され、三代皇帝真宗の大中祥符《しょうふ》は、祥瑞をあらわす天書が降ってきた事件に伴う狂熱的道教信仰と表裏し、徽宗初年の建中靖国《けんちゅうせいこく》は、王安石以来の新法と旧法の権力斗争にうんざりして、中道で国を靖《やす》んじるべしとの願いをこめる。これを九七六年とか一〇〇八年、一一〇一年と数字に直すと、何の意味も持たなくなる。唐に戻って、移り気なアイディア・ウーマンの傾向があった則天武后は、在位十五年間に十七の年号を使った。現在では、武后のたてた周王朝を、普通には独立させないため、その年号は表にあらわれぬからよいが、この時期を専門的に扱おうとすると、些か頭が混乱する。その中に、六九五年から七年にかけ、天冊《さく》万歳、万歳登封、万歳通天の三つの四字の年号が含まれる。それから約半世紀のち、日本でも孝謙天皇の時に天平勝宝、天平宝字、一つおいて称徳天皇の時には神護景雲はじめ、四字の年号が都合五回あらわれる。この二人の天皇はいずれも女性で、則天武后の年号との内面的な繋りが想定されても不思議ではない。さらにどうでも良いことだが、十一世紀に寧夏（銀川）を中心に独立した西夏では、始祖李元昊《りげんこう》に天授礼法延祚、その孫の秉常《へいじょう》に天授礼盛国慶の六字の年号がある。少し横道にそれすぎたから話を武帝の時代に戻す。中国についての歴史年表を見るとすべて、前漢武帝の建元元年（前一四〇）から年号を書き始める。当然誰しも、この時に年号が制定されたと思うだろうが、正確にいうと実はそうではない。これより先、周代の諸王や戦国の王たちは、何々王の何年として治世年代を数えていた。ところが戦国時代になると、途中で「後元年」などと、のちの改元に似た新機軸が試みられる。漢代でも、文帝はその十六年の次を後元年、続く景帝は七年の次に中元年をいれ、さらに六年たつと後元年に改める。文帝の改元には、趙の預言者新垣平《しんえんぺい》が絡んでいるようだが、景帝がなぜ二回も改元じみた行動をしたのかはわからない。では景帝を継いだ武帝はどのような経緯で新しい年号を制定したのだろうか。『史記』の封禅書《ほうぜんしょ》と、『漢書』の郊祀志《こうしし》に、それと関係する記事が残っている。武帝即位後二十年近くたち，元狩元年（前一二二）の末、武帝は西の郊外の祭祀に赴き、そこで白い麒麟を捕獲した。この稀有の瑞祥にちなみ、元狩と年号がつけられた。しかるにそれから六年あと、今度は山西の汾《ふん》水で宝鼎《ほうてい》が発見され、元鼎と改元された。学者の考証では、この元鼎改元のあと、年号についての議論がおこり、武帝の即位以後、初元、二元、三元などと治世に区切りをつけていた方法を改め、それぞれ建元、元光、元朔の嘉名を与え、元狩、元鼎につなげて、ここに年号制度が確立したと考えられている。ただ、武帝即位から二十年ほどの間、本当に、初元、二元、三元が使われていたのか、たとえば二元三年とか三元四年などと呼ばれたのかという疑問には、現在のところでは何とも答えられない。さらに景帝時代からその兆《きざし》があったにせよ、武帝に至って何故六年ごとに年次を区切る必要性が生じたのかも、十分には説明できない。同じ武帝の治世でも、後半に入ると四年で改元される。前漢一代は、途中で皇帝が崩御した時は別として、四―六年を改元の区切りとするが、後漢になると、そのようなルールめいたものは影を潜める。こうした事柄の推移を政治や思想的背景とともに調べると、あるいは意外な事実を発見できるかも知れない。

次に暦法に言及したい。要するにカレンダー（こよみ）の問題なのだが、中国の場合、それが天文学あるいは星占術と結びつくと同時に、王朝の支配者と天との相関関係が持ち出され、独特の性格を帯びる。漢代以後、「正朔を改む」といえば王朝の改暦を意味し、「正朔を奉ずる」は、その王朝の命に服すること、それが異民族なら、属国となり、宗主権を認めるのと同義語となる。すでに殷代から暦法は高度に発達し、太陰太陽暦すなわち月の満ち欠けによる、朔望二十九日半を基礎としつつ、暦と季節のズレを解消するため、十九年に七回閏月をいれる原理は定着していた。しかし武帝としては、天の代行者として人間世界を主宰する以上、権威のある統轄的な暦を頒布しなければならない。かくて太初元年（前一〇四）、司馬遷も参加した太初暦が制定施行された。この暦は、冬至を十一月に固定し、農事と最も深く関係する一年二十四節気のうち、月なかばの中気がない月を閏月とさだめ、それまで十月に置いた歳首を正月に移すなどの特長を備える。太初暦はそれから百年のち、これまた劉歆《りゅうきん》が補訂して三統暦を作るまで続く。「天」とその現世の代行者が「天子」だという考えが固定すると、天体の異常や地上の災異は、当然天の警告と意識される。日食・月食や惑星の動きはそれを代表するが、その計算法は必ずしも十分でなく、往々にして齟齬《そご》をきたす。それが度重なったり、また新しい理論が提唱されたり、政治的必要が生じた時に、暦の改正が実施される。といっても太陰太陽暦の根本は変らないから、結局は天体と地球の運動の微調整に終始する。太初暦から一九一二年の太陽暦採用まで、二千年間で改暦は五十回以上といわれ、特に宋代は十九回にも達する。武帝の太初暦はその最初におかれるとはいえ、皇帝政治と暦法が密着することで、自然や宇宙の観測は、計算技術重点の方向に矮少化されてしまった。そこからはヨーロッパ世界のように、自然の現象や法則を、科学的合理的に考察する方向が産まれなかった責任は、皇帝政治もその一端を負わねばなるまい。

中国の皇帝というと、国都での大掛りな天地の祭祀や、泰山の封禅《ほうぜん》などの儀礼がすぐに連想されよう。北京の観光で、故宮から南東にある天を祭る天壇はつきものになっている。意外かもしれぬが、そうした儀礼が、大規模に制度化されたのは唐代以後のことと考えられている。むろん、秦の始皇や武帝とて泰山に上り、あるいは長安の西や北の雍《よう》や甘泉《かんせん》でしばしば祭祀をとり行い、漢の長安城の南には天の祭壇も設けたりしてはいた。しかし、それらは、むしろ皇帝個人の呪術的行動の一環として、方士たちの主導により行われたにすぎぬといった観方が有力である。こうした祭祀が、天地に祖先を配し、冬至に南郊で天、夏至に北郊で地を祭るような形に変ってゆくのは、これまた王莽《おうもう》の時代が一つの節目かと想定される。

最後に武帝の領域拡大に一言だけ触れる。武帝の偉業として、匈奴征伐と、そこから派生した張騫《ちょうけん》の西方派遣、その結果としての大宛《フェルガーナ》遠征、シルク・ロードの開発などは、どの書物でも詳細に記述されているから、ここでは省略させてもらう。ただ、武帝の雄図によって、漢民族の活動範囲が、東は朝鮮半島北部、西は東トルキスタン中部、北はモンゴリア、南は福建・広東に広がったことは、このあとの皇帝に対し、建前ないしは潜在意識として、中国皇帝政治の地理的枠組を作った点を指摘しておきたい。

第三章　皇帝政治の展開

武帝の治世

前章で繰返した通り、武帝が中国皇帝政治の上で果した役割は極めて大きかった。それだけに単に表面に現れた部分だけでなく、その背後に隠れた蔭の部分をも見過してはなるまい。それは皇帝政治という巨大な機構に伴って生じた必要悪とでもいうべく、皇帝政治が活溌に動いている草創期や上昇期には目立たないけれども、一旦運動がとまると、たちまちその毒素を噴出し始める。本書で扱う中国の皇帝政治は、とりあえず一千年ずつ二つに分けると理解しやすいだろう。その前半部の特長として、皇帝の個人的な資質によって、政治が左右されるケースが多い点が指摘できる。それは、いかに表面的には整然たる姿を見せていても、まだ構造的にさほど緻密には全体の体制が組立てられていないことを意味する。

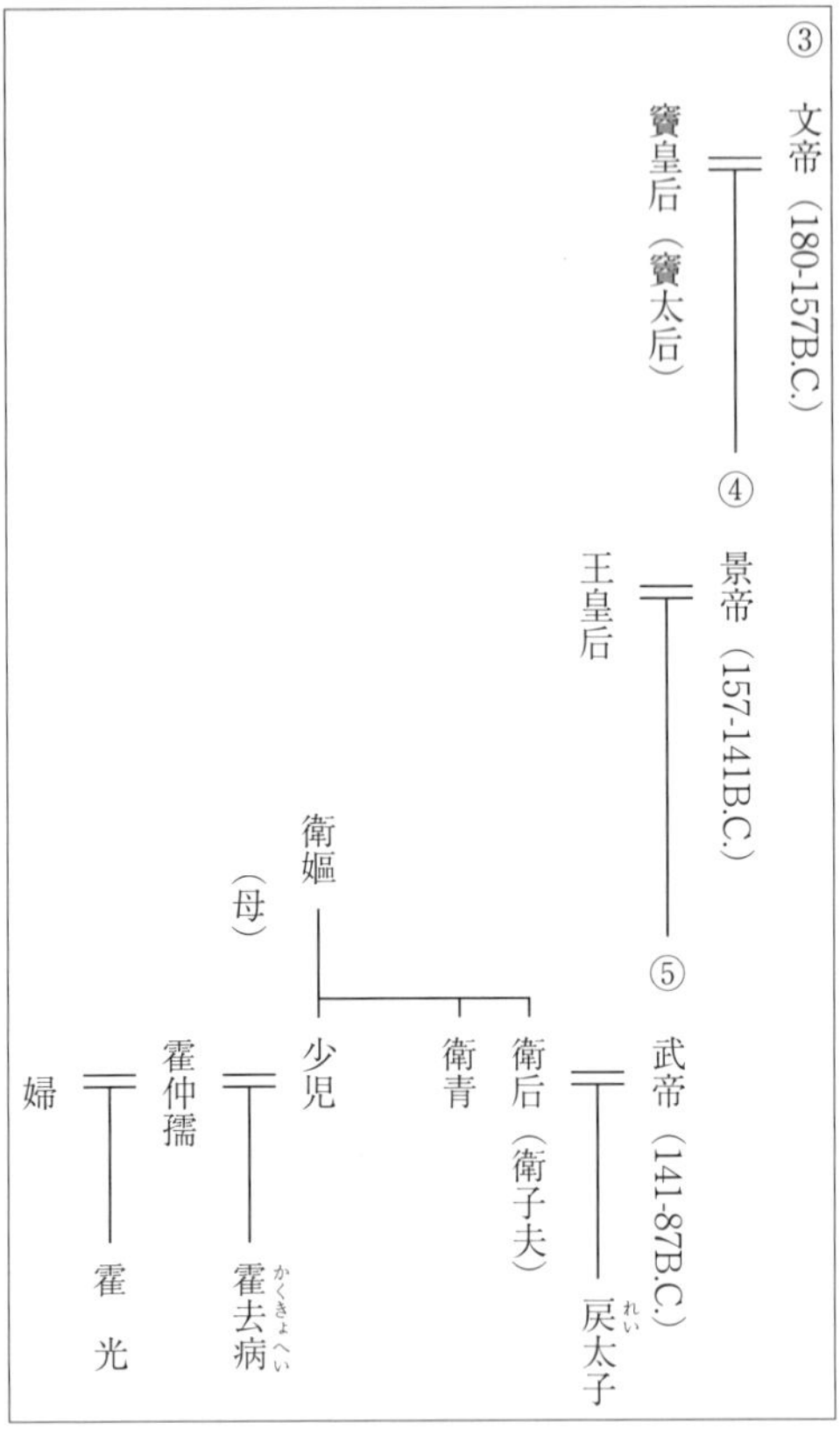

武帝と衛皇后の周辺

よく知られているように、武帝の衛皇后（衛子夫）の母親衛媼《えいおう》は、宮中づとめの女性だった。彼女の氏素性はさだかでないが、複数の男性と通じ、何人かの男女を儲ける。衛皇后の弟が、匈奴征伐で名を挙げる衛青《えいせい》だが、これまた母方の姓を名乗り、父親はわからない。また同じ衛媼が生んだ少児と呼ばれた娘は霍仲孺《かくちゅうじゅ》と一緒になり、そこから衛青とならぶ匈奴征伐の大将霍去病《かくきょへい》と、同じ父親から武帝なきあとの政治を牛耳った大将軍霍光《かくこう》が生まれる。衛青と霍去病の才を見出し、彼らの力で匈奴を漠北《ばくほく》へ追いやったのは、確かに武帝の人を見る力だったにせよ、衛媼の一統を全体として眺めると、それは前漢末にあらわれる外戚王氏の、まさに先蹤《せんしょう》といってよい。武帝を継いだ昭帝がなくなると、武帝から後事を託されていた霍光は、皇太子の昌邑《しょうゆう》王を廃し、巫蠱《ふこ》の禍と呼ぶ大疑獄で殺された武帝の廃太子戻《れい》の孫、みずからにとっては義理の従兄の子である宣帝を擁立した。この事件は、漢室の中興を促す原因として、霍光の名声を高めるものではあったが、表のヴェールを取除けば、まさしく彼が外戚としての専権を発動した一例とも言える。

一口に武帝が偉大だといっても、では唐の太宗や清の康熙帝の偉大さとどの点で違うのかを個人と時代のかかわりの中で、できるだけ正しく押えておく必要があろう。そこで、あまり人が気がつかぬ話題を提供してみよう。班固の『漢書』には、前漢時代の官職を解説した「百官公卿《こうけい》表」があり、その後半に、前漢を通した丞相《じょうしょう》と大臣の年次別一覧をのせる。これを暫らく眺めていると、奇妙な現象に気付く。武帝の建元元年から後元二年までの五十四年に亘る治世の間、十二人の丞相の名が列記されている。そのうち五人が、有罪自殺　下獄死、下獄要斬《ようざん》（腰斬）など、非業の死を余儀なくさせられている。また丞相につぐポストは、当時は御史大《ぎょしたい》夫《ふ》だったが、ここでも、十六人のうち何とか生命を全うした者は六人にすぎず、罪過のため罷免されたのはまだしも、六人が死へと追いやられている。念のため、次の昭帝からあと百年近くの丞相たちを調べると、そうした事態はほとんど見られない。丞相とそれにつぐ最高級大臣がその前途に処刑を覚悟せねばならぬとは、少くとも正常とは言い難い。いま少し眼を別の方向に転じよう。司馬遷の『史記』では「酷吏伝」という項目を設け、残酷非情、法律万能の刻薄な官員十人あまりの行為を述べたてる。酷吏はのちに唐代、則天武后の時にもう一度猖獗《しょうけつ》を極め、それも手伝って、血も涙もない、法律一点張りの冷酷な官吏の意味が定着してしまう。しかし私は、少なくとも武帝時代、司馬遷がひとまとめにした酷吏は、別の役割と性格を持つものではないかと疑っている。国初以来の沈静状況を打破り、始皇の政治を新しい姿で再生させようとした武帝は、何よりも中央集権皇帝政治の浸透をはかった。しかし、郡にしても県にしても、なるほど中央から官員が任命され、その下に在地の吏員を配置して恰好をつけても、実際には武帝の命令は郡の太守あたりでとまってしまう。中央と地方を問わず、漢王室の一族、在地の豪族集団は、慣行を盾に既得権を保持し、むしろ帝国統一の阻碍要因として作用する。皇帝政治の完徹を目指そうとすれば、断乎たる姿勢で彼らに対処せねばならぬ。その尖兵が武帝時代の酷吏にほかならなかった。彼らは確かに法律をふりまわす冷酷な官僚の一面を持っていた。だが単に郡の太守として、皇帝政治を地方に浸透させようと努力しただけではなく、その大部分は国都から中央に戻り、大臣の列に加わる。おまけに酷吏の代名詞とされる張湯《ちょうとう》という男などは、武帝政治のはじめ、法務大臣となってその厚い信頼を受け、時の丞相をさしおき、十年の間、政治の最高責任者として腕をふるっている。先に述べた、政府高官で処刑された者のうちには、この酷吏出身者も当然含まれている。ということは武帝と官僚の関係は、やはり個人的なつながりの色が濃く、信頼されている時は順風満帆に見えるが、ひとたび風向きが変ると、そこに死が待つ危険な事態を招いてしまう、甚だ不安定なものであった。

こうした酷吏重用による武帝の急激な法治主義的傾向は、外は匈奴征伐はじめ西域遠征、内は宮殿建築などによる歳出の増大による財政窮乏と相まって、深刻な社会不安を惹起する。武帝の末年には、一口に盗賊として片付けられる、政治、社会の現状に不満を持つ連中が、数千数百の集団を組んで跳梁し、軍隊や特別警察がその鎮圧に奔走するが、はかばかしい効果は挙げられない。『漢書』を読んでいると、武帝の皇帝政治は明日にでも瓦壊するような錯覚さえ受ける。しかし、宣帝や霍光たちの努力で、酷吏を先頭に法治主義で正面突破を企てた政策は、儒教的な仁徳に看板を塗り替え、前漢王朝はなお百年の命脈を延ばすことができた。以上をまとめると、前漢時代では、皇帝個人の資質と彼を中心とした人の関係が何よりも重要で、その組み合わせ如何によって、皇帝政治の内容に少なからぬ変化が生じ得るということになろう。

外戚の専横

中国で、皇帝政治が水平から下降に向った時、トラブルの原因となる双璧が、外戚と宦官である。前漢は外戚、後漢は外戚と宦官の両者が、いずれも皇帝政治の阻害要因として働く。このうち外戚については、次第に全体の構造の中でブレーキが働き、その後の弊害は減少したのにくらべ、宦官の方は、特に唐と明を中心に大きな害毒を流す始末になる。それだけ、中国の皇帝政治にとって、宦官はそれを特徴づける存在だったと同時に、逆にいうとその存在の必要性があったと言うことになろう。

漢代の外戚活躍の萌芽は、すでに高祖皇后呂氏にあらわれたことは既に述べた。この問題の根源には、皇帝の正妻つまり皇后と、それ以外の側室である女性たち、とりわけ次期皇帝候補を産んだ女性、さらに中国固有の家族制度とその観念が絡み、話が混みいってくる。そもそも皇后の名称は、天を皇天、地を后土と呼ぶところから出発し、天の代りが皇帝なら地の代りは皇后という発想にもとづく。皇帝が崩御すると、皇后は皇太后に格上げされ、孫の世代まで生きていると太皇太后となる。一般に女性の方が長命だから、漢代でもたいていの時代、現皇帝の上に、皇太后や太皇太后が健在のケースが多い。これも呂后のところで触れた通り、寡婦となっても、次期皇帝候補を抱えていたり、我が子が皇帝となった彼女たちの権利は、法律的にも社会的にも甚だ強い。悪いことに男系の血統が重視された旧中国では、男児を儲けるために、複数の女性との関係が黙認されてきた。皇帝とて、そうした家族制の慣習と無縁ではなく、むしろ皇帝だからこそ何をおいても男系の子孫を絶やしてはいけないと、数多くの側室を持つことが制度としてもできあがってしまう。はじめは、夫人とかせいぜい美人と呼ばれた側室たちも、漢の武帝の時代になると、倢伃《しょうよ》、娙娥《けいが》、傛華《ようか》、充衣などの美称で区別され始める。ちなみに、倢《しょう》も伃《よ》も美しい意味、嫦娥は月中にいると想像された美女、㑤華はしなやかで輝くように美しいといった風に、すべて美女の形容にすぎない。それが進んで、前一世紀なかばの元帝の時代、昭儀《しょうぎ》以下十四等のランクがきめられ、丞相大臣と比定される爵位などを貰う大袈裟なことになってしまう。こうした女性たちが皇帝の寵愛をうけ、首尾よく男児を出生すると、今度はその子供を皇帝につけるべく画策し、首尾よく皇帝にすると、母親とその血縁・親族つまり外戚たちが、よってたかって王朝を私物化してしまう。読者は不思議に思われるかも知れぬが、旧中国では長子相続は絶対ではなく、皇后に嫡子がない場合は、側室の男子たちはすべて平等の権利を保有し、その中の誰が皇太子から皇帝になっても構わないため、このようなことが普通におこる。さなきだに名誉欲、権力欲から嫉妬心に至るまで、欲望と利権が渦巻く後宮では、皇継者争いともなると想像を絶する恐ろしい出来事がいとも簡単に起る。劉邦は戚姫《せきき》の生んだ自分に似た如意《にょい》を後継ぎとし、呂后との間の皇太子のちの恵帝の廃嫡を考えた。これは大臣たちの反対で沙汰やみになったが、劉邦の死後、呂后は戚姫に対し、人間離れをした残酷な復讐を加え、それを目にした恵帝が精神不安定となった話しは、とりわけ知る人も多かろう。武帝が帝位に即いた前百四十年の時点では、祖父文帝の皇后で、黄老思想の信奉者竇《とう》太后と、父景帝の皇后で武帝の実母王太后が健在とあって、若い武帝は自分を抑えていなければならなかった。王皇后の母親は夫の死後、田氏と再婚し、そこで生まれた田蚡《でんふん》、つまり武帝の義理の叔父が丞相となって、都長安で威勢を振っていたからなおさらである。武帝が本当に自分の政治を始めるのは、二人の女性が世を去った元朔三年（前一二六）まで待たねばならなかった。

外戚王氏の栄華

漢代外戚の筆頭で、その絶大な権力とともに、後に影響を与えること最も大きかったのは王氏一門にほかならぬ。武帝即位から百年あと、その曾孫にあたる八代皇帝元帝の皇后とその一門がそれで、前漢の皇位を簒奪《さんだつ》した王莽《おうもう》はこの一族から出てくる。元帝皇后として次の成帝を生んだ王政君は、宣帝の五鳳年間十八歳で宮中に入ってから、甥王莽の始建国《しけんこく》五年（西暦十三）八十四歳で没するまで、半世紀にわたり、皇室劉氏と生家王氏一門を股にかけ、わけても外戚王氏専権の後盾の役割を果した。この間王氏からは十人の侯爵と、五人の軍隊総司令官を出したと賞揚されるように、外戚として、この世の春を謳歌する。ことは偶発的なできごとから始まる。王政君の父親王禁は、若くして長安で法律を学び、法務省の役人になっていた。ところが酒と女と賄賂が好きという感心しない人物で、腹違いの八男四女をつくってしまった。彼らがのちの外戚王氏の主役となる。父親は政君を皇族の一人と一緒にしようと企んだが、相手が死んでしまい、加えて人相見が彼女の常ならぬ高貴さを讃歎したため、方向を変えて読み

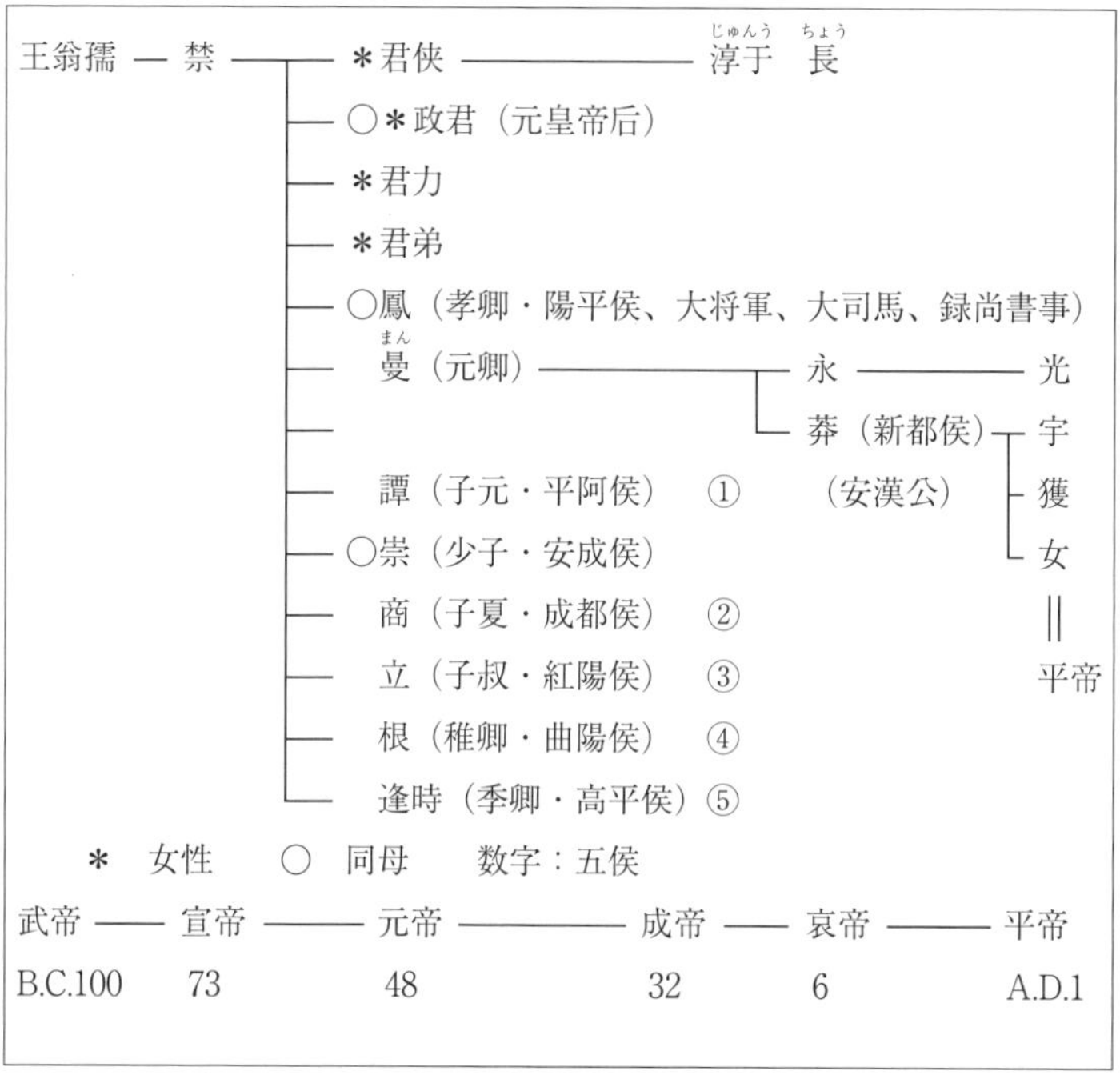

外戚王莽の系譜

書き音楽を教え込み、十八歳で宮中奉仕の一人に押しこんだ。たまたま皇太子が熱愛していた女性がなくなり、悲嘆にくれた彼は周囲に女を近付けようとしない。困った宣帝は、皇后に皇太子を慰める女性を選ぶように命じた。太子は気乗りがしなかったけれども、母親の顔をつぶすわけにもいかず、五人ならんだ女性の中に、一人だけ良い女がいると生返事をしてしまった。そこで皇太子に近く坐を占め、絳《あか》い縁どりの上着を着た女性がそれだと勝手に決められ、王政君が太子のもとに送られてきた。それまで十数人の女性と交わって子供ができなかったにもかかわらず、すぐに王氏は身籠《みごも》り、めでたく成帝を生みおとす。元帝が崩じ、成帝が即位すると同時に、政君の同母兄の王鳳《おうほう》は、大司馬・大将軍・領尚書事、簡単に言うと文武の大権を一手に掌握するとともに、兄弟たちに官職爵位と領地をわけあたえる。この夏、黄色の霧が終日たちこめ、皇后親族たちの発する陰気に、天が警告を発するあらわれだとする議論がやかましかったが、成帝たちはそれを押しとどめ、王鳳の地位は不動となる。彼はみずからの息のかかった部下たちを全国要所の地方官に任命し、王氏一門でがっちり中央政府を固め、十年以上に及ぶ王鳳の専権時代が続く。五侯と呼ばれた王鳳の異母弟たちのもとへは、全国から賄賂、贈物が届けられ、姫妾《きしょう》数十人、千百の単位で召使に囲まれ、豪邸を作り、皇帝さながらの奢侈にふける。その一方では内外の人事などには敏感で、時としては賢人たちのパトロンともなり、財貨をバラ撒くことにも抜かりはなかった。それは、彼らの共通の甥にあたる王莽の政権樹立に、決してマイナスには働きはしない。

王朝が衰退に向かう時は、えてしてそうなるのだが、二十六年の長い治世にもかかわらず成帝には男児がなく、旁系から入った次の哀帝は、六年在位したが二十六歳で死に、同じく旁系の平帝が僅か九歳で帝位に即く。ということは、皇太后や外戚にとり、政治が自分たちの思い通りに動かせるわけで、こうした先例をふまえ、次の後漢には、その情況を人為的に作り出す傾向が顕著になる。それはあとの話しとして、漸く政権の中枢にはいあがり、外戚王氏のリーダーとなった王莽は、政治的意図をもって、自分の娘を、まだ子供の平帝の皇后に仕立てる。二年のち平帝が十四歳で死ぬと、宣帝の玄孫中で最も幼い、二歳の孺子嬰《じゅしえい》を帝位につけ、かくて王莽簒奪《さんだつ》のお膳立てができあがる。

王莽と新

前漢と後漢の二百年ずつに挟まれ、ちょうど西暦紀元直後の八年から二十四年まで十七年、王莽の「新」と呼ばれる王朝が生まれた。新の政治は、理想は高いが現実には時代錯誤も甚しく、改革につぐ改革で世を混乱の渦にまきこみ、結果としては民衆の蜂起（赤眉《せきび》の乱）を招き、それを鎮圧した光武帝劉秀によって、前漢の皇帝政治が復活、継承されることになる。この王莽の、一見前漢とは断絶したような観を呈する奇妙な時代が、全く無意味だったかというと、必ずしもそうでもない。スケールは違うにせよ、それは隋《ずい》の煬帝《ようだい》と同様に、次の時代からは酷評されるにせよ、少し距離をおいて眺めると、それなりに少なからぬ存在意義を持っているようにも思われる。

王莽は元帝皇后の弟王曼《おうまん》の子であるが、曼は早逝し、五大司馬・九侯と称された、王鳳《おうほう》を頂点とした外戚王氏の中では、不遇で貧しい境遇にあった。そうした中で、莽は儒学生のように、沛《はい》郡の学者陳参《ちんさん》から「礼」の教えを受け、熱心に勉学して知識をひろめると同時に、母に孝養を尽し、積極的に賢者と交わり、模範的な青年として成長した。のちに伯父王鳳の死の床にはべり、帯も解かず看病につとめ、伯父をはじめ、周囲の熱心な推薦で、王太后も彼を新都侯にとりたて、官職を与えた。成帝の永始元年（前一六）のことで、のちの国名「新」はこの新都侯の爵位に由来する。このあと、彼は順調に権力者への階段を昇り、倹約で勤勉、自己抑制ができ博学な賢人としての評価を高めるが、裏では、たとえば哀帝皇后らと激しい勢力争いをくり返し、政争の中で浮沈を重ねもする。やがて九歳の平帝を擁立し、将来を見越して有能な腹心の部下を周囲に従え、娘を平帝皇后にすえるとともに、摂政王太皇太后の権力を逐次自分にうつしてゆく。莽が殺害したのではないがと疑われる平帝の死とともに、周公旦が成王を補佐した故事を引用して、宣帝の玄孫《やしやまご》にあたる二歳の子嬰《しえい》を立て、自分が全権を掌握してしまう。前漢末の居摂《きょせつ》という奇妙な年号はそれに由来する。

平帝時代から約十年の歳月を費し、王莽は、五行《ごぎょう》の王朝交替説、儒家の有徳《ゆうとく》君子への禅譲《ぜんじょう》論、さらには当時漢の宮廷で大々的に書物の整理を行っていた劉歆《りゅうきん》の手を借りて、『周礼《しゅらい》』『礼記《らいき》』『春秋左氏伝』など、それまで陽の目をみなかった古文学派の経書に依拠して、イデオロギーの面の環境作りを整える。ついで、みずからは節倹をよそおいつつ、大量の金銭や恩賞を周囲にバラ撒き、反対者は容赦なく遠方に流すといった権力者の常套手段を駆使し、政府高官から取巻きまで、支持者の枠をかためる。すでに元帝以後、前漢の皇帝政治はなかば死に体で、何らかの型で漢の再興を望む声が高かった。そこで王莽は、赤から黄へ、天命による劉氏から自分への王朝の交替の合理性を宣伝し、五十万人近いデモ隊の支持請願運動を行ったりする。こうしたところは、何やら毛沢東の紅衛兵を連想させる。『漢書』の王莽伝は、三巻から成る長いものだが、それを読んでいると、特にその前半部では、王莽のプロパガンダ、人心操縦術の芝居がかった巧みさに感心させられる。赤味を帯びた目はギョロリと飛び出し、大きな口に短いあご、割れんばかりの動物的な大音声《おんじょう》、いつも雲母《うんも》の扇子で顔を隠し、妙な服装を好んだというから、その生い立ちと相まって、彼の心中のコンプレックスは相当以上のものだったろう。従ってそれが、机上の学問や、政権争いの力学の中にとどまっている間はまだよかったが、武帝以降ある程度形を整えてきた皇帝政治の最高の椅子に座るとなると、あちこちにさまざまな障碍が出てくる。近く王莽の専著も出ると耳にするので、詳細はそちらに譲り、私の目につつる王莽の政治を簡単に記すだけにとどめたい。

王莽の政治とその意義

周公に假託された、理想的な行政組織の書という建前の『周礼《しゅらい》』にもとづいて、官制、行政などの改革を矢継ぎばやにうち出し、おまけにそれらが、社会の実情を十分に考慮しない、外面的な変更が多いため、行政の実務に携わる人々は勿論、一般大衆を混乱にひきこむばかりとなる。さらに、彼がまだ摂政になる以前から着手していた貨幣の改革、あるいは「新」になったあとの専売制や商業対策、土地制度などの政策も、かえって一般人民たちを抑圧し苦しめるだけにすぎなかった。加えて、北や西の異民族に対する外交も、一方的に王莽側の主張をおしつけ、彼らの反撥を招き、そのため何十万の軍隊を動員し、それがまた人民を苦しめ社会不安を助長する。

このように、多くの欠陥は持つにせよ、彼が王朝の中心的な儀礼として開始した、国都における天地・宗廟の祭祀の儀制や、これまた『周礼』にもとづく、皇帝が政令を発布する場所「明堂《めいどう》」の設置、あるいは辟雍《へきよう》と名づける学校制度などは、後世に少なからぬ影響を残した。すでに儒教は、王莽自身が礼経の徒だったように、中央・地方の知識人や豪民の間に着実に浸透していた。その流れに乗り、『周礼』や『礼記』といった新しい経書を通して、皇帝政治の権威をたかめる儀制の部分を組みこみ、従来の、やや呪術がかった祖先や天地の崇拝と置き換えた点は、それなりに高く評価しなければならないと思う。ただ、そうした、いわば合理的といってもよい側面と、符瑞《ふずい》や五行《ごぎょう》説、あるいは神讖《しんい》説などを信じたり、利用したりする方向が、まだ未分離で混ざりあっている点は仕方がなく、それは前漢末から後漢初めの、一つの時代的特徴だったと言えよう。中国の皇帝政治の中で、この王莽の王朝は、儒教風禅譲《ぜんじょう》の最初のサンプルであり、また『周礼』にもとづく、理想を掲げて現実を考慮せず、上から強制的に制度変更を行った失敗例の典型でもあった。こうした実験をふまえ、たとえ『周礼』を使うにしても、もう少し上手に、禅譲にしても、特に南朝でしばしば見られるように、洗練された形で行われる反面教師となった点でも、王莽王朝の隠れたプラスの面を忘れてはなるまい。

後漢王朝の性格

外戚の専横という事態は、王莽の「新」王朝が十六年で滅び、再び劉氏を名乗る後漢王朝に入っても続く。そこでは簒奪には至らぬにせよ、後漢の皇帝政治の屋体骨をゆさぶり、結果として武帝の樹立した漢の政治体制を衰微、変貌させるに預かって力があった。そもそも光武帝劉秀《りゅうしゅう》を始祖とする後漢王朝は、河南、安徽、湖北、河北など、前漢帝国のフロンティアを地盤にして生長してきた豪族たちの連合政権と評される。むろん、王莽以後の儒教の普及浸透と、それにもとづく新官僚群の出現といった、注目すべき動きを無視するわけではないが、始皇や武帝のような、強い理想と信念にもとづいて皇帝政治を再開するのではなく、王莽の混乱を元に戻し、前漢の既製路線を踏襲しようとする性格が濃厚である。言葉を変えると、武帝の死後百年、ようやく顕在化した皇帝政治の負の部分にメスをいれ、新しい活力でそれを乗り越えようとする方向は微弱だった。このため後漢王朝は二百年の長きにわたるが、全体としてみれば、前漢を矮小化したコピーの形をとらざるをえず、おまけにその後半三分の二は、前漢に蒔かれ

光武帝劉秀

た弊害の種が、いっそう拡大、深刻になる悪循環に悩まされる破目に陥る。

　すでに皇帝の年齢のところで触れたように、後漢十三人の皇帝のうち、光武帝と明帝の一、二代目以外は、皇帝政治を主宰する適格性を欠く者ばかりではないかという気がする。三代目の皇帝からあとは、その即位の時の年齢が、章帝の十九歳を例外として、すべて十五歳以下、中には八歳から一歳までの幼児や嬰児が四人も含まれる。またその崩御の年齢を調べると、曹操の傀儡としていたずらに馬齢を重ねた献帝以外は、ほとんどが三十になるやならず、一歳から九歳までの夭折者がここでも四人いる。形式的な在位年数は、夭折の四人を除くと十二年から二十年に及ぶとしても、こと皇帝政治における彼自身の貢献度となると、プラスの面は限りなくゼロに近かったであろう。そこで皇太后とその外戚が、絶え間なしに国政を握り、またそのための権力闘争を繰返す。外形からみても、それが十分推測できる話題を一つ提供しよう。

司馬遷の『史記』では、「外戚世家」という項目を立て、劉邦から武帝に至る皇后たちと主だった女性、その外戚について記述する。それが班固《はんこ》の『漢書』になると、列伝の末尾近くに「外戚伝」を設け、呂后以下三十人に近い皇帝と関係深い女性の伝を書きつける。後世の感覚からいうと、両者、とくに『漢書』のそれは「皇妃列伝」と呼ぶべきなのであろうが、二人はあえて違う表現を使う。そのため「外戚伝」とはいうものの、そこでは女性たちの親族縁者である男性が主役として登場してこない。おまけに班固は、外戚伝に続けて元帝王皇后だけの列伝を独立させ、最後の「王莽伝」に繋ぐ配慮をも忘れていない。ところが范曄《はんよう》の『後漢書』では「外戚伝」という言葉が姿を消す。彼は外戚として皇妃たちをまとめる方法の代りに、光武帝から献帝に至る十二人の皇帝の本紀のあとに、新しく「皇后紀」を置く。このあと、『三国志』以後の多くの正史は、当然ながら皇妃をまとめた記述を掲載するけれども、それらはすべて「皇妃列伝」として扱われる。皇帝の事跡を書き残す時につかう「本紀」を、わざわざ皇后たちの伝記のタイトルにも使用しているところに、後漢の皇太后や皇后の特異性が滲み出ている。『後漢書』の皇后紀の冒頭で、范曄《はんよう》は、「後漢の皇統はしばしば跡絶《とだ》え、国権は女性に帰す。外戚により立てられた皇帝は四人、摂政となった皇后は六人。皇帝を大奥できめ、父兄に政治を委ね、年端《としは》のゆかぬをよいことに、長期にわたり政権を維持し、明賢たちを抑圧して威を専らにす」とこきおろす。そのことをさらに明らかにしようと、范曄は各皇后の在位年数を記入する。章帝憲皇十八年、和帝鄧《と》皇二十年、安帝閻《えん》皇十二年、順帝梁皇十九年と、おおむね皇帝以上にその期間は長い。また、彼女たち自身も、学問、教養にすぐれた仲々の人物で、自分の軟弱な夫皇帝を軽視しがちな共通性を備えていた。そもそも賢夫人で光武帝も頭の上がらなかった馬皇后にしてから、後漢建国のため甘粛で活躍し、のち伏波《ふくは》将軍として交趾征伐に功のあった馬《ば》援《えん》の娘で、その兄弟や従兄たちは、資産鉅億《きょおく》といわれる豪民だったから、後漢は最初からそうした女上位に運命づけられていたのかも知れない。

このほか竇《とう》太后の兄竇憲、鄧皇后の兄鄧隲《とちつ》、梁皇后の兄梁冀《りょうき》、そして何《か》皇后の異母兄何進《かしん》などは、後漢の外戚を代表する人びとといってよい。ただ、そうした連中は、王莽の先例を鑑《かがみ》としたためか、あわよくば帝位を乗っ取ろうとする気配は薄い。たとえば、桓帝梁皇后の兄の大将軍梁冀《りょうき》は、三万戸の封邑《ほうゆう》を持ち、妖艶《ようえん》

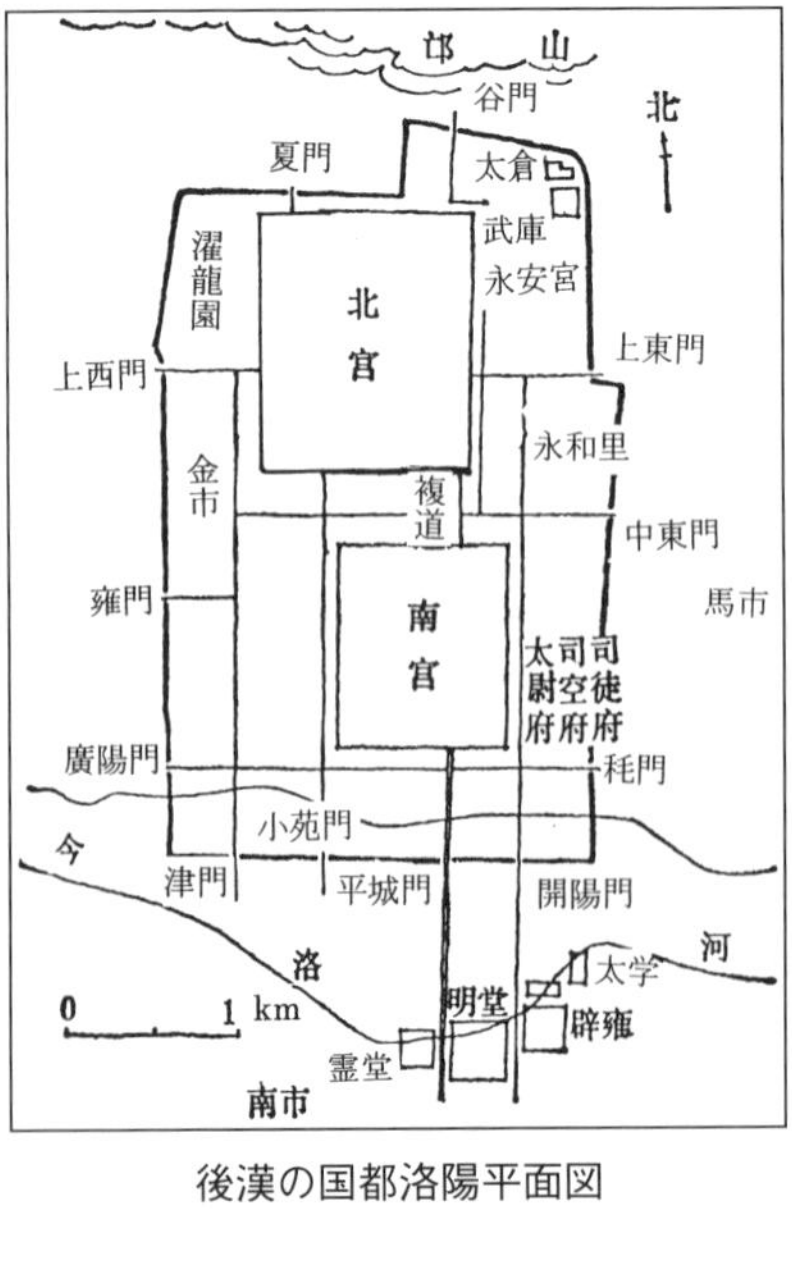

後漢の国都洛陽平面図

な妻君も五十万の年収があった。二人は洛陽の大通りを挟んで、それぞれに土木の贅《ぜい》を凝《こ》らした屋敷を建て、広大な動植物園を作り、その中を夫婦で車を走らせて歓楽に時を過ごした。彼は別邸を洛陽城の西に置き、そこに無頼漢はじめ何千人という手下を貯え、よからぬ行為を行わせたとされる。このような外戚グループと対立する集団が「宦官」にほかならない。

政治を左右する宦官

死刑より一等を減じた宮刑や、異民族の俘《ふ》虜たちの去勢などに淵源する宦官は、すでに殷代に確証があり、秦の滅亡を促す役割を果した宦官趙高《ちょうこう》も名を知られていよう。前漢の武帝時代には、上記少府の属官に宦官が姿をあらわし始める。それが何故必要だったかと言えば、皇帝の血筋の純粋さを守るため、そのプライヴェート空間には、成人男子を立入らせなかったところに一つの原因がある。宦官については、我が国では、いまや古典的著作となった。三田村《みたむら》泰助《たいすけ》氏の『宦官』（中公新書　一九六三）以来、幾つかの書物がこれも容易に入手できるから、詳細はそちらに譲る。ただ、宦官は、皇帝政治の開始から終焉まで、これまた二千年に亘って存在し続けるが、それが大きな弊害をもたらしたのは、後漢、唐、明の三代に過ぎなかった点も注意すべきである。

男性のシンボルを人為的に切落した宦官は、例外はあるにせよ、容貌や態度に変化が生じ、鬚《ひげ》はなくなり、甲高い声を出す。年をとると外見の特異性が増し、次第に一種独特の臭気を発しはじめる。こうして彼らは、人間であって人間の列に加えられぬ、特別なグループとして、いわば賤蔑視の対象にされる。宦官は皇帝に物理的に最も近い使用人たちだから、皇帝権力に寄生して、そこから利益を吸い取る以外、生きる希望や価値を求めることは不可能になる。権力欲と金銭欲が彼らの共通した特性とされるのもやむをえない。ただ宦官で忘れてはならぬ性格は、皇帝との間の強い心の繋がりの存在である。常人とはかけ離れた精神力と目的意識や義務感、そして行動力をかね備えた創業の英主といえども、皇帝は孤独な存在であり、周囲に自分の地位を脅かす敵が充満しているのではないかと、猜疑《さいぎ》心の塊になりやすい。まして普通の皇帝は、幼児からの生育期間を、大部分は宦官とともに過ごさなければならない。条件は違うにしても、結果的には普通の人間社会と、全くといっていいほど隔離された場所にいる皇帝と宦官が、想像以上に鞏固《きょうこ》な紐帯《ちゅうたい》で結ばれていたとしても、決して不思議ではない。後漢の末、董卓《とうたく》のため廃位に追い込まれた霊帝が、宦官の張譲《ちょうじょう》と趙忠《ちょうちゅう》を、わが父、わが母と呼んでいた話は、それを雄弁に物語る。

さて、宦官が権力を持つといっても、それを可能にする条件が揃っていなければならない。そこで例によって、武帝以後、後漢までの、宦官とかかわりを持つ官制を眺めてみたい。

前漢武帝の頃には、まだ普通の男子も皇帝の私的空間に入ることができた。それが次第に皇帝の私生活の側近は宦官だけという風に変る。いったい武帝は、詔獄《しょうごく》つまり勅命に借りた大獄を起し、大臣を筆頭に次々と処刑を行った話しは先にもしておいた。それは同時に、特に政治犯などを中心として、死一等が減ぜられ、宦官となって生残る人間が増えることにも繋るであろう。李陵の禍で司馬遷が宮刑を受け、のち、秘書官筆頭の中書令に任ぜられたのはその一例である。武帝のあと昭帝が早くなくなり、霍光《かくこう》に宣帝が擁立される。彼は祖父の巫蠱《ふこ》の獄で死刑を免れて宦官となった張賢の手で民間に育てられ、同じような目に遭ってこれまた宦官にされた許広漢の娘と結婚した。ところが帝位に即くと、娘を皇后にと望んだ霍光の妻が許氏を毒殺し、その幼児の抹殺も企てたが、未遂に終る。この幼児がのちの元帝すなわち王皇后の夫なのだが、事件を引金に、さすが強盛を誇った霍光一門も、没落を余儀なくさせられる。宣帝は覇道（法治）と王道（徳治）の兼用を唱えつつ、石顕《せきけん》をはじめとした宦官を使い、傾きかけた皇帝政治の修復につとめたが、そのあとは既述のように外戚王氏があらわれ、宦官は出る幕を失う。

後漢創業の主光武帝は、前代を鑑として、幾つかの改革を行った。皇帝を補佐する最高位の宰相の名は、丞相から、軍事の太尉《たいい》、民事の司徒、土木事業の司空といった「三公」にうつされ、それぞれが数十人の属官をもって自分の役所（幕府）を持つ。これに軍の総司令官としての大将軍が加わるが、三公は隋唐以後の宰相と違い、坐して皇帝を補佐する見識と人格が必要とされた。従って先の外戚たちは、三公には容易には任命されず、大将軍とか録尚書事などの職名に甘んじなければならなかった。後漢の三公の任務の中心は人事権で、推薦されて来た孝廉などの任命の最終決定もここで行われた。ところが光武帝は、次第に重要な政務を三公に掣《せい》肘されることを嫌い、拡大しつつあった先の光禄勲などを使い、政治の実権を三公の手から自分の手許に集めようとはかる。皮肉にもこのことが、宦官に活動の場を与える引金となる。なるほど光武帝は宦官の活動する場所を、皇帝の私的空間である内廷（後宮）に限り、外部との交渉を厳禁した。ところが後漢の都洛陽では、皇帝の居所未央《びおう》宮と、皇后の住まう長楽宮は、複道《ふくどう》と呼ぶ渡り廊下で結ばれているものの、両者は数百メートルを隔てた別の区画になっている。やがて皇帝に代わって、皇后や皇太后に政治の実権が移り、国政の最高指令を出す際、彼女たちと別の場所にいる皇帝の最終的な認可をどうして貰うかという、単純ではあるが、極めて重要な問題が日常的に生じてくる。両者の取継ぎは宦官以外にはできないから、その過程で彼らがさまざまな細工を施すことは免れ難い。皇帝が直接かかえこんだ政務の範囲が拡大すればするほど、宦官が介入する部分が多くなり、当然弊害も増大する。

後漢の三代皇帝章帝が三十一歳で世を去ると、竇皇后が摂政につき、兄の大将軍竇憲らが脇を固める。彼は匈奴征伐で功労をたてるとともに大将軍のポストにつき、権力を手中におさめた。そうなると、外戚竇氏と皇帝和帝の間に軋轢《あつれき》が生じるのは致し方ない。生命の危険さえ感じた和帝は、宦官鄭衆《ていしゅう》を頼りにまきかえしをはかり、竇氏の勢力を一掃する。それも束の間、当の和帝が二十七歳で崩御すると、あとをつぐ適当な皇帝が見つからず、才色兼備の誉れ高かった皇后鄧氏が摂政の位にのぼる。彼女は兄の鄧隲《とちつ》らの協力のもと、旁系から安帝を後継者に選んだものの、その能力を信用せず、結局摂政期間は十七年の長きに及んだ。資質すぐれた彼女や、控え目な鄧隲の主観的善意は別として、毎日の皇后宮での政治では、宦官が大きなウエイトを占めないわけにはゆかぬ。先の鄭衆や、ひところは紙の発明者だと教科書などにも書かれていた蔡倫《さいりん》たちの力で、優秀な儒教的官僚などが登用されはしたものの、安帝の周囲にはそれとは別の宦官や外戚がはびこり、複雑な権力争いが起る。こうしたパターンは、その後、順、桓、霊の三代約百年、とどまるところなくエスカレートする。その過程で、宦官の力によって帝位についた順帝が、その褒美として、宦官の養子を公認し、その地位を世襲化させる悪例を始める。三国魏の曹操の父親は、この順帝の時の有力宦官曹騰《そうとう》の養子なのであった。

後漢の官僚たち――党錮《とうこ》

ではこうした外戚と宦官の葛藤の中で、本来皇帝政治の柱石となるべき官僚たちは何をしていたのであろうか。儒教イデオロギーの浸透と、その具体的教科書である「経書」の勉学で、新しい官僚群が表面に顔をならべるのは、たしかに後漢の一つの特色である。地方から推薦される孝廉や、経書を勉強した明経《めいけい》は、当然ながら有力者、豪民の子弟たちだった。だが彼らとて、儒教的教養を身につけ、国都洛陽に集まる太学生たちと同様に、経書に通じる必要があった。後漢の皇后たちは、有力者の娘がひしめくが、その多くは『春秋』『書経』『詩経』などの知識の持主だったことからも、上流階級と儒教のかかわりの深さが窺われよう。その結果政治の場では、さきの三公を筆頭に、儒教的教養を持つ名士が増加し、その波は地方官である刺史《しし》や太守たちにも及ぶ。彼らが自らを高く誇り、権力闘争をくり返す外戚と宦官、それらに味方する一般官僚たちを非難することもまた当然のなりゆきであろう。後漢も末近い、桓帝の延熹《えんぎ》年間、そうした衝突が表面化する。中央や地方で清節をもって自任する——本当はあまり力のない理論倒れの——官員たちが、宦官とその同調者たちを公然と批判した。延熹九年（一六六）宦官たちは桓帝を動かし、警視総監李膺《りよう》ら二百人余りを逮捕して、自分たちが自由に刑罰を加えられる牢獄にほうりこんだ。ついで宦官に支えられた暗愚な霊帝は、董皇后の父董武と太尉陳蕃が主導した、宦官皆殺し計画失敗の報復として、百人以上の官員を処刑し、その一族関係者を政界から追放した。これが「党錮《とうこ》」（官員追放令）と名付けられる事件で、主な儒教官僚は弾圧で逼塞《ひっそく》すると同時に、朝廷の権威も急速に失われる。党錮と歩調を合わせるように、霊帝の中平元年（一八四）、河北・山東一帯に黄巾《こうきん》の乱が起り、知識人がそれに味方することを恐れた政府は党錮を解除する。しかし黄巾の乱がひとまず平定されたあとも、十常侍《じょうじ》と呼ばれる宦官グループは、瀕死の政権にかじりつき、性こりもなくその私利私欲をはかった。こうした後漢末期の状況は、物語りの『三国志演義』でも、ほぼ正確に描写されている。そこで四世にわたり五人の三公を出した名門の出身である都知事の袁紹《えんしょう》は、軍隊を動員して宮中にお入り、宦官二千人以上を虐殺してしまった。こうした異常事態の洛陽に乗りこんできたのが、お馴染の董卓である。霊帝を廃し九歳の幼児を皇帝としてかついだ彼は、外戚と宦官の富を集めた洛陽を瞬時に廃墟と化せしめ、人々を強制的に引連れて長安に戻る。かくして後漢は事実上滅亡すると同時に、漢民族を中心とした古代皇帝政治はその幕をおろす次第となる。

第四章　異民族王朝の出現

オルドスと匈奴

この章では主役を北方あるいは東北方の非漢民族が勤めるため、比較的馴染みの薄い地名や人名が出てくるであろう。そこで最初に、そうした異民族たちの原住地や根拠地、さらに彼らが南下して中国内部のどこに足場を築き、またどの辺りを領有したかを知っていただくため、簡単な地図とともに、最小限の地理的概念を記しておきたい。

黄河は甘粛省の蘭州から北上し、北緯四〇度線を越えたところで、最高峰が二千三百メートルばかりの東西に走る陰山山脈（大青山）につき当り、流れを直角に右に変え、そのまま陰山に沿って東進する。ところが四百キロほどゆくと、今度は陰山から分岐し、山西省の西部を南北に走る呂梁山脈に行く手を阻まれ、再び右に直角に曲がり、黄土層の渓谷を一気に南下することになる。この黄河の流れを三辺とした方形の地域のうち、現在の長城線より北部を「オルドス」と呼びならわす。いまの行政区では内蒙古自治区に属するこの地方は、砂漠と荒地そして乾燥平原の混ざりあった、農耕民族とは縁の薄い場所である。オルドスの北、東流する黄河の北側に連なる陰山山脈は、包頭《パオトウ》、呼和浩特《フフホト》、張家口《ちょうかこう》の北を通って興安嶺につながる。この山脈に沿って、秦の始皇帝の長城が築かれたわけだが、それと同時に陰山山脈は、漢民族と異民族の両者にとって、自然の恵みを手

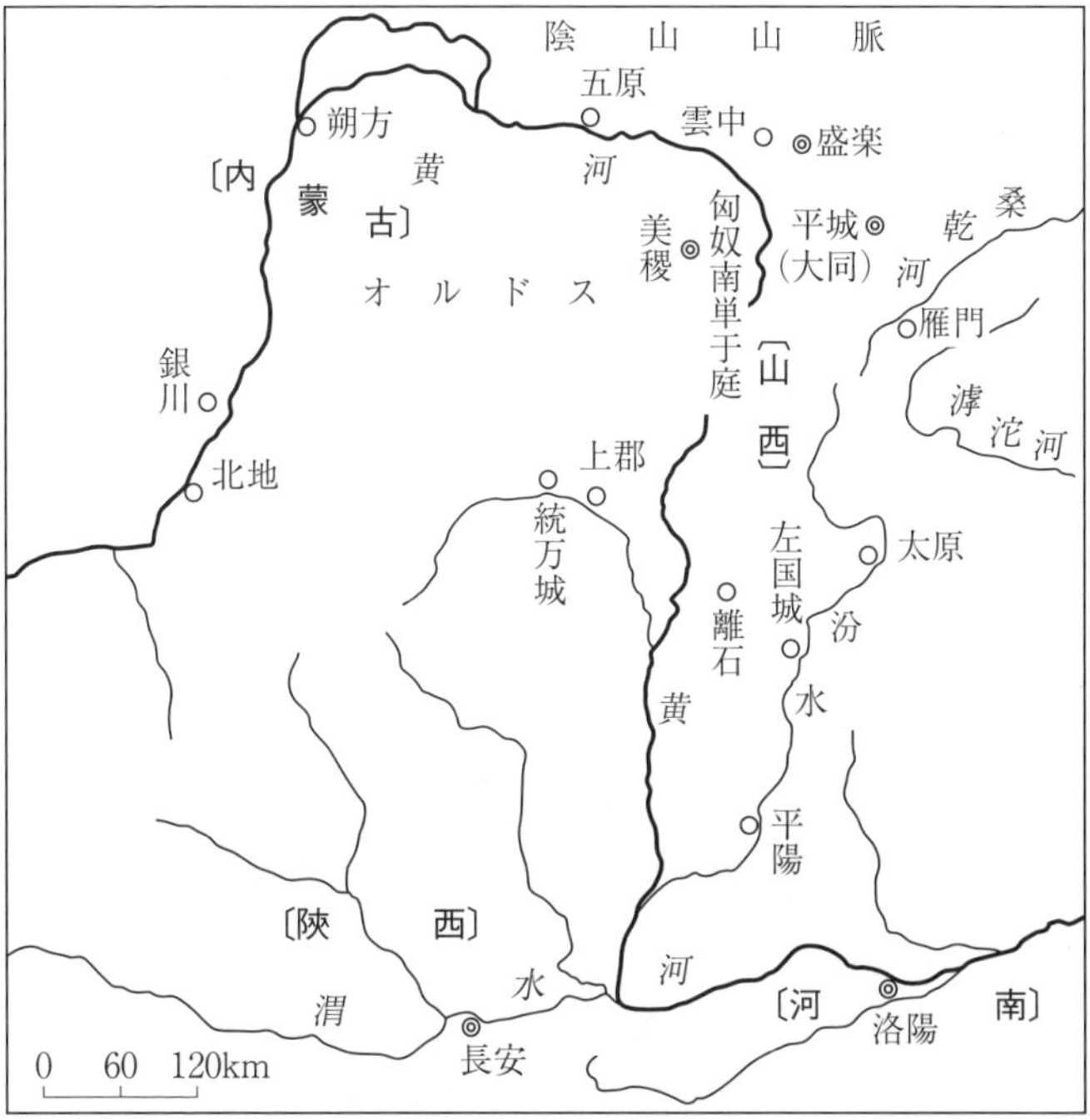

当時のオルドス一帯の概略

にし得るかけがえのない大切な場所でもあった。この山脈から北は、東方には草原もあるが、北から西は荒涼たるゴビの大砂漠が拡がり、特に西側はアルタイ山脈に続く二千メートル以上の高地となる。ゴビの砂漠をさらに北上し、北緯五〇度線に達すると、バイカル湖に注ぐオルコン河とシルカ河、その東の分水嶺を越えれば、黒龍江の源流であるオノン河とケルレン河流域の大草原地帯が姿を現わす。有史以前から、これら河川の流域草原が、遊牧騎馬民族たちの、ユーラシア北東部での最も重要な場所であった。匈奴からモンゴルのチンギス汗に至るまで、多くの東方遊牧民族は、この一帯を発祥の地とし、あるいはそこを基地としてその勢力を拡大した。モンゴルの首都として有名なカラコルム（和林）を中心としたこの外蒙古の高原は、いってみれば、遊牧民族に生命と活力を注入する源泉に他ならない。ここがある強力な部族に掌握されれば、周辺の諸族を巻きこみ、広範な部族連合体が形成される。彼らがゴビの大砂漠を疾駆南下し、長城線を越えて中国内部に侵入して来た時、北方騎馬民族の恐怖が、農耕民族にとって現実のものとなる。しかし、彼らがこの北の根拠地から切り離されてしまうと、いかに長城附近やオルドスを占拠したとしても、それは根なし草のように、やがてその存在を失う運命を迎えねばならぬ。ただ、長い歴史の流れから言えば、黄河の大彎《だいわん》曲部のオルドスと、山西省の北部一帯は、異民族たちにとっては、その最前線基地として極めて重要な地域であった。とりわけ、山西省の太原から山並みを一つ越えると、東の河北平原に流れくだる滹陀河《こだが》と桑乾《そうけん》河《が》が、平行して山なみを縫って走っている。両河の流域の大同や代県、あるいは定襄《ていじょう》といった城市とその周辺は、外モンゴリアを根拠地とする遊牧異民族が、中国に侵入して来て一息つくことのできる、かけがえのない場所だった。本章で主として取りあげる、四世紀、北や東北方面から侵入を開始した、ツングース系の諸部族、特に鮮卑《せんぴ》系拓《たく》跋《ばつ》族は、この地方をまず足場として、その成長を遂げたのである。

五胡十六国時代の始まり

秦漢帝国に大きな影響を与えた匈奴は、前漢の末近い前五七年頃に東西に分裂する。この時、親漢派の東匈奴呼韓邪単于《こかんやぜんう》に嫁した漢の女性が王《おう》昭君《しょうくん》にほかならない。それから百年をへた、後漢光武帝の末近い紀元後四八年、その東匈奴が南

五胡時代の異民族

北に分裂する。そのあと、後漢が滅亡するまでの百五十年にも及ぶ長い期間、北匈奴、南匈奴、そして後漢王朝の三者が、和親、協調、敵対を三つ巴となってくりひろげる。結果だけを言うと、紀元後五十年頃に漢に内附した南匈奴の日逐王比《にっちくおうひ》は、十万ばかりの衆を連れて、オルドスの地に移住してくる。それと同時に、この南匈奴に従属していた八部族が、後漢帝国の北の防衛線、すなわち西は朔方《さくほう》、五原《ごげん》、雲中《うんちゅう》から、東は定襄、代《だい》、上谷《じょうこく》などの諸郡に分置され、そこで遊牧生活を送ると同時に、漢に敵対する別の異民族への防禦の役目をもつとめることになる。

このような匈奴、そしてこれに続く五胡《ごこ》と総称される異民族たちの中国内地への侵入は、四三九年、拓跋族の北魏が、黄河一帯の中原統一に成功し、いわゆる南北朝時代に入るまでの、かなり長い異民族王朝にとっての試行錯誤、あるいは準備期間と位置づけられよう。それをより具体的にいうと、五胡十六国時代の幕明けに、匈奴の末裔たちが西晋を滅し、中原の漢民族支配者たちが、こぞって江南に遷る三一六年までが第一のステップ、五胡十六国時代が拓跋族北魏によって終焉を迎える三八六年までが第二段階、その北魏が東・西両魏に分かれる五三四年までが第三段階と、それを区分しておいてもよいであろう。

最初の段階において、匈奴は分裂して弱体化するとともに、それまで従属させてきた東胡の一種烏丸《うがん》（桓）の侵攻を防ぎきれなくなり、ゴビの砂漠以北の本拠地で、次第にその力を失ってゆく。それと反比例するかたちで、後漢の衰亡、中原の混乱に乗じ、匈奴の各部族の長城以南への移住が恒常化する。それは単于《ぜんう》を頂点とした彼ら固有の体制を弛緩させ、後漢の郡県制の下に、匈奴が分散して帰属する傾向をうみだす。遊牧生活を離れ、農耕社会に入る運命にたちいたった彼らの中には、三国時代の曹操たちの傭兵として生きる道を見つけた者はまだましで、漢人地方豪族の輩下に入り、奴隷的な生活を余儀なくさせられた者も少なくなかったと推定される。そうした傾向は西晋時代さらに加速される。晋朝が君主権強化のため編み出した、諸王への軍権分与は裏目に出て、諸王同士が権力争いに憂身をやつす八王の乱が起る。諸王たちはその軍事力増強のため、匈奴のみならず、西方の氐《てい》、羌《きょう》といったチベット系諸族まで使い、周辺まで迫っていた異民族たちを一斉に中原に呼びこむ誘い水となってしまう。

これより先、南匈奴の単于は、その治所をオルドス東北端の西河郡美稷《びしょく》から、はるか南、山西省太原の西、黄河に近い離石《りせき》に移していた。つまり南匈奴は、山西省西部から、黄河を挟んでオルドス東北部一帯を勢力圏としていたことになる。魏王曹操は、彼らを五部に分け、各部は匈奴部族長に統率させはするが、それを漢人の軍将が監督し、全体は太原に治所を置いた并州刺史《へいしゅうしし》が、護《ご》匈奴中郎将なる官を兼任して管轄する形式を採用した。それが晋代に入ると、漢側の統制も、匈奴部族長の力も弱まり、先に述べたように、匈奴の部衆は昔日の俤を失って

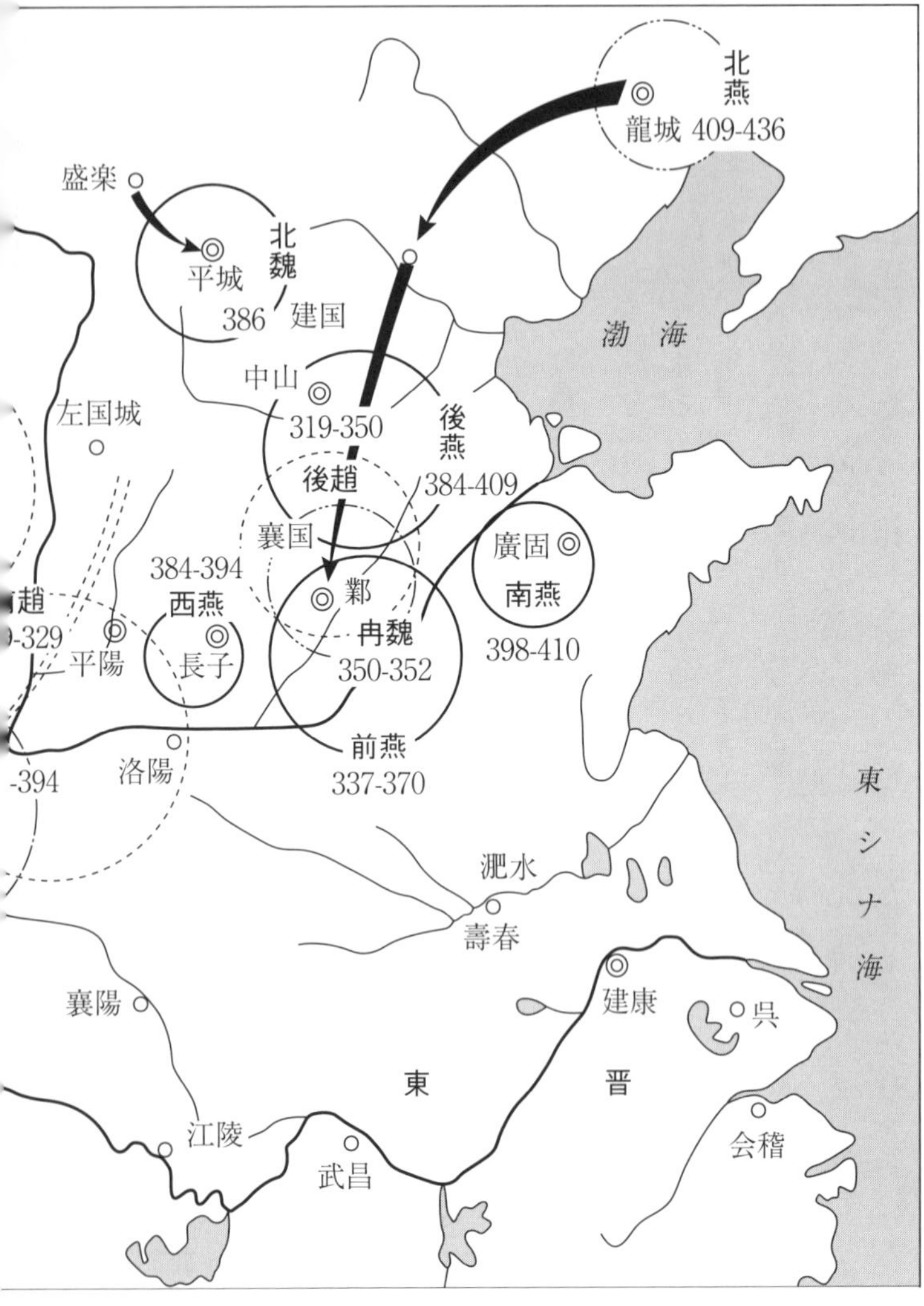
北燕
龍城 409-436
盛楽
北魏
平城
386 建国
渤海
中山
319-350
後燕
384-409
左国城
後趙
襄国
廣固
南燕
398-410
384-394
西燕
長子
鄴
冉魏
350-352
趙
-329
平陽
前燕
337-370
洛陽
-394
東シナ海
淝水
壽春
建康
呉
襄陽
東
晋
江陵
武昌
会稽

五胡十六国概念図

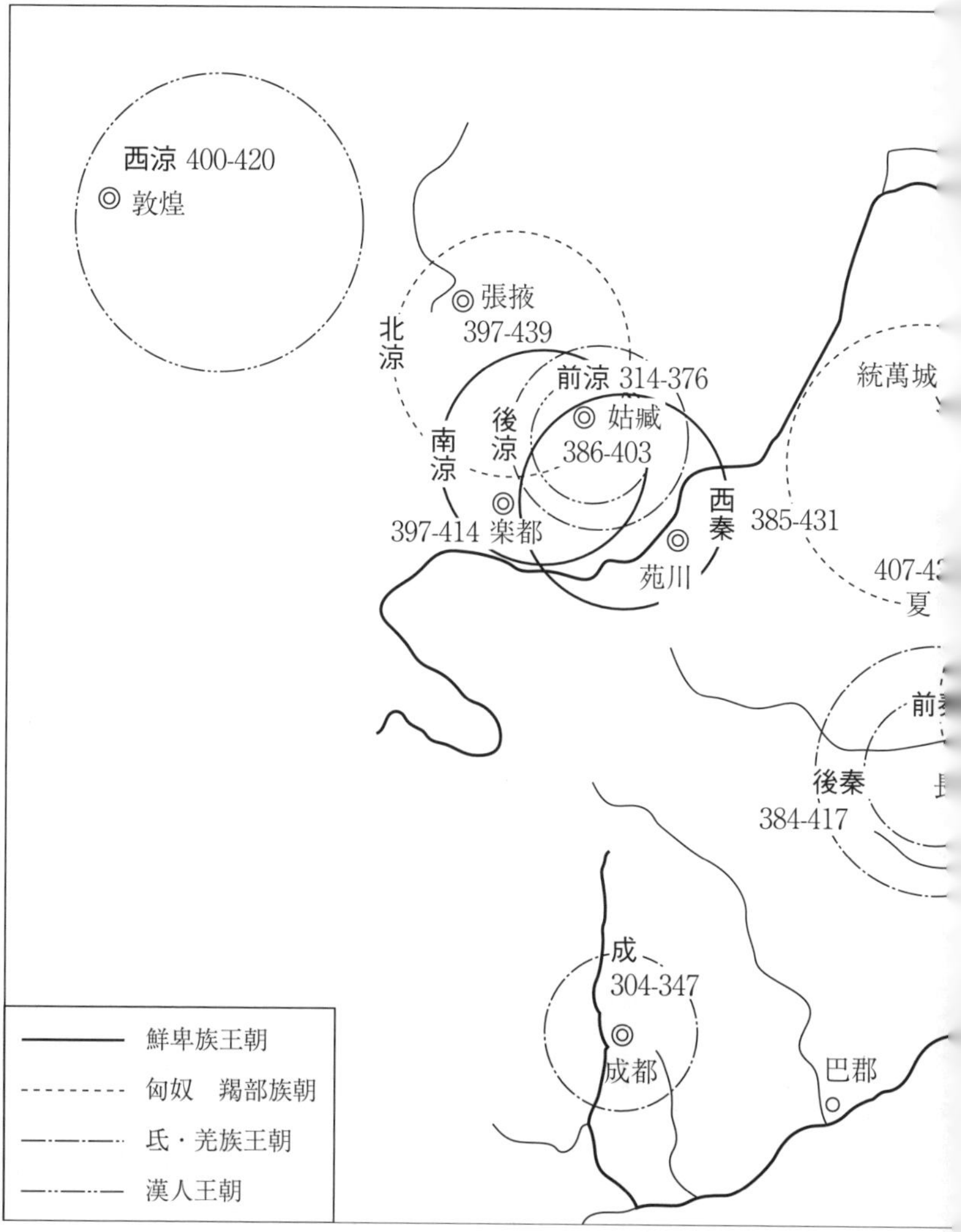
西涼 400-420
敦煌
張掖
397-439
北涼
前涼 314-376
姑臧
386-403
後涼
南涼
397-414 楽都
西秦
385-431
苑川
統萬城
407-4
夏
前
後秦
384-417
成
304-347
成都
巴郡
鮮卑族王朝
匈奴　羯部族朝
氐・羌族王朝
漢人王朝

隷族民になり下がる。

そうした中で、単于の血をひく劉淵は、その昔、漢と匈奴が兄弟の義を結んだことを口実に、漢が滅亡したあと弟が衣鉢を継ぐのは当然であるとして、三〇四年に漢王を称し、八年には帝位について、前趙と呼ばれる五胡十六国最初の王朝を建てる。自分たち匈奴部族を取巻く状況は以前と全く違い、圧倒的多数を占める漢人たちと一体にならなければ、何事もなし得ないという計算の結果である。

劉淵——唐代に作られた『晋書』では、唐の高祖李淵と同名であるのを嫌い、劉元海と字《あざな》で呼ぶ——は身長二メートルを超え、一メートル近い髭を生やし、武芸の修練も積んだ堂々たる偉丈夫だった。おまけに彼は、幼時から中国の学者について、経書や歴史に通じ、『春秋左氏伝』や孫・呉の兵書は諳《そら》んじていたと言われるから、決して野蛮な異民族ではない。その彼が都を山西省南部の平陽（臨汾《りんふん》）に遷したまではよかったが、西晋《しん》の都洛陽を攻撃する前に世を去り、あとを継いだその子劉聰《そう》が目的を果し、西晋の懐帝を平陽に連れてきて殺害する。これが世に永嘉《えいか》の乱（永嘉五年、三一一）と呼ばれ、西晋は事実上ここで滅亡する。僅かに愍《びん》帝を擁した残存勢力は、長安で数年の命脈を保つが、三一六年これも降伏し、晋朝を支えた官僚、貴族たちは、司馬睿《しばえい》の立てた江南政権（東晋）に加わるべく、大挙して南遷し、中原地方は政治、経済、文化はいうまでもなく、あらゆる面で空白と混沌の状況に陥る。

劉淵の息子劉聰と甥の劉曜らは、前趙の王朝を定着させることができず、匈奴につき従い、劉淵の部将として頭角をあらわした羯《けつ》族の石勒《せきろく》にその国を奪われてしまう。石勒は若い時、商人の走り使いとして洛陽を訪れたり、あるいは飢餓に瀕した胡人に混じり、山東で奴隷に売られたこともあったといわれるから、中国内地に定住した異民族の最下層の一人だったのだろう。しかし生長とともに、状貌《かおかたち》奇異、志度《こころざし》非常《つねならず》と形容されるように、胡族・漢族の殺し合いの中で、河北の襄国（順徳）を拠点とさだめ、三三〇年劉氏の前趙を倒して、みずから後趙《こうちょう》王朝をたてる。石勒はともかく、その後継者を殺して帝位についた甥の石虎――これまた唐の李淵の父李虎の名を避けて、後世では石季龍と字《あざな》を使う――は、これからしばしば顔を覗かす暴虐な異民族皇帝の典型ともいえる。もっとも、後趙のような、五胡十六国の短命な一国の首長を、中国皇帝の列に加えてよいかどうかは問題だが、極端に異常な皇帝の代表として紹介させていただく。この時代の正史『晋書《しんじょ》』には、五胡諸国の記事をならべる「載記《さいき》」という部分があるが、そこに見える石虎とその周辺の行動は、およそ普通の頭脳では想像を絶する事柄の羅列に終始する。十三歳から二十歳までの民間の女性三万人を徴発して、二十四等の女官につけ、人妻でも美貌とあれば召し出し、このため女性たちの自殺者が相継ぎ、その夫も邪魔すれば容赦なく殺害される。美々しく着飾らせた女騎一千騎で行幸の鹵薄を組むほか、狩猟と遊宴には目がなく、国都とした鄴《ぎょう》（大名《たいめい》）や洛陽には大建造物を作る。周辺の皇帝陵墓は根こそぎ荒らして金宝を掠奪し、始皇帝陵からは銅の柱を掘り出して鄴に持って帰ったという。こうした話しが、先に触れた、咸陽の始皇の金人を鄴に運んだ伝説とつながるのかも知れない。

三国時代以降、中原の人口は激減し、農業生産も当然低落するから、ほとんど慢性的といってもよい飢餓状態に陥る。異民族の掠奪者たちは、その中で、晋の都洛陽はじめ、鄴などの城市、貴族や豪民の防禦設備を施した荘園などを根こそぎ荒らしまわり、戦利品を自分たちの根拠地に貯めこんだ。このため、石勒や石虎の襄国や鄴だけには穀物や財貨が集積され、あり剰る飢民の労働力を使って大規模な土木工事も可能になる。彼らの異民族首長の野蛮で破滅的行為を阻止しようとする臣下も皆無ではない。しかし石虎たちの御機嫌をそこねると簡単に命を奪われるから、結局はすべて見て見ぬふりをし、部下や兵卒たちは、そこを離れて生活ができないとあって、これも一蓮托生、狂暴な独裁者たちの命令どうりに動く。石虎のもとには高名な仏図澄《ぶつとちょう》のような僧侶もいたが、彼の教えも全く通じなかったようで、石虎らにとってはそれは一つのステータス・シンボルに過ぎなかったことがそこからも理解できる。こうした異常で非生産的な行動は、当然ながら瞬く間に報いが来て、本人が死ぬか殺されると、国とも王朝ともいえぬ集団は雲散霧消し、次の集団にとって代わられる。

鮮卑《せんぴ》と氐《てい》・羌《きょう》

不思議なことに、遊牧民族にとって黄金の牧草地ともいうべき、オノン河・ケルレン河流域一帯が、時として真空地帯になることが起る。北匈奴が西方に走り、南匈奴が長城内に遷居した二世紀後半以後が、まさにそうした時期にあたる。匈奴の東側、現在の東北（満洲）の西側、興安嶺の大草原、シラ・ムレン河流域には、古くは東胡と総称されるモンゴル系の遊牧民族が居住していた。二世紀後半、そこに檀石槐《だんせきかい》なる英傑が現れ、周辺の鮮卑《せんぴ》系部族を統合し、西側のもとの匈奴の領域を侵蝕しはじめた。こうした新興勢力を防禦する形をとって、上記南匈奴諸部が、長城線に配置される次第となる。檀石槐は広大なモンゴリアの一帯を、大人《たいじん》以下の部族長の連合体を作ってまとめていたが、彼の死後そうした部族集団の統率者を欠き、三世紀なかばには、幾つかの部族に分裂する。このうち、遼寧省南部を拠点とした慕容《ぼよう》部と、呼和浩特《フフホト》附近の拓跋《たくばつ》部が頭角をあらわす。前者が五胡十六国のうち、遼寧・河北を中心に「燕」の字をつけた四つの国を作り、後者が北魏王朝を建設する母体となる。当初は慕容部が強盛で、河北に入って比較的安定した政権を作るかに見えたが、お定まりの内紛と周囲の鮮卑族同士の抗争を続ける間に、予想外の事態が発生する。

眼を西に転じると、陝西西南部、甘粛から青海省にかけて広汎な縄張りを作っていた、氐《てい》や羌《きょう》と総称されるチベット系民族が、中原の混乱に乗じて勢力を拡大し、これまた八王の乱から永嘉の乱にかけて、次々と東方の中国世界に入りこんでくる。そして優れた部族長のもと、まず関中の陝西盆地で中国風王朝を創建する。その先頭をきったのが、三五二年、長安で帝位についた氐族の苻健《ふけん》で、それを増幅させたのがその従子苻堅《ふけん》にほかならぬ。彼は荒廃した関中の復興のため、農民をそこに移住させ、富国強兵に努める。それと並行して、南は遠く長江沿いの東晋、東は河北方面の慕容族に対して、積極的な軍事行動を起す。やがて苻堅の将王猛は、洛陽、鄴《ぎょう》を席捲《せっけん》し、三七〇年には慕容晄《ぼようこう》の建てた前燕《ぜんえん》を滅す。このため黄河中流域地方は、一時的に苻堅の前秦の支配下に入る。調子に乗った苻堅は、王猛が死の真際の強い誡しめを破り、東晋攻撃を敢行し、三八三年、安徽《あんき》省寿《じゅ》県の東の淝水《ひすい》で、まさかの大敗北を喫する。風向きがひとたび変ると、雑多な部族を寄せ集めたにすぎぬ苻堅の前秦は、まことに呆気なく瓦壊し、彼自身も羌族の姚萇《ようちょう》に捕えられて縊死《いし》してしまう。余談ながら、この姚萇の建てた後秦《こうしん》国第二代皇帝の姚興《ようこう》のもとに、亀茲《クチャ》から招かれ、大乗仏典の漢訳に携さわり、中国における大乗仏教の伝播に貢献した人物が鳩摩羅什《クマラジーヴァ》であった。その仏教ともかかわるいま一つの事をつけ加えておきたい。中国の西端、西域への門戸をなす敦煌《とんこう》へは、甘粛省の蘭州から、砂漠と祁連《きれん》山脈に挟まれた甘粛（河西）回廊と呼ばれるオアシス地帯を通過して行かなければならない。そこには、漢の武帝以来、武威《ぶい》、酒泉《しゅせん》、張掖《ちょうえき》といった郡が置かれたが、それらを総称して涼州と呼ぶ。五胡十六国時代、この河西回廊を根拠地として「涼」の名をつけた四つの小国が生起する。面白いことに、これらの国はすべて支配民族を異にし、またその治所も少しずつ違っている。ただ、鮮卑にしても匈奴にしても、その一派が、河西回廊のような一種のエアー・ポケットのような場所を狙い、想像以上に遠く離れた原住地から集団で移動してくるのも、この時代の一つの特色として指摘できよう。この「涼」を国名に加えた集団の存在が、次の北魏の西域あるいはインドとの交通、さらには仏教ないし仏教芸術の隆盛と深く繋がっている点もまた閑却してはならない。

拓跋族の抬頭

モンゴリアで部族連合を作っていた頃から、拓跋族は長い伝説の時代を持つ。やがて三世紀の前半、拓跋力微《りきび》の時、現在の呼和浩特《フフホト》に近い盛楽に足場を築き、魏晋の中国王朝と和親を結ぶ。永嘉の乱の混乱に際しては、晋を助けて匈奴と戦い、その功で拓跋猗盧《いろ》は代公に封ぜられて、新しい階段を昇る。すなわち山西北部の雁門関から西へ、かつての匈奴五部の地を晋より割譲させ、ここに十数万家を徙《うつ》し、盛楽から平城（山西省大同）へという、南への進出の姿勢を鮮明にする。このあと、恐らく、拓跋族内部でも、北方派と南方派、いいかえれば守旧派と革新派の争いが続き、その間に苻堅の進攻を受けるなど、内憂外患の時期を迎えるけれども、三八三年拓跋珪《けい》が代王に擁立されるに及び、局面は大きく転回する。後世女真《じょしん》族の金、モンゴル族元も同じ悩みに苦しむが、北方異民族が中国的王朝に脱皮せんとする時には、遊牧社会を基盤とした部族連合体制をどのように変革するかが最大の問題として横たわっている。その脱皮には、さまざまな困難と曲折を伴う長い道のりを必要とする。拓跋珪は、まず苻堅の先鋒となっていたオルドス残留匈奴劉衛辰《りゅうえいしん》を討ち、馬三十万、羊四十万を手に入れ、その部族五千人を捕虜にしてオルドス北部を平定する。このあと衛辰の子赫連勃勃《かくれんぼつぼつ》は、オルドス中部の統万城《とうまん》を根拠に、大夏国を建てて拓跋と対峙《たいじ》することになる。拓跋珪は時を同じくして、北や西にも触手を伸ばし、参合陂《さんごうは》（山西省陽高《ようこう》）で東方最大の強敵だった慕容垂《ぼようすい》に潰滅的打撃を与え、河北などから多くの漢人知識人を平城に集め、国家体制の確立をはかった。それは同時に、従来とは全く異なる、文化、人間、財貨を併せた中国的社会に、身をもって接することをも意味した。その結果は拓跋珪に、急角度で中国王朝、その皇帝政治に接近させる方向を採らせる。中国人参謀崔宏《さいこう》の意見を容れ、三国の魏を継承する意味で魏を国号に採用し（後世では北魏・後魏・元魏などと呼ばれる）、三九八年正式に国都を平城（大同）にさだめ、中国風の都の経営にのり出す。周囲三十二里（約十五キロ）の外郭で囲まれたこの都城には、普通徙民《しみん》政策と呼ばれる方法で、山東、遼西、黄河流域から、漢人、慕容、高句麗など、さまざまな人間や技術者が強制移住させられ、その数は、千、万の単位をなす。かくして拓跋珪の中国風異民族王朝は、儀制、官職、法律をはじめ、皇帝政治にふさわしい外観を作りあげ、新しい門出を内外に誇示することになる。

　この拓跋珪（太祖・道武帝）から、三代目の拓跋燾《とう》（世祖・太武帝）に至るまでは、北方の草原地帯に、新しく主人として登場して来たトルコ系の柔然《じゅうぜん》（蠕々《じゅじゅ》・高車《カングリ》）、東の慕容部の残存勢力、そしてオルドスの赫連勃勃《かくれんぼつぼつ》といった敵対勢力を逐次打倒してゆく時期にあたり、最後に甘粛回廊西部、張掖《ちょうえき》に残存した北涼沮渠《そきょ》氏を征服して、ここに拓跋魏による中原の統一はほぼ完成した（四三九）。なお蛇足を一、二つけ加えれば、北方モンゴリアのトルコ族柔然には北魏は終始悩まされ続け、長城線にそって六つの軍事拠点を設けて防禦に腐心したが、この軍事拠点＝六鎮《ろくちん》が、のちに北魏の命取りとなる。また、それまで匈奴などモンゴル系の異民族の首長は、「単于《ぜんう》」と呼んできたが、柔然に至って「可汗《カカン》（汗《カーン》）」の称号の使用を始め、以後それが踏襲される。なお、北涼が滅ぼされると、その民衆三万戸が徙民《しみん》政策で平城に移される。その中に、西域への門戸にあたるこの地方に居住していた沙門や仏教徒が数多く含まれていた。平城に来た彼らが、北魏の仏教隆盛に貢献したことも忘れてはならない。

　北魏による中原統一から、六代皇帝孝文帝の治世なかばまでの約四十年は、さきの崔宏《さいこう》父子や寇謙之《こうけんし》に代表される漢人指導者たちが力をふるい、北魏王朝の中国化をさらに推進せんとした。しかし、それに対する拓跋族保守派の反撥も強く、加えて、漢人権力者同士でも、仏教派と道教派が鋭く対立し、それらが絡みあって熾烈《しれつ》な権力斗争がくりひろげられる。四五〇年、漢人貴族の名門中の名門の出身だった崔浩が、太武帝の逆鱗《げきりん》に触れ、一族皆殺しにあい、また最初の仏教大弾圧が行われたのは、そうした背景の中の出来事である。

孝文帝と華化政策

異民族王朝の第一波は、北魏とくにその後半に至って、最初のピークを迎える。この王朝が中国の皇帝政治、あるいはより広く中国の社会や文化に与えた影響のうち、特筆すべき幾つかを次に記しておきたい。

その第一は華化政策と洛陽遷都である。三十年に近い在位期間を持つ孝文帝だったが、初めの三分の二は、祖母の文明太后に掣肘されて、ひたすら隠忍を続けざるをえなかった。太后の死後、ほぼ十年に及ぶ親政時代に入ると、俄然その旗幟《きし》を鮮明にする。繰り返しになるが、異民族が中国風王朝を指向する時、どこまで固有の慣習を守るか、どこまで中国と妥協するかが最大の課題となる。数において勝負にならない少数の支配民族、また制度、経済、文化などでは遥かに劣等な彼らが、広大な中国をどう支配するのか。後世の遼金元あるいは清朝と同じ悩みを拓跋族は味わうわけだが、そのお手本がまだないだけ、より苦労は大きかったであろう。ここで孝文帝とその参謀となった漢人官員は、むしろ積極的に中国化（華化）する政策を断行する。まず鮮卑語の使用を禁じ、鮮卑固有の姓名を中国風に改める。首長の姓拓跋は元に改め、たとえば丘穆陵《きゅうぼくりょう》は穆《ぼく》、僕蘭《ぼくらん》は僕、烏丸《うがん》は桓《かん》というように改姓させる。それと同時に、中国の貴族階級は五姓、胡族は八姓の家格をつけ、南朝の貴族制さながらに、同じ家格の間の婚姻を奨励する。むろん一般漢人庶民も、鮮卑人との通婚ができた。そのほか北魏や胡族風の服装も漢人風に改め、平城の人たちの戸籍や墓地も洛陽に移させる。こうしたやや性急とも見える孝文帝の華化政策に、当然鮮卑族保守派は拒絶反応を示す。しかし、北方異民族がどうせ中国化し、みずからの存在を稀薄にするよりも、先手を打って中国にとけこみ、そこから新しく王朝、皇帝政治を発展させようとした発想の転換は、それなりに評価してよいであろう。

より注目すべきは、遷都した洛陽の繁栄である。周代の昔から、洛陽は西の長安とならぶ東の要衝として、各王朝がその経営につとめ、後漢と西晋はここに都を置いた。洛水に沿った細長い盆地状の一帯には、各時代、場所を替えて都城が建設されてきたが、北魏のそれは、現在の洛陽より東側に、新しく東西一〇キロ、南北七キロの長方形の城壁を築いて造営された。城内中央北部には宮城を置き、その南には官庁と寺院が多く建てられたが、後漢の都洛陽のように城内の大部分が皇帝や皇后たちの住居で占められた姿は消える。ただし、市民や貴族、皇族たちの多くは、城外の東西に住む。こうした北魏洛陽の有様は、北魏が滅亡したあと破壊されたこの町を訪れた楊衒之《ようげんし》が、ありし日を偲んで書き残した『洛陽伽藍記《らくようがらんき》』のおかげで、それまでのどの都城よりも詳細な情景を知ることができる。城外の東と西にある大市の周辺には、商

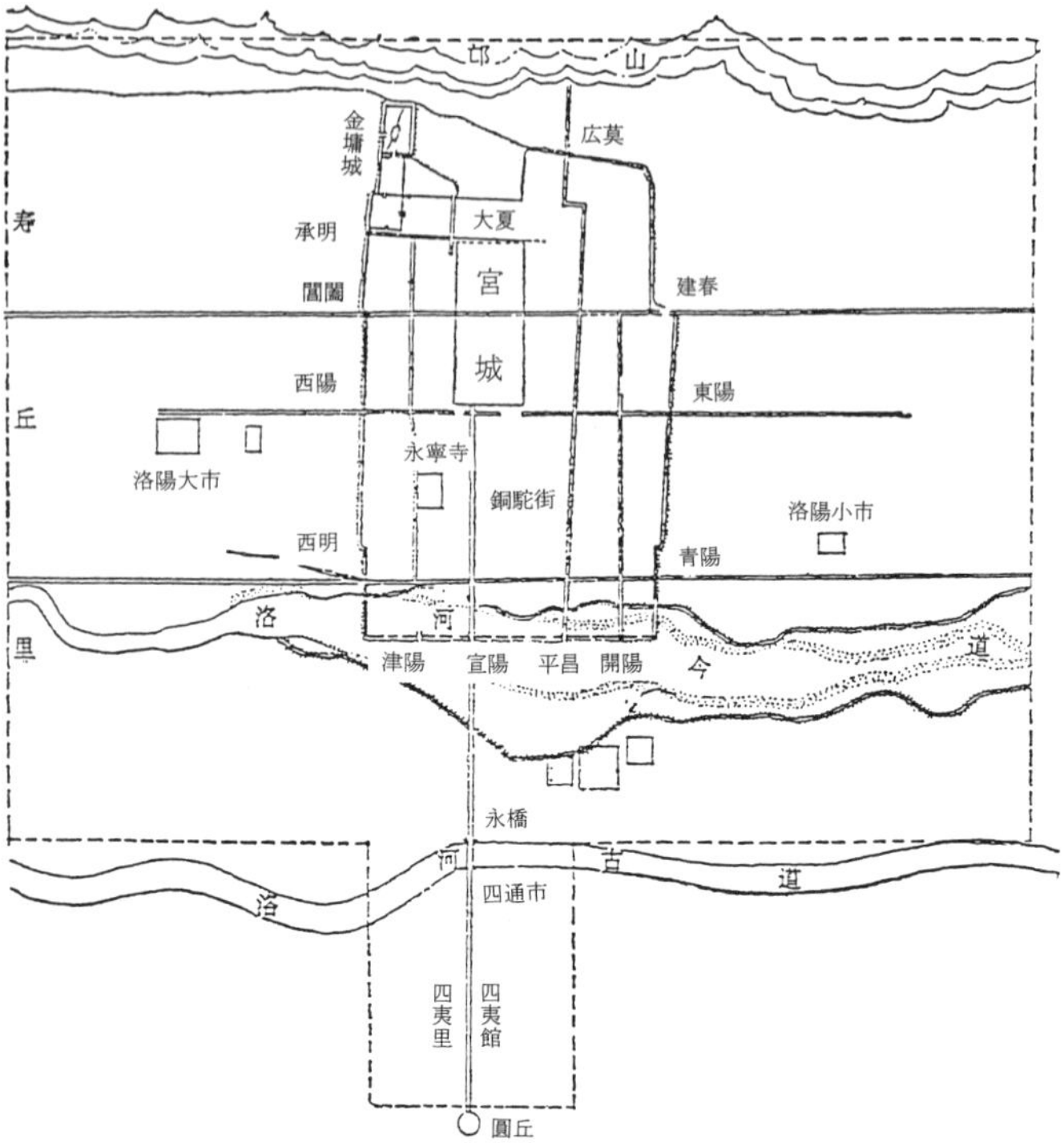

北魏洛陽の都市プラン

業、手工業者の店鋪が立ちならび、庶民の居住区がひろがる。その戸数は約十一万というから、全部では六、七十万の人口を有したであろう。彼らは四五〇メートル四方の里（坊）二〇〇以上の中に住まわされていた。この点のちの唐代長安の坊の祖型が、北魏洛陽でできあがっていたと言えよう。また南の城外、洛水を挟む一帯には、かなり広い外国人居留区が設けられている。異国の人たちは、東西南北の四夷館、四夷里と総称される四つの居留区に区分され、ここに滞在もしくは居留するが、その戸数は一万を超えたと記録される。恐らくアラビアあたりから、中央アジアの砂漠ルートを越えてライオンが連れて来られた話しも残っており、日本の飛鳥時代の多彩な仏教芸術を見るにつけても、四方の国々と北魏洛陽との直接の交渉が想像以上に緊密だったかと考えられる。こうした四民雑居、特に城内と東西城外における胡族と漢民族の住みわけのための坊制や都城制度が、それから百年のちの隋唐の長安や洛陽に直接継承されてゆくことになる。

均田法と三長制

次にとりあげるべきは、我が国ともかかわる土地制度の政策である。私のこの書物では皇帝政治の政治制度を中心とした変遷に焦点を絞っているため、それを支える重要な柱である経済問題を語る余裕がない。それらは別の専門家の手に委ねなければならないが、北魏の均田制に関しては、若干言及しておきたい。何度も述べるように、後漢末期以降の中原農耕社会の荒廃は加速の一途を辿る。それが条件に恵まれた豪民の場合なら、『三国志演義』の初めに出てくる長安の暴れ者董卓《とうたく》のように、「もし帝王になれなくても、ここに住んでおれば一生暮らせる」と嘯《うそぶ》き、高さと厚さ七丈の壁をめぐらし、三十年分の穀物を貯めこんだ「塢《う》」と呼ぶ居城を築くこともできたであろう。しかし一般の農民たちは、戦乱と異民族の殺戮、掠奪に怯《おび》え、そこに飢饉や災害が追討ちをかけ、豪民の被護のもとに入りこむか、命を棄てて群雄の手下となって戦うか、それとも食を求めて飢餓彷徨《ほうこう》する以外に選択肢はなくなる。それと同時にかつての沃《よ》野《く》は荒地と変り、千里の間鶏犬《けいけん》を見ずと形容される惨憺たる状況を呈する。こうした場所の支配者となった北魏は、国家の安定のために、何よりもまず農業生産体制を確立しなければならない。むろん北魏に先だつ晋朝でも、そのような政策は当然実施していた。だが、司馬氏よりも武力的に強力で、かつ五胡の乱入以後、さらに事態の悪化していた中原では、新しい土地制度を推進しやすい条件はいちおう整っていた。

既述のように、北魏はじめ五胡のいくつかの国は、人的資源が極めて重要で、徙民《しみん》政策つまり大量の被征服民の移住を強制的に実施した。しかし、たとえば北魏が国都平城に徙民を連れてくるとなると、その食糧確保という問題が附随する。従って徙民政策と並行して、計口《けいこう》授田、つまり上記豪民支配下の農民や流浪の民を、北魏政府が支配する行政網の中に組みこみ、土地を与えて生産に従事させる必要が生じる。そのためには、基礎となる戸籍作成だけとりあげても、県以下の農村の、王朝支配のための再編成から手をつけなければならぬ。太和九年(四八五)、まず五家—二十五家—百二十五家の順で、隣—里—党の行政村落が帳簿上作られ、各単位に長を置いて、農村集落を人為的に組織する三長《さんちょうせい》制が開始される。この後、郷里制、保甲制、里甲制など、時代によって名は違うが、上からの行政上の必要のため実施される農村支配方法のはじまりといえよう。戦乱が終熄し、流浪していた農民たちが故郷に戻ってみても、条件の良い場所はすでに豪民たちに占拠され、荒涼たる土地には農業生産を行う耕具も牛もないから、手の施しようもない。そこで北魏政府は智慧者李安世の提言にもとづき、一定の年齢の農民男女に田地を均等に配分し、そこから均等に租税を徴収する均田制の実施を開始した。五世紀の末近くのことである。この均田制は、北方民族王朝の土地・税役制度として隋唐に継承され、折しも彼地《かのち》に渡った遣唐使らの手で日本にも輸入され、班田収授なる施策となった。但しこの場合も、建前と現実の違いを十分ふまえていないと、おかしな誤まりを犯してしまう。そのことに気付かずに実施し、たちまち失敗したのが日本の班田法といえるであろう。それは、広大な面積の、荒地にはなりはしたが、手を加えれば豊かな生産を約束する田土と、それを耕作する奴隷的境遇の大量の貧窮農民の存在を前提としている。五世紀末、中原では、そうした条件の場所があちこちに存在していた。ところが同じ中原でも、上記のように豪民や有力者は、これまたいたる所にそのテリトリーを持ち、王朝権力の介入を歓迎しない。彼らの土地を取上げて、農民に均等に分配するなどという荒業は、二十世紀の共産党でも、最もむつかしい仕事だった。このため北魏の均田法では、耕牛や奴隷たちにも土地を分与する条文を設け、豪民たちに対しては、その既得権にやや制限を加えるくらいで満足しなければならなかった。つまるところ、北魏の支配する全農村に均田法が文字に書かれた通りに実施できないことは、最初からわかり切っていたわけである。この点は隋唐とて変りはなく、華北農村の一部や敦煌とかトルファンといった、水と耕地が限定されていた地方以外には、その実施はやはり困難だったろう。とくに、江南の南朝が支配する水田耕作地帯では、均田法など始めから計算の外にあり、その状況は唐とても基本線では変らなかった。北の旱地農法地帯と南の水田耕作地帯の差異も十分認識せず、いきなり均田法のペーパープランを持ちこんだ日本の場合は論外としても、現在に至るまで日本の研究者が、均田制や府兵制、租庸調制の崩壊といった表現を無神経に使うのは考えものである。それは少くとも北と南の地域、そして建前と現実の四つの要素を相互にきめこまかく組み合わせた上でないと、使用できない表現だからである。

新しい漢地支配のための諸政策を実施してゆく必要から、北魏王朝はまた法典の整備にも熱心で、その流れは北朝の政治の一つの柱となって隋唐に直接つながってゆく。そのことは次の章で扱うことにする。

仏教芸術の開花

第三にこの時代を特長づける出来事は、仏教の広範な流布と各方面に及ぼした影響、とりわけ中国に於ける仏教芸術の一つのピークが築かれたことであろう。仏教は後漢の前半、一世紀の後半には西方から流入していたものの、一向にその信奉者が得られなかった。折しも儒教の発展期にあたり、知識人は政治と結びついてそちらに熱中し、一方庶民レベルでは汎神的、現実的道教世界に親しみ、仏教のような宗教世界は、中国人の興味を惹かなかった。ところが五胡のような非漢民族の世界では、中国に入って自己のステイタスを確立しようとする時、儒、道、仏のどれをとるか、選択において先入観念を持たず、従って仏教への拒絶反応も少ない。むしろ仏像をとりまく新奇な雰囲気、西域から来た僧侶による、奇蹟を起こすかと見える布教の姿などに接すると、どうしても極楽浄土の魅力に惹かれるだろう。それと同時に、三国時代以降の殺戮と荒廃の中で、さすがに現実的な漢民族の中にも、世の無常を感じ、宗教にすがる気持ちがかつてない高まりをみせる。四世紀の前半、あの石勒と石虎の後趙において、人間と

雲崗の石窟

も思えぬ二人の帰依をえた仏図澄《ぶっとちょう》は、百十七歳の長寿を全うし、三十年の布教活動の間に九百近い仏寺を建立した。仏図澄や上記鳩摩羅什《クマラジーヴァ》たちの下地の上に、北魏王朝でも、釈迦牟尼仏の尊厳仁慈と、新しい異民族君主の姿を重ね合わせながら、仏教を中国統治の理念、文化芸術の中核として利用しようとする姿勢が顕著だった。このため、一方では皇帝とそれに加担する拓跋有力者が仏教を信仰し、大規模な仏寺造営に財力を投入する反面、儒教や道教の立場に立つ漢人たちとの間に、権力斗争を加えて激しい争いがまきおこる。最初は、皇帝と仏を同レベルにおき、仏教を利用して国家統一をはかった北魏も、華北を統一した太武帝が、権臣崔浩と道教の師寇謙之《こうけんし》を信頼するに及び、一転して仏教は大弾圧を被り、太平真君などという道教まるだしの年号まで作られる。だが四代皇帝文成帝は仏教復活を許し、四六〇年仏教の総元《もと》締《じ》めともいうべき沙門統《しゃもんとう》の曇曜《どんよう》の願いで、大同の西二十キロの武川寨《ぶせんさい》（雲崗《うんこう》）に先帝供養のための大石窟の開鑿《かいさく》が始められる。東西約一キロの砂岩の断崖に石窟が穿《うが》たれるわけだが、特に中央の五つの窟は、高さ一〇数メートルの釈迦如来がならび、北魏各皇帝の容貌を写したと伝える堂々たる偉容である。この石窟は、四九三年の洛陽遷都まで、祖先の供養を願う北魏の皇室や貴族たちの手によって造営が続けられ、主なものだけで五十以上、数万点に及ぶ各種彫像のうち、一メートル以上のものは九百に達する。雲崗石窟は敦煌などと違い、直接石窟の内部ほとんどすべてを刻んできあがっており、窟内のバラエティ、図像の千変万化、モティーフ

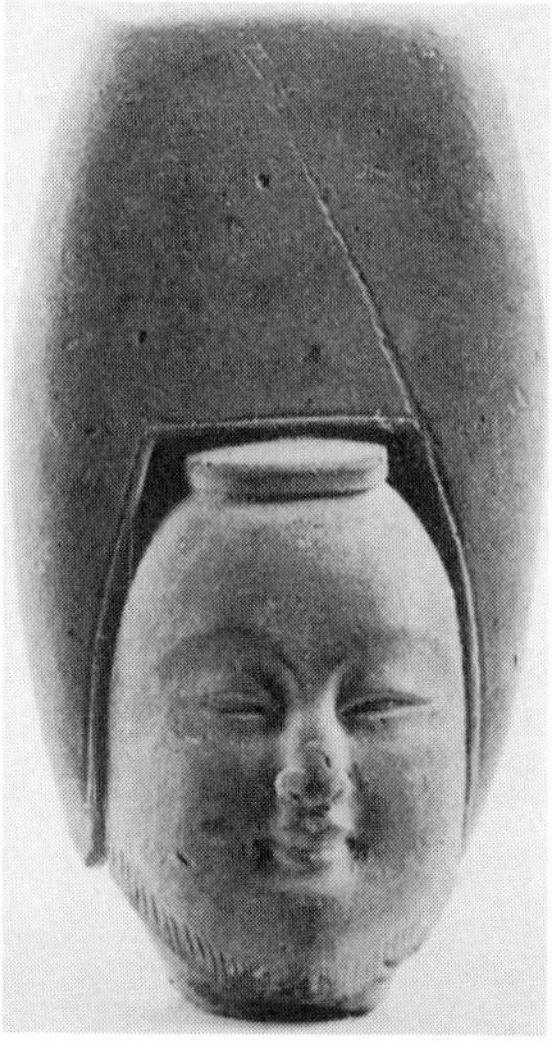

洛陽永寧寺出土の女性頭部

の新奇多様など、インド、西域の影響とともに、中国独自の造形美術の素晴らしさを備える。まことに東アジア仏教芸術の根源ともいうべき、別格の文化遺産である。戦前、京都東方文化研究所の水野清一らは、七年にわたってこの石窟を精査し、世界的評価を受ける大部な報告書を刊行している。孝文帝とともに洛陽に移住した拓跋貴族や漢人官僚たちは、土木の巧を尽したと称される永寧寺九重の塔の軒先に鳴る風鐸《ふうたく》の音に耳を傾け、千三百の寺院に埋まって仏教文化に酔いしれていた。北の雲崗に倣い、洛水に沿った岸壁のある龍門に、やはり上流階級は競って数多くの石窟をうがち、仏龕《ぶつかん》を作り、祖先の供養につとめた。しかし、華化政策のこのような表面的栄華は、必ずしも北魏帝国の領内に浸透していたわけではない。先に述べた三長制や均田制とて、どこまで効果があったのか、本当をいうと甚だ怪しいものである。

北魏の分裂

洛陽の華化と平城から北に取り残された保守派の亀裂は次第に表面化し、さらに北の宿敵柔然の防衛に従事する軍隊の不満も昂《こう》じる。五二四年、六鎮の一つ沃野鎮《よくやちん》の反乱をきっかけに、北辺防備軍の不満は爆発し、その他の不平分子も加わって反乱軍は南下する。この危機は、山西省の太原の北にあたる忻《きん》県で、独立した部族を率いていた契胡《けいこ》の首長爾朱栄《じしゅえい》の働きでことなきをえた。長城線の軍隊といってもこの段階ではまだ烏合の衆に近く、爾朱栄の敵ではなかった。ところがそれをきっかけに爾朱栄は洛陽に来て、自分の娘を北魏の孝荘帝の皇后にしてみたものの、洛陽の上流社会では、爾朱栄は所詮は木曽義仲にすぎない。孝荘帝の陰謀で爾朱栄が殺され、怒った従子《おい》の爾朱兆が孝荘帝を殺害したものの、混乱を拾収できない。爾朱栄の下で活躍していた六鎮の一つ懐朔《かいさく》鎮出身の高歓《こうかん》は、この機を捉え、華北の鄴《ぎょう》を根拠地に洛陽に来て、孝荘帝の次の孝武帝を追い払い、孝静帝を擁立する。一方やはり武川鎮軍団出身の宇文《うぶん》泰《たい》は、南下して長安を占拠し、孝武帝を迎えたが、すぐにこれを殺して文帝をたて、ここに北魏は東魏と西魏に二分される。だが、これとて単なる傀儡皇帝にすぎず、やがて東魏は高歓の孫の高洋が、西魏は宇文泰の子の宇文覚が帝位につき、これが北斉と北周になる。東方の鄴に都した北斉は、国政さえうまく運営できれば、それなりの展望が開けたかと思われるが、高洋という男は一種の二重人格者で、最初の間は、勇猛果敢に戦いの先頭に立ち、また政務にも熱心だったが、途中から急におかしくなる。常軌を逸したアルコール依存症に罹り、ストーカーまがいの行動を続け、臣下と女性を交合させて楽しみ、命令をきかぬ者は殺してバラバラにする。結果的には国を滅茶苦茶にして宿敵北周に滅される。その北周の皇帝とて、負けず劣らずの淫乱の主とあって、結局は外戚の楊堅、つまり隋の文帝に国を奪われるのも致し方なかろう（五八一）。

後漢の後半に始まる、漢民族の最初の皇帝政治の崩壊と並行して、中原に移住してきた異民族たちは、四世紀初頭の永嘉の乱をきっかけに奔流のように中国内地に流入し、匈奴の劉淵（元海）の手で、最初の異民族による中国的王朝がたてられる。それから約二七〇年、北緯三五度、つまり黄河流域以北の中原（華北）は、破壊と混乱の修羅場となる。やがて鮮卑系拓跋族の北魏が、まがりなりに中原を統一したかに見えても、その仏教で飾ったガラスの城は呆気なく崩壊し、再び大きな混乱を生じる。一口で言えば、この時代は、秦漢以来の漢民族が作りあげた巨大な建物の、取り壊しと大掃除を引受けた異民族たちが、その跡地に、新しい感覚を盛りこんだ建物を再建しようとしたけれども、まだ十分にその力がなかったと言うことができるであろう。こうした異民族の第一波が、非漢民族皇帝政治を完成させるためには、次の隋唐を待たねばならぬ。

南朝の皇帝政治―梁の武帝

最後に眼を転じて、三一六年、洛陽をあとに新天地を江南に求め、建康（金陵・ナンキン）

に都をおいた東晋《しん》と、それに続く、宋（劉宋）、斉《せい》（南斉）、梁、陳という、合計すれば二七〇年に及ぶ南朝について、少し言葉を費しておく必要がある。第七章の征服王朝で、より詳しく説明するが、この南朝五王朝は、必ずしも中国の統一王朝とは言えず、また劉宋はともかく、他の四王朝が、中国の皇帝政治の歴史の中で、どの程度積極的役割を果したかは疑わしいところである。五胡十六国をその代表例にできようが、異民族が中国内に建てた王朝は、胡族王朝、胡族国家と呼ぶのが適切だとする論者がいる。その考え方でいけば、南朝諸国は、漢族王朝、漢族国家としか言いようのない存在である。この五朝の中で、皇帝と名がつく人物は三十五人を数えるが、劉宋の創始者で、一時は中原を回復するかのごとき勢をみせた劉裕《りゅうゆう》を除き、少くとも歴史に残る活躍をみせ、名君としてプラスの評価を与えられる人物はほとんどいないといって過言ではない。それとは逆に、中国の皇帝の中で、あまり香しくないイメージを残す漢民族皇帝が何人かおり、その代表が六世紀前半の梁の武帝・蕭衍《しょうえん》であろう。彼は上記北朝の悪虐淫乱の皇帝とは同じレベルでは論じられないとはいえ、結果としては兄たり難く弟たり難い事態を惹き起こす。

本来は軍人系統の寒門《かんもん》（下層階級）に属するが、文武の才に優れ、南斉の貴族たちのサロンで高く評価された彼は、やがて湖北省襄陽《じょうよう》の地方官に赴任する。そして乱行が目にあまる斉《せい》の蕭宝巻《しょうほうかん》を倒して、梁王朝をうち立てる。当時江南では強固な貴族制社会が成立しており、上流貴族とそこに容れられぬ寒門の間には越えがたい溝が横たわっていた。武帝の治世前半は、沈約《しんやく》をはじめとした名門貴族たちも政権に参加し、武帝も政務に熱意を示した。しかし、時がたつに従い、政治に倦《あ》いてきた武帝は、その反面仏教に傾倒し、同時に寒門の朱异《しゅい》を寵愛して、国政を台無しにしてしまった。当時建康の僧尼は十万といわれ、先にふれた北魏洛陽にも比すべき、大仏教都市となっていた。武帝自身も午前二時に起床、戒律を守り、素衣素食の生活を続け、皇帝大菩薩と尊称された。ところが過ぎたるは何とやらで、何回か捨身《しゃしん》を行って寺院の奴隷となり、そのたびに臣下たちが何億という銭を寄捨して帝の身を買戻す茶番劇を演じる。

南斉武帝陵墓の天禄

折しも高歓《こうかん》と同じ懐朔鎮出身の異民族武将の侯景《こうけい》が、高歓の息子高澄《こうちょう》と反目して南下し、武帝が彼を結果的に引きこむ事態を生じる。五四八年長江を渡った侯景は建康を攻撃し、五ヶ月の包囲戦で食糧がなくなったこの国都は陥落、死者は八、九割に達し、南朝文化の中心地は廃墟と化す。建康陥落とともに、八十六歳の高齢に達していた武帝は、食物も碌に与えられず、軟禁状態の中で哀れにも餓死してしまう。

この蕭衍に代表される南朝の皇帝たちの行動を眺めていると、そもそも皇帝としての責任や役割をほとんど果しておらず、また普通の場合には、そうであったとしても格別な不都合も生じない。ことは官僚たちとて同じで、貴族や豪族をそのランクに従って登用する官員登用法＝九品官人法が定着していた当時、中央、地方の官僚は特別の才能を必要とせず、家格に従って世襲的にポストが与えられていた。従って皇帝・官僚を軸とした中央集権官僚政治なるものは、形だけあって中味を伴っていなかったと考えてよい。豊かな江南の各地に荘園を持ち、経済的基盤を確保していた上流貴族や、古くからの在地の豪族たちは、その家格、階層に応じて、中央あるいは地方の官員組織になかば自働的に加わるが、その官員組織そのものが、秦漢や宋以後のように、皇帝の手足となって動く必要もない。南朝の皇帝の多くは寒門出身で、貴族連合体の帽子、あるいは飾り物にすぎない。このため王朝が交替しても、ごく一部のそれに参加した連中を除くと、貴族階級全体の体制にはほとんど変化がない。いっぽう寒門出身により占められる皇帝ポストは、それなりの旨味を狙う、身内同士の殺し合い、権力争いを日常茶飯にくり返す。こうした社会は、一般的にいわれる中世封建社会の範疇に入るであろう。皇帝が頂点に座っているといっても、それは前後の時代とかなり違った存在であるうえ、極端に言えばそれは単なる周囲の引きたて役にすぎない。

貴族社会の文化

南朝は、こと皇帝政治そのものには、ほとんど積極的な役割を果していないかに見える。だが、それだからこそ、そこでは中国文化、中国思想などの新しい動きを育むことができ、それが後の中国に極めて大きな影響を及ぼしたことを閑却してはならない。中国における皇帝政治の役割と意味を考える上でも、南朝三百年の存在はその歴史的意義を十二分に主張しうると思われる。

そもそも、諸子百家の時代から秦漢帝国の成立まで、あるいは漢の武帝以後、儒教が指導理念として確立してゆく道筋は、皇帝と官僚による統一帝国のイメージと表裏して、四角四面、堅苦しく面白くない政治一辺倒でいろどられている。そこでは個人が自由な思考をもって思想、文学、芸術などの諸分野で活躍する余地は大巾に制限されている。ところが三世紀初頭から六世紀末に至る三百年は、上からの堅苦しい皇帝政治の覆いがなくなり、それまでなかった自由な空気が流れはじめる。すでに述べたように、一世紀なかば、中国に流入してきた仏教は、二百年以上の歳月の間、漢民族の社会では無視され続けてきた。後漢時代の知識人で、仏教信者として世に伝えられる者は皆無にひとしい。それは政治というものが最優先とされる社会における宗教のあり方を考えるよい材料であろうし、まして現実的、現世利益的な価値を基底とした華北農村社会の性格が加わるから、仏教的思考とは水と油になってしまうのもやむをえない。

ところが、政権内部の権力斗争や、最上部にいる成り上り皇帝たちの血腥《ちなまぐさ》い殺し合いは、寒門と武人たちにまかせ、建康の豊かな社会に安住した貴族たちは、生活と心に十分な余裕ができる。みずからは政治を離れ、人間の内面性や、現在よりも永遠なるものを希求しはじめると、漢代以前とは、文化の内容、次元に大きな相違が生じる。そもそもこの貴族なるものは、豪族の連合体である後漢王朝の中で、長い時間をかけて徐々に育成されてきた。儒学を勉強して孝廉などに推薦され、官僚となった人たちは、次第にその身分を世襲化しはじめる。たとえば『三国志演義』で曹操の宿敵となる袁紹《えんしょう》などは、四世にわたり三公（宰相）の地位にあり、その息のかかった官員は天下にあまねしと称された名族に成長している。そうした趨勢は、皮肉にも曹操の作った九品官人法、すなわち各地の豪族や貴族を九等に格付けし、その合意にもとづいて中央や地方の官員を推薦する制度によって強化され、それを通じていっそう社会の世襲・固定化がもたらされる。かくして、貴族はその家柄に従って官員ポストが約束され、荘園を持って生活の心配はなく、山紫水明な江南で、政治を離れた自由な生活が送れる。こうして仏教、道教などの思想、後漢末の曹操父子たち建安《けんあん》の七子をはじめとした文学や詩作、さらに王羲之《おうぎし》や顧愷之《こがいし》など、これまで個人名などが出てこなかった芸術家たちが表面にあらわれて活躍しはじめる。

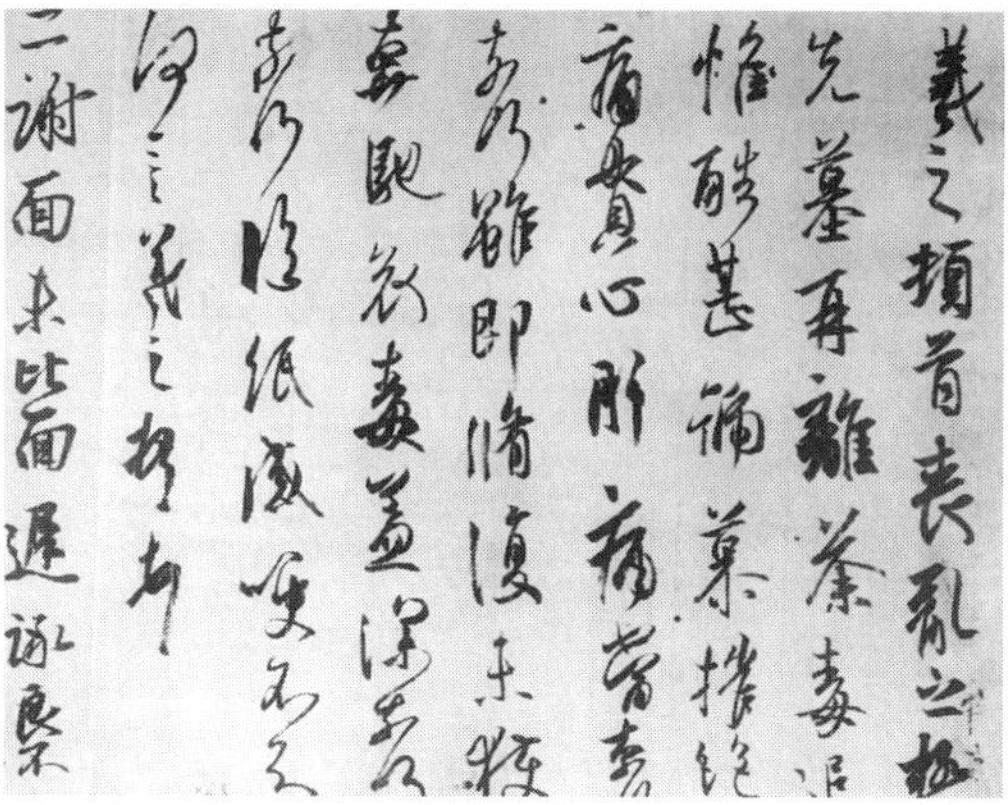

王羲之「喪乱帖」

顧愷之「女史箴図巻」

その結果、漢代まで政治一辺倒、それと関係した思想、思考だけを後生大事《ごしょうだいじ》とした官僚知識人層は、そこに個人的な多様さ、文化的深さを加えた「士大夫《したいふ》」に脱皮、生長してゆく。以上述べた南朝三百年における、北方異民族の活動と別の世界での、漢民族の具体的な活動は、本書では触れなかったが、江南開発による豊かな経済力の発達とともに、次の時代への極めて重要な準備を整えておいてくれたものとして特記できるであろう。

第五章　隋唐時代の虚実

武川鎮集団と隋王朝

拓跋《たくばつ》族の北魏は、終始北方のトルコ系遊牧民族の柔然《じゅうぜん》（高車・勅勒《ちょくろく》）の侵攻に悩まされ続けた。このため、現在の内蒙古の南、包頭《パオトウ》の北、ちょうど秦漢の長城線が走っていた陰山《いんざん》山脈に沿って、西端の沃野《よくや》から東端の懐荒《かいこう》に至る間、六鎮と総称される軍事拠点を設け、多数の軍隊を駐屯させた。北魏の国都が大同にある間は、六鎮との距離も近く、恩賞などにも預りやすかったため、彼らの疎外意識は少なかった。しかし孝文帝が洛陽に遷都したあとは、六鎮の軍将と兵士たちは、辺境にとり残されると同時に、中国化した北魏社会からも差別を受ける存在に変る。ここで、文化のフロンティアにある武力を持つ後進集団が、次の新しい社会を切り開く起爆剤となる一種の法則が働く。六鎮のほぼ中央に位置する武川鎮《ぶせんちん》の名をとって、これら軍

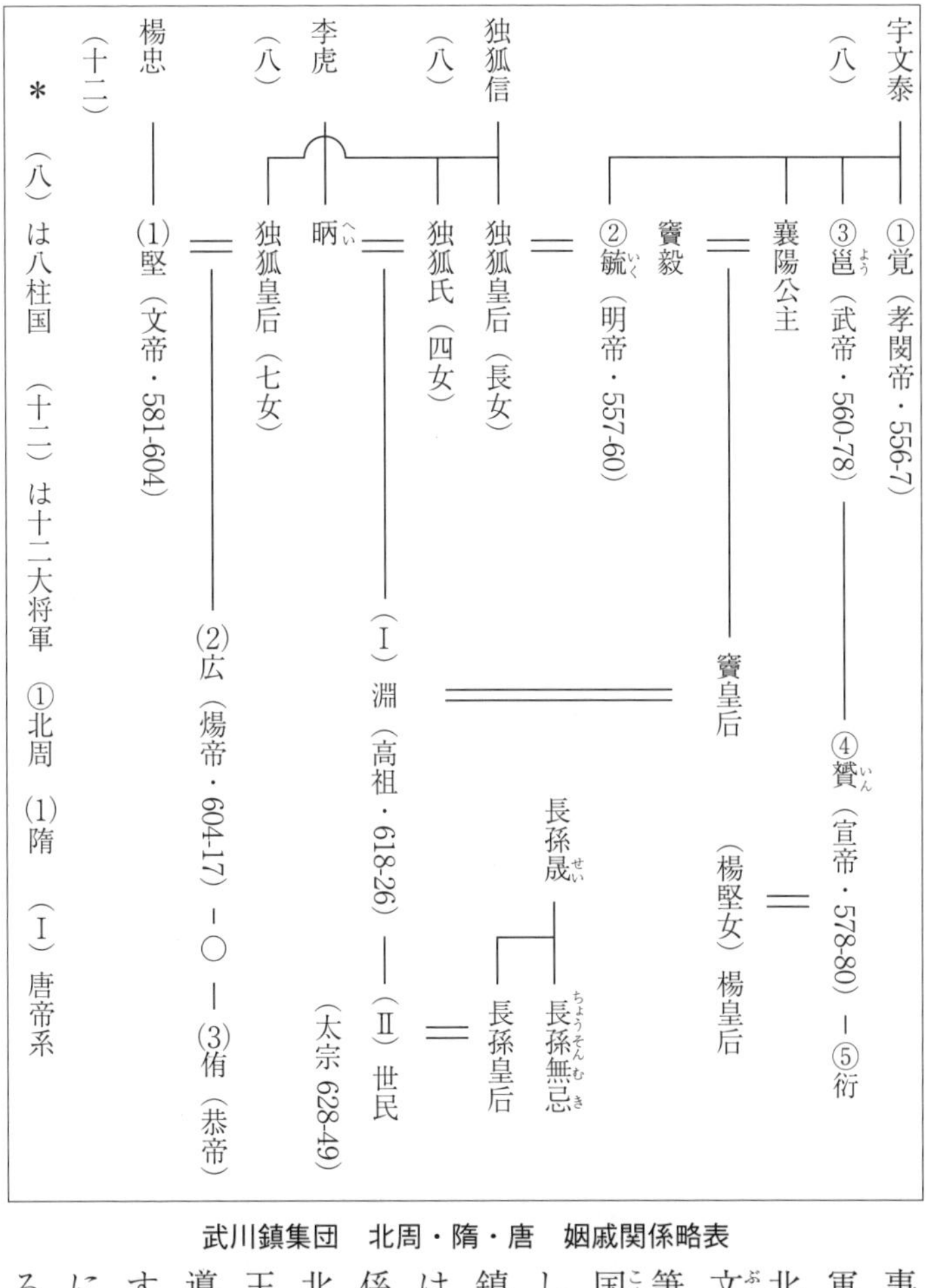

武川鎮集団　北周・隋・唐　姻戚関係略表

事集団を武川鎮軍団と呼ぶが、北周をたてた宇《う》文泰《ぶんたい》の宇文氏を筆頭に、八柱《ちゅう》国《こく》・十二将軍として結集した六鎮の諸将たちは、互に婚姻関係を結びつつ、北朝末から隋唐王朝の生成に主導的役割を果す、大きな勢力にふくれあがる。

隋の煬帝　楊広

隋の文帝楊堅《ようけん》は、十二大将軍の一人楊忠《ようちゅう》の息子で、その皇后独孤《どっこ》氏は、八柱国の雄独孤信《どっこしん》の娘、その姉は同じく八柱国の一人李虎《りこ》の息子の妻となり、唐の高祖李淵《りえん》を生む。隋唐の正史では、当時の慣行により、文帝楊堅を弘農《こうのう》郡華陰《かいん》（陝西東端）の人、李淵を隴西《ろうせい》（陝西西部）の李氏などと、もっともらしい出自《しゅつじ》をつけて呼ぶけれども、いずれもあとからの附会《ふかい》にすぎない。本当のところは、唐王朝が確立して百年たっても、南朝以来の一流貴族は娘を皇后にやらず、このため唐の李氏は貴族一覧番付の順序を書きかえたり、同姓の老子（李耼《たん》）を先祖にもってきたり、御苦労な努力を重ねなければならない。それにもかかわらず、その皇帝たちの行動を見ていると、漢民族文化の本流に育っていない彼らの血筋は争えない。そのことが、実は隋唐の皇帝政治を考える時に非常に大切な要素となってくる。

隋王朝は、武川鎮軍団を中核とした武力で南北を統一し、北と南を結び合わせる大運河を貫通させ、あるいは律令《りつりょう》体制の基礎を作り、また国都長安のプランを敷いておくなど、唐の露《つゆ》払いとして、多大の功労があった。それなのに隋の評判はとかく香《かん》しくない。始祖楊堅はまだしも、二代目の楊広が、皇帝の諱《いみな》としては最低の「煬《よう》」をつけられ、残酷専横の代名詞とされてしまったことが、それに預って力がある。たしかに兄の皇太子の地位を奪い、父の楊堅《ようけん》も殺害したのではないかと噂をたてられるように、彼は権謀術策にたけていたろう。また次から次へと大土木工事を敢行して人民を徴発し、あるいは朝鮮半島の高句麗《こうくり》征伐に失敗しながら、自分は揚州の離宮で歓楽にうつつを抜かすなど、感心できない行動も多々あったと思われる。しかし宮崎市定氏が仰言《おっしゃ》る通り、二百人ほどの歴代皇帝の中で、煬帝《ようだい》は決して最低の部類に入る人物ではない。隋を継いだ唐が、同じ武川鎮軍団の仲間同士、いな親族といってもよい間柄で、自己の王朝建立の正当性を主張しようとしたため、その反面教師として必要以上に悪役をふりあてられ、俗にいうワリを喰ってしまったにすぎない。後に触れるが、名君と誉れ高い唐の太《たい》宗《そう》にしてからが、煬帝と似たり寄ったりの行為を幾つもやっており、威張れたものではない。そのため、太宗李世民《りせいみん》は、臣下との議論の中で、しばしば煬帝の行動を槍玉にあげ、それと較べて自分は何をすべきかという発言をくり返す。「煬帝は立派な文章を書き、残虐いっぽうの主とは思われぬのに、どうして行動はそれに反したのか」との質問を投げかけ、「それは才を誇り、虚心に人の言に耳を傾けなかったためです」という解答を引き出させたり、「自分は煬帝が祥瑞《しょうずい》を好んだことを軽蔑する。賢人を得ることこそ祥瑞だ」と言い、「煬帝は驕《きょう》暴にして亡んだ」とくり返す。唐の政権が安定し、太宗の評価が高まるにつれ、それと反比例して、煬帝と隋の評価が下落する。その事例の多くは、唐によって政治的に作為された場合が少くない。一例を挙げよう。そもそも「隋」という字は、この王朝の名称以外にはほとんど使われぬが、その来歴として次のような話が伝えられている。隋の国名は、楊堅が湖北省の隨の爵位をもらい、隨国公と称したことに由来する。建国するとともに、それに先だつ北周《ほくしゅう》や北斉《ほくせい》のように、国運が早く逃げ去らぬようにと、隨の字に含まれていたしんにゅう扁《へん》の辵、つまり走る、逃げるの部分をとり去って、隋の字に改めた。唐初、隋の歴史を編纂する時、そうした改字で統一することは容易だったから、そこでこの話しが一人歩きし始める。だが、唐代に石碑などに刻まれ、現存している隋の字を調べると、唐代に入ってかなり後まで、それが隋の王朝名として使用され続けていた事実が証明できる。これなども、字にかこつけ、隋はそんなつまらぬ細工をやり、逆に王朝が逃げてしまったという、マイナスの雰囲気を作ろうとした話しと考えてよいだろう。

唐の太宗と昭陵

唐の二代皇帝、太宗李世民《りせいみん》は、中国の数ある皇帝の中で、一と上って二と下らない名君であ

唐代墓中の陶俑たち

る。彼の諱《いみな》世民の世と民の二字は、唐代では、ほぼ同じ意味の代と人の字に書き改められ、後世の中国の知識人たちは、この二字を見れば、否応なしに李世民を連想させられた。余談ではあるが、それに匹敵する名前と文字を持つ皇帝は、清朝の康熙《こうき》帝（玄曄《げんよう》）と乾隆《けんりゅう》帝（弘暦）があり、玄は元、弘は宏などと書き改めねばならぬ。万一科挙の試験で、この字を使えば、それだけで失格となる。さて、唐王朝の創始者李淵（高祖）の次子だった太宗は、若い時から馬を自由に乗りこなし、弓を放って真っ先に敵陣に突入してゆく猛将だった。山西の要衝太原《たいげん》を根城に、北の突厥《とっけつ》を味方につけ、煬帝が宇文化及《うぶんかきゅう》により殺害されたあと、群雄割拠の観を呈する中原《ちゅうげん》の状勢を的確に把握する。やや優柔不断な父親の尻を叩いて旗上げさせ、激戦をかち抜き、最後に王世充《おうせいじゅう》、竇建徳《とうけんとく》らの有力者を打倒するまで、彼は戦場で文字通り獅子奮迅《ふんじん》と暴れまわった。

のちに名君と言われたあとでも、そうした武人の性格がともすれば顔を覗《のぞ》かせ、狩猟や武芸がやりたくてたまらず、しばしば臣下から釘を刺されている。まさしく李世民こそ、北方非漢民族皇帝の代表者にふさわしく、その点では、始皇帝や漢の武帝、光武帝なども遠く及ばない。命を的にした争覇戦に明け暮れ、それなりに勢力と人脈を扶植《ふしょく》した李世民が、皇太子建成《けんせい》ら兄弟に不満を抱き、同時に彼らも世民を疑惑の目で見るようになったのはむしろ当然かもしれぬ。父の即位とともに宰相の地位につき、次第に地歩を固めた世民は、武徳九年六月（六二六）、尉遅敬徳《うっちけいとく》らの協力のもと、玄武《げんぶ》門の変と呼ばれるクーデターを起し、みずからは兄の建成太子を、敬徳は弟の李元吉を射殺してしまった。太宗と敬徳は、たしかに当時の一、二といわれる弓の名手だったが、この玄武門の変にはさまざまな余話が残され、名君太宗の拭いきれない瑕瑾《かきん》となっている。この事件から一ヶ月余りのち、高祖李淵は太上皇として退位し、翌年貞観《ていかん》と年号が改たまって太宗の時代が始まる。日本でも百数十年のち、清和天皇の年号は貞観という。こちらは仏像彫刻などで「じょうがん」と呉音《ごおん》で呼ばれるのが普通のうえ、次に述べる『貞観政要』な

昭陵六駿馬の一（在フィラデルフィア）

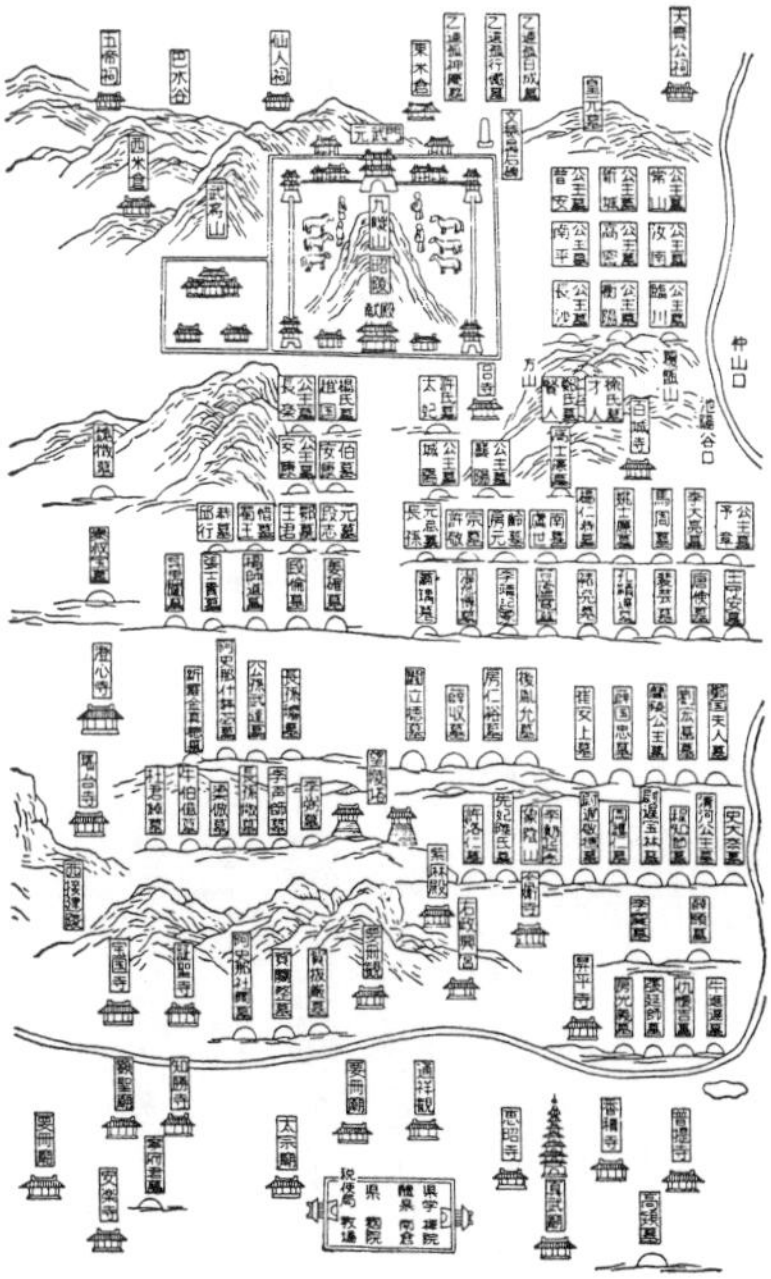

太宗昭陵と陪冢群（上）昭陵陪冢配置（下）（足立喜六原図）

る書物も、「じょうがんせいよう」と呼びならわされるが、ここでは漢音《かんおん》に従って「ていかん」と発音する。

ここで少し別の話題を挿入しておきたい。唐の皇帝たちの陵墓は、高祖から僖宗《きそう》まで、関中唐十八陵と総称され、渭《い》水北部の平原が尽きる一帯に、百キロにわたり東西に分布している。古くは足立喜六《だちきろく》氏に始まり、近年でもこの十八陵全部を歩いた日本人は少くないが、普通には西安から一日行程の、一番西の端に位置する乾《けん》県の、高宗と則天武后の眠る乾陵《けんりょう》と、その東醴泉《れいせん》県の太宗と文徳皇后の昭陵くらいで十分であろう。乾陵も規模雄大で強い印象を受けるが、さすがに昭陵は一段と凄い。昭陵は墳丘を作らず、このあたりでは一際《ひときわ》目立つ九嵕山《きゅうそうざん》の頂き近くに、石室と附属の建物や施設を造営し、そこから南に大きく広がる緩斜面に、数多くの陪冢《ばいちょう》墓を設ける。現在では斜面の南端に近い名将李勣《りせき》墓の傍《かたわ》らに昭陵博物館が作られ、多くの陪冢墓前にあった石碑と出土品などの一部を展示する。ここからは昭陵全体が仰ぎ見られるが、そのスケールは、なるほどこれが太宗の奥津城《おくつき》かと、嘆声を洩らさざるをえない素晴しい眺めである。私には、それは始皇帝陵とは別の意味で、中国皇帝の大きさを象徴しているように思われた。周囲六〇キロ、面積二万ヘクタールのうちに、皇族や文武高官たちの陪冢墓が、確認できるものだけで一六七、墓の主がわかったもの約三分の一が点在する。その中で、太宗の御意見番として、特別な役割を果たした魏徴の墓だけは、やはり別格にふさわしく、山上の石室のすぐ側にしつらえられている。余談にわたるが、弓馬をこよなく愛した太宗のあの世への伴《とも》として、遺愛の六駿馬《しゅんめ》の石像が、かつては石室の東西に三頭ずつ並べられていた。そのうち二頭は打ち割って海外に持ち出され、現在はフィラデルフィアのペンシルヴァニア大学のホールで見ることができ、あとの四頭は西安の碑林に移置されている。

名君の筆頭

さて、二千年の中国皇帝政治の中で、太宗李世民が名君の最右翼に置かれる理由は何であろうか。その解答は多分人によってさまざまだろう。私はさしあたって、太宗個人の資質・性格と、太宗が置かれた当時の客観状勢に分けて考えてみたい。といっても両者は常に絡みあっていることは断わるまでもない。名君太宗のイメージを作るのに寄与したのは、次の則天武后時代、歴史編纂にたずさわっていた呉競《ごきょう》の著作『貞観政要《じょうがんせいよう》』である。そこでは、太宗と五十人ばかりの臣下との対話を、「諫《いさめ》を求むるを論ず」とか「倹約を論ず」のように、皇帝としての施政に役立つ項目を四十ばかり設け、そこに合計三百ほどの太宗とかかわる挿話を列記する。太宗には、「みずから知るということは難しい。文章家や工芸家が自分は優秀だと自惚れていても、より練達の人が見ればボロが目につく。皇帝がとりしきる万機は、どのように苦労しても一人ではできない」という自覚が身についていた。そのため、太宗の決断に対して、歯に衣《きぬ》を着せず、諫言《かんげん》してくれる臣下を受け容れる度量があり、それと同時に、太宗は誰の言葉にも耳を傾けるわけではなく、正しい諫言をする人物を見抜く眼力が、隔絶して優れていた点をあわせて指摘できる。

隋末の大きな混乱は、指導的地位にいる人間たちとて容赦なく陶汰し、振い落してゆく。太宗の左右には、それらの中で生きのびた優秀な人物たちが集まってくるが、事を謀る房玄齢《ぼうげんれい》と、決断力に優れた杜如晦《とじょかい》がその双璧《そうへき》だった。ところがこの二人のほかに、別格として魏徴《ぎちょう》なる男がおり、これが太宗に、尋常《じんじょう》ならざる影響を与える。魏徴は先の玄武門の変で殺害された建成太子の側近だった。彼は太子と顔をあわせるたびに、早く李世民を始末するよう進言していた。その言動に注目していた太宗は、建成をなきものにしたあと徴を召し出し、「お前はどうして我々兄弟の仲を割こうとしたのか」と問い糾した。「太子が早く私の言を聞き入れておられれば、こんなことにならなかった」と徴は平然と答えた。太宗は、彼は自分にとって仇敵だが、その仕える者に尽す姿勢は高く評価できると、辞を低くして徴を自分の左右に招いた。太宗時代の史料を読んでいて、施政や行動につき、最も多く相談し、あるいは諫言を呈されている人物は魏徴にほかならない。太宗に対する彼の諫言は二百以上に及ぶと言われ、十七年のつき合いの後、彼が亡くなると、太宗は自分の鏡とする人間を失なったと慟哭《どうこく》した。『貞観政要』は皇帝政治の奥義として、日本でも鎌倉、徳川時代と尊重され続けてきた。その中には、確かに治世の要諦がちりばめられているとはいえ、最も重要なことは、人を見る目を養い、その眼がねにかなった人物を、己を没して信頼する度量を持つ点に尽きるだろう。それに関しては、李世民は劉邦より一回りも二回りも大きい、皇帝としての適性をそなえていたと評価して差支えあるまい。

次に太宗を取り巻く客観状勢に眼を移そう。隋代以来、頡利《けつり》可汗らを頭領としたトルコ系民族突厥の勢力は強盛で、しばしば陝西や山西の内地深く侵入してきた。太原を根拠にさだめた李氏は、旗上げに際し、彼らの力を借りて隋末の群雄争覇戦に参加せざるをえなかった。しかし、唐に入り、玄武門の変の頃ともなると、突厥にも衰退の兆があらわれる。太宗政権の成立直後、頡利可汗みずから、唐の実情を探るべく、長安とは目と鼻の先の渭水河畔に進攻してきた。太宗は房玄齢ら僅か六人で突厥の陣前に赴き、川を挟んだ交渉の結果、突厥軍は引揚げた。これを転機に、突厥部内の結束がゆるみ、その勢力は急速に弱体化する。そのことは同時に、唐と西方との交通の障害物がとり除かれた意味にもなる。北魏の洛陽のところでも書いたとおり、五胡十六国時代からのち、中央アジアあるいはインドなどとの交渉は、想像以上に広汎に行われていた。仏教あるいは仏教芸術の流入はそれを如実に物語るが、北魏分裂以後の中原《ちゅうげん》の混乱、その間に割って入ってきた突厥の妨碍《ぼうがい》のため、西方との交通は休止状態を余儀なくさせられた。唐の成立と突厥の後退は、北魏時代の東西交渉が、さらに大きな規模で復活する誘い水となって不思議ではない。唐も最初の間は、魏徴らの反対も手伝い、西域諸国の服属を拒絶し、玄奘《げんじょう》三蔵のインドへの出国許可も認められなかった。ところが状況は急激に変化する。このような動きと同時進行的に、煬帝の大運河のおかげで、米穀をはじめとした、それまで予想もしなかった質量の江南の富が、国都長安に運びこまれてくる。こうして長い乱世はひとまず終熄《しゅうそく》し、内部の不協和音を取り除いた太宗が、その腕を存分に発揮できる環境が整った。北方民族の武力に裏付けられた、政治、法律などの諸制度と、江南漢民族の社会で熟成された経済力と文化、そして時代を追って流れこむ、インドやペルシャなどの西方文明が混淆《こんこう》して、外見は光彩陸離《こうさいりくり》たる唐の文化が誕生する。その聖火台に立つランナーこそが唐の太宗李世民といってよいだろう。

それならこの名君太宗が、唐王朝の強力な礎《いしずえ》を築いたかというと、必ずしもそうでもない。魏徴を筆頭とした優れた臣下が、次々とこの世を去ってゆくと、太宗が自分一人で独裁権をふるい、立派な政治を行うどころか、むしろそれが怪しくなってゆく。臣下の諫言に耳を傾ける性行が、無意識に依頼心を助長させたのかも知れない。それが最も重要な後継者問題で表面化した。太宗には十四人の男子があったと伝えるが、文徳《ぶんとく》皇后との間には、承乾《しょうけん》、泰《たい》、治《ち》の三人が誕生していた。太宗即位と同時に、八歳の承乾が皇太子となり、太宗も彼を寵愛期待して、当代きっての大学者孔穎達《くようだつ》らに教育を委ねている。ところが生長とともに、よからぬ取巻きを従えたこの異民族の血の濃い御曹司は、特権階級にありがちの不良少年の側面が目立ちはじめる。太宗の前に出る時はそうした素振りは隠して人々を欺いたが、困ったことに、文学の才に恵まれ、こちらは教養人に囲まれた弟の泰《たい》（魏王泰）との反目が次第に激しくなる。太宗の魏王への寵愛も度が外れたところがあり、褚遂良《ちょすいりょう》や魏徴が苦言を呈したが、泰自身もひそかに承乾の位を狙《ねら》い、それを知った承乾も泰をなきものにせんと計る。長い暗斗のあげく、奇しくも魏徴の死んだ貞観十七年、皇太子承乾は謀反の罪で廃嫡《はいちゃく》され、黔州《けんしゅう》（四川西南端）に流されて二年のちに世を去る。ところがことの真因は泰にありと承乾が太宗に告げたため、喧嘩両成敗で泰も皇太子になれず、棚からボタ餅式に凡庸な治《ち》にお鉢がまわってくる。事の真相は闇の中だが、皇后の兄として、武川鎮集団の中でずっと勢力を貯わえてきた長孫無忌《ちょうそんむき》が自分たちの意のままに操れる人物を、太宗の後継者にしようとする策謀が見え隠れする。それは漢代の皇后と外戚のパターンの再現であり、漢民族王朝にとっては過去の遺物と化していたが、この非漢民族王朝では、改めて表面に現れたと言えなくはない。さらには、太宗末年に後宮に入れ、その崩御のあと尼にされてしまった山西の豪民の娘武氏を、この高宗李治が、還俗させて自分の皇后にするなどという行為は、漢民族の間では、千年以上も前の春秋時代に克服してきたもので、「礼」や「律令」に違背する野蛮な所業だった。その武氏が意外に呆気《あっけ》なく太宗と同様な皇帝の座についた事実も、唐代の皇帝政治に、その本質ともつながる弱点があったことを物語る現象にほかならない。

唐と日本

隋唐の文化を受容して新しい国づくりをした日本にとって、とりわけ「唐」に対して、初恋の人への思い入れのような気持ちが、現在まで続いているのではないだろうか。試みに、唐の字のついた熟語をあげると、唐紙《からかみ》、唐草《からくさ》、唐糸《からいと》、唐子《からこ》、唐船《からふね》、唐物《からもの》、唐様《からよう》など、ついこの間まで、唐が外国の特別な価値を示す形容語として使われていたことは誰の目にも明らかである。少し困ったことは、日本の歴史研究者の間でさえ、そうした傾向が見え隠れする点である。

日本史では、古代国家を律令国家と言いかえて、さして問題はおこらない。だが、中国では、そもそも律令国家などという用語はない上に、隋唐時代に律令制が一つの画期を作ったにしても、それが直接古代国家などという概念とは結びつかない。もっとも、すべてに政治が優先する中国では、最近は、アヘン戦争以前がすべて「古代」の二字で括《くく》られる。その伝でいえば、隋唐は古代国家になろうが、私はそのような取りきめはすべて無視する。半世紀も前、日本の敗戦、そして中華人民共和国の成立という二つの大きな事件を経験した日本の歴史学界では、とりわけ東京を中心として、マルキシズム、唯物史観がもてはやされた。その中で、東アジア歴史世界なる概念をもとに、中国を中心としたこの歴史世界で、朝鮮半島、日本、ヴェトナムが、その発展段階に極端な差異があるのはおかしいとする仮説が提出される。その結果、中国では唐代までは直接生産者は奴隷であると主張され、それが古代社会に当るのは当然だから、それゆえに日本は隋唐時代の古代的生産様式を受け容れられたという風に論理が展開し、一部の研究者はその実証と補強に熱中しはじめる。これなどは、史的唯物論を金科玉条に、そこに都合よく当嵌《あてはま》る史料を結びつけているのと大同小異にすぎない。そもそも未開で劣等な開発途上の世界と、それとはかけ離れた優等の文化世界を平気で等置し、あるいは何千年にも及ぶ政治や文化の差を、単に上部構造の徒花《あだばな》の違いと片付けるなど、少し考えればおかしな議論であることは誰しも気付くはずである。しかし、上に述べたごとく、隋唐を初恋の人とする感情と、新しい恋人の唯物史観に寄せる思いが交錯し、一九五〇年という特別な時期において、こうした唐代古代帝国論が、日本の中国史研究者の一部で登場したことは、まがうことなき歴史的事実である。しかしそれから半世紀たった今、二十一世紀に入ってなお、その幻影から抜け出せない研究者がいるのを見ると、私は名状しがたい当惑感に襲われる。だいいち、むずかしい議論は別にして、唯物史観の本家中国でも、隋唐は日本でいうような古代の範疇には含めていないのである。そこで、当時日本が受容した隋唐文化なるものは、現実にはどのようなものだったかを、皇帝政治と絡めつつ、具体的に明らかにしてゆきたい。

華咲く長安

隋唐の都が、現在の陝西《せんせい》省西安と重なり合う長安だったことはどなたもご存知であろう。そして大唐帝国の国都長安には、かのローマにも似て、すべての道がここに集まり、少くともユーラシア大陸の各地から、人びとがそれぞれの文化を携《たずさ》えてやってきた。そのような長安の繁栄は石田幹之助氏が『長安の春』で余すところなく描写する。しかしわれわれは、そうした一時期の繁栄だけに目を奪われてはいけない。長安の春の謳歌は、せいぜい七世紀後半から八世紀前半までの百年にすぎず、それ以外の二百年に及ぶ唐朝治下の長安は、大部分は冬の季節だった。その実例の一、二を示そう。

二十世紀に入り、隴海《ろうかい》線建設の大工事で、洛陽や長安周辺の唐代墳墓が破壊され、中から夥《おびただ》しい量の副葬品が発見された。ことは七〇年代以降の新中国の建設工事でも変らず、西安近郊の唐墓から、目を見張る遺物の発見があい継いでいる。その中で、三彩《さんさい》と呼びならわす、緑、茶、藍《あい》色の釉薬《ゆうやく》を主とした、鮮やかな色調を持つ陶器がひときわ目を惹《ひ》く。皇族や高官たちの墳墓には、その位階にしたがい、生前の部下、召使、女性はじめ車馬、家畜

三彩の楽人と駱駝

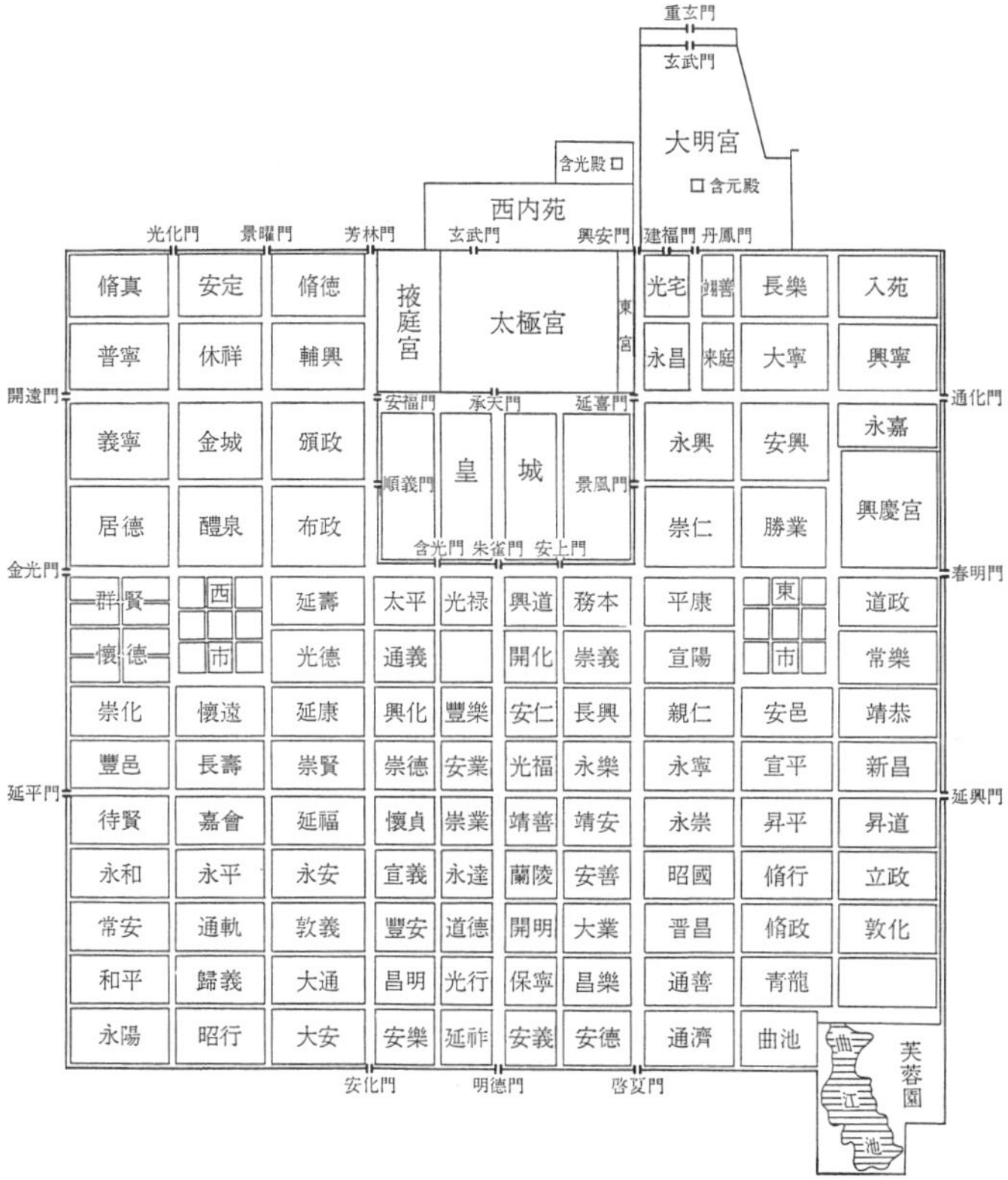

唐長安全景俯瞰想像図（王錚原画）

唐長安の坊市一覧図（上）と俯瞰想像図（下）

など、焼成度の低い土製の人形「俑《よう》」を作り、生前の生活さながらに、あの世にもお伴《とも》をさせる。さきの太宗昭陵の陪冢墓には、それぞれに何十から百を超える俑が副葬されていた。ただ太宗の時代は、まだ加彩俑《かさいよう》と呼ばれる彩色を施した土人形だけで、鮮やかな三彩は見られない。三彩は則天武后から始まったとする伝説もあるとおり、七世紀の終り頃から、玄宗天宝十四載《さい》（七五五）の安禄山の乱に至るまで、一部の例外を除き、そのほとんどは、洛陽と長安周辺の限られた墳墓からしか発見されない。たいていは、地下三―五メートルの墓室に通じる長い緩《かん》斜道《しゃどう》の両側に、龕《かん》と呼ぶ小さな掘りこみを作り、そこに合計で何十という馬や駱駝《らくだ》、それを扱う人の俑が副葬される。侍臣や武士、女性などの俑は棺のある墓室に主として配置される。この三彩の駱駝や馬の姿態《したい》と、それがつけている装飾を見ていると、八世紀初め、最盛期の長安に、こうした動物たちのキャラバンにより、いかに多くの西方の文物が流入してきたかを、私は身に沁《し》みて感じられる。そうした点は、安禄山の乱で長安を逃げ出そうとした有力者や金持ちが、地中深く埋蔵した貴重品の中に、ペルシャのデザインを中心とした金銀器が多数含まれている事実とも合致する。こうした世界帝国長安の春は、八世紀なかば、七年に及ぶ安禄山の乱とともに泡沫《うたかた》と消え去る。それは三彩がかき消すように、それ以後の墳墓から見られなくなるのと連動していた。

唐の都長安は、そのプランを隋の大興《だいこう》城から受け継いで完成させた、純然たる計画都市だった。プランの直接の淵源は北魏の都洛陽城に発するが、そこに、古来の漢民族、とりわけ経書である『周礼《しゅらい》』にもとづく国都の理念を加え、北方民族的な皇帝の意識に立ってまとめあげたものと言える。日本は、国としての体制を整えてゆく過程で、北魏の洛陽から隋唐の長安に範をとり、畿内のあちこちに何々の宮と名づける都を造営し、最後に平城・平安両京を作る。だが、それらは、あくまでも外形を主とした模倣にすぎず、日本の都城が特に唐の長安の影響を受けたとの表現も、かなり割引きして使う必要がある。文献と調査のこまかな相違は除外視して、麦畑と墓地ばかりの、龍首原と呼ぶ広大な平面に、東西十八里（九・七キロ）、南北十五里半（八・三キロ）の長方形の線を引き、周囲を煉瓦と版築《はんちく》の城壁で囲む。城内の中央北部には、皇帝の公私の居住生活区である宮城と、官庁街に相当する皇城が、全体の約八分の一ほどの広さで設定される。ただこの宮城の場所は運悪く湿気の多い場所で、三代目の高宗は東北城外に大明宮《だいめいきゅう》を建てて移り、玄宗皇帝は、楊貴妃《ようきひ》一族と隣あった興慶宮《こうけいきゅう》に住んで政務をとった。長安城は南北十一条、東西十四条の直交する大通り「街《がい》」によって、一一〇の「坊《ぼう》」と二つの「市《し》」に区分される。そのことはどの概説書にも書いてあり、読者はフーンと首肯《うなず》いて通り過ぎられるだろうが、問題はここから先にある。合計二十五本の大街は、百歩、六〇歩、四七歩、メートルに直して一四七、八八、六九となる。日本でも、戦災を受けた名古屋に百メートル幅の道路ができた時には、人々は驚いたけれども、長安の城門をつなぐ大街は、それよりも五〇メートル近く広い。ということは、それが直交する皇城の南、朱雀《すじゃく》門の前は百五〇メートル四方の広場とならざるをえない。この大街が延々と八キロ以上も直っすぐに伸び、しかもその両側は、二メートルくらいの高さの低い坊の土塀が、これまた延々と続き、周囲には目を遮《さえ》ぎる高い建物とて稀である。いったいこうした大街を中心とした都城プランは、そこに住む人たちにとって、どのような利点があったのだろうか。その答えはもう少し後にまわし、先に「坊」と「市」を一瞥《いちべつ》しておきたい。長安の最盛期とされる玄宗の八世紀前半、その人口は七十万ほどと想定されている。人々は「坊」と呼ばれた、低い土塀をめぐらす空間に生活していた。「坊」には最大九五〇×五八八から、最小三五〇×三二五メートルの四種類があり、整然たる階調をもって城内に配置される。ただ各坊から街に出るためには、坊の大小に従って開かれた二ないし四の坊門を通らねばならない。この坊門は日が暮れると閉じられるから、住民は夜間には当然自由に城内を歩きまわれない。「坊」の内部は、巷《こう》や曲《きょく》と名づける小道が縦横に走るが、坊壁を乗越えることは禁止されているため、坊門から遠い場所に住む人たちは、大通りに出るには一苦労になる。本来こうした「坊」は秦漢時代の都市には普遍的に存在してはいなかった。ところが異民族が大挙して中原《ちゅうげん》に侵入してきたあと、たとえば北魏のように、人種、言葉、習俗などすべてが異なる雑多な人たちが、同じ場所に住むとなると、彼らを分割しておく方が便利である。長安のような新しく建設した大都市に、違った場所から大量に雑多な人々を移してくるとなると、その統制や治安維持のため、坊制はそれなりの役割を果す。そこで一時的に住民の日常生活に不都合が生じても、それには目をつむらざるをえない。同じことは市場の場合にも明白にあらわれる。プランの上では、城内のほぼ中央の東と西に、一辺六百歩（八八二メートル）の正方形の市場区が設けられる。発掘調査の結果では、それよりやや大きく、東市は東西九二四×南北一〇〇〇、西市は九二七×一〇三二メートル、いずれも井形《せいけい》に区画され、そこに三百二十の「行《こう》」すなわち同業商人の店舗や倉庫が軒をならべていた。長安に住む多くの人たちにとって、この二つの市場に買い物にゆくことがまた一仕事だったろう。そこに辿《たど》りつくまでに何キロも歩かねばならず、買った物をどうして持帰るかも考える必要があろう。ひるがえって、宮廷や官庁に出仕する官員にとっても、日の出とともに始まる朝見《ちょうけん》の席に列するためには、真暗な長安城の大街を、徒歩か馬で長い時間をかけて出掛けてゆかねばならぬ。彼らが宮城に近接した場所に住居を移し、同じ城内でも、中心部から離れた場所は人も住まなくなるのは自然のなりゆきである。また、坊壁を乗越えたり、門戸を街路に勝手に開くといった事態も稀でなかったろう。特に安禄山の乱以降、長安の破壊と凋落が加速的に進行すると、坊制や市制は事実上は意味を喪失してゆく。

ではどうして長安のようなプランの国都を作ったのか。私は非漢民族の王朝が、地上に皇帝ちの王者の都たることを、誰の目にも明らかなように刻印しておきたかったからだと考える。宮城の南正面にある承天門、あるいは皇城南面の朱雀門に立っただけで、長安のまちは一望できたろうし、東南隅に近い晋昌《しんしょう》坊の慈恩寺《じおんじ》塔に上れば、いっそうこの地面に描かれた皇帝の都が実感されたに違いない。単にこじつけと言ってしまえばそれまでだが、城内の左右に南北に列《なら》ぶ十三坊は、一年十二ヶ月に閏《うるう》月を加えた数、皇城前面の四列九つずつの坊は、四季を象《かたど》るとともに、『周礼《しゅらい》』の「九経九緯《きゅうけいきゅうい》」を意識するなどは、地上の王者の都たることを、誰の目にも明らかにするための仕掛けだとも説明できる。そうした仕掛けは、日本の都城では美事に忘れ去られ、特に平安京などは単なるグリッド・パターンの、唐の長安を持ち出す必要もない、面白くも何ともない都城に変貌してしまっている。一方、長い歴史の過程の中で、これまで人の住まなかった場所に人為的に作られた唐の長安は、一時的には華麗な花は咲かせたにせよ、それを作った唐王朝とその皇帝政治がゆらぎ始めると、加速的に凋落に向う。なるほど唐代の行政を眺めていると、従来の大きな都市（城市）には「坊」の制度が布かれたように見える。しかし、そうした都市は、いずれも数百年以上の長い人々の社会生活が根づいていた場所である。おまけに、そのような中国の伝統的な城市《じょうし》は、華北と江南といったある程度の差はあっても、似たような構造をしている。それを適当に区画して、「坊」の名をつけても、それは何々商店街とか某々町といった看板を出すのと同じで、何の造作もない話である。我々は隋唐の長安の「坊市」だけを見て、ほかの歴史的な中国の都市が、似たようなグリッド・パターンの封鎖的な場所だったと錯覚してはならない。

唐の律令

次に、我が国では、唐の皇帝政治の支柱のようにこれまた錯覚されている「律令《りつりょう》」について言及せねばならぬ。隋から唐初、武川鎮集団の指導者たちは、中原支配から全国統一に乗り出すにあたり、行政、軍事など重要な分野で清新な制度を表面に推し出し、それを看板に皇帝政治の遂行をはかった。隋の文帝楊堅は、まだ南朝の陳《ちん》を滅す九年も前、北周から国祚を譲り受けた時点（開皇元年・五八一）で、高熲《こうけい》をはじめとした法制の専門家に命じ、最初に法定刑罰を確定した。死・流・徒《と》・杖《じょう》・笞《ち》の五刑—日本では流をる、徒をずと呼びならわす—がここで制定され、一年おいて開皇律《かいこう》十二巻五百条、開皇令二十七篇三十巻が編纂される。これらはいずれも秦漢以来の伝統をふまえ、とりわけ西晋の泰始《たいし》律令から南朝に継承された流れを十分参酌し、より直接に北斉・北周の律令をとりいれようとしたものであった。断るまでもなかろうが、ここでいう「律」は、刑罰を伴う、いまでいえば刑法に該当する部分が多いが、より広く普遍的な中国的法律をも包含する。いっぽう「令」は、「律」を補充する目的から出発し、皇帝政治の発展と比例して、その命令という性格から、官職や儀制をはじめ、戸籍・賦税・学校など、広範にわたる刑罰を伴わない行政法規を指す。この両者を中心に、その時々の必要に応じて発布される詔勅のうち、永続性のあるものをまとめた「格《かく》」と、律令を実施するときの細則、文書などの雛型《ひながた》をきめた「式《しき》」が加わり、日本に輸入された「律令格式」ができあがる。なお隋の律令は、南朝陳の併合とともに大業律として若干の手直しが加えられ、やがて唐に入って、高宗の永徽《えいき》二年（六五一）、玄宗の開元二五年（七三七）などの改訂により、中国法典の一つのピークとして完成し、それを日本はお手本とすることになる。

律にしても令にしても、それはあくまで皇帝政治の拠《よ》り所《どころ》となる建前にすぎない。早い話が、隋の楊堅は平気で殿廷で官吏を殴打し、気にくわないと、普段の刑杖に数倍する太さの杖をくらわし命を奪う。名君太宗にして臣下に死を賜わること稀でなく、くだって明代でも宮中で大臣を杖に処する廷杖がしばしば行われた。とりあえずは、皇帝（天子）は律令の外にある超法規的存在のため、別に問題はないと片付ければそれまでだが、いまの我々が頭に浮かべる法律と違って、律や令の通りにことが運ぶわけでは決してない。にも拘わらず、隋唐の律令は極めてよく整備された法典といえる。それが隋から唐にかけて完成の域に達したことは、確かに中国の皇帝政治にとり、一つの金字塔に違いない。秦漢から明清まで、中国の皇帝政治は、精疎質量の差はあっても、全部を律令国家と名づけて別におかしくはない。律と令の未分化の状態から二つがはっきり区分され、それぞれが隋唐時代の一つの頂点に達する。しかしその時すでに次の変化が始まっており、その流れの中で「令」の名は消滅し、最初からあった「律」だけが清朝まで継承される。そうした大きな動きの中で、特に隋唐だけを取りあげ、律令国家の成立、あるいはその崩壊を問題にするような考え方には、私は賛意を表しかねる。都城と同様、律令の場合でも、中国と日本の間に極めて大きな、本質的といってもよい差異があった点に注意が払われるべきである。秦漢はさておいて、隋唐ともなると、律令はその根底に儒教イデオロギー、わけても個人と社会の規範をなす「礼」がしっかりと根を張ってしまう。「律」の人倫を外れた大罪悪＝十悪《じゅうあく》のうち、皇帝と王朝への反逆罪を除くと、あとは父祖や親族・血縁にかかわるもので占められる。何よりも、同じ犯罪でも、父祖血縁の尊卑長幼により、罪科に大きな差等が設けられ、上の下に対する犯罪の刑は軽く、その逆は非常に重くなる。それらが、農村の末端までも含む、中国人全部の家族・親属関係の現実の様態に、忠実に対応しているのは断わるまでもあるまい。この様態をまとめた経書が「礼」にほかならず、その「礼」に皇帝権力の強制をつけ加えれば「律」となる。「律」あるいは中国の法律は、権力が上から一方的に強制したものにすぎぬという見解は、事実としてはやや暴論に近い。なるほど旧中国の書物で「礼」と「律」の関係をあれこれ論議する例はそれほど多くはない。しかし、それは単に、中国の人にとっては、自明の事柄だったためにすぎない。日本人を筆頭に、中国以外の地域の人間にとって、「礼」と「律」が表裏する実感を持つことはむずかしい。卑俗な例を挙げれば、上海はじめ中国の大都市では、一般庶民はあまり交通ルールを守ろうとしない。外国人が不思議に思うこうした現象も、「礼は庶人に下《くだ》さず」という経書の文字とどこかで繋がっているはずである。

日本の古代国家は、隋唐の律令を守り本尊とした。ところがこの「律」は日本人にとって、いかに知慧を絞り、お得意の修正変更を加えようと試みても、手に負える代物ではなかった。言葉をかえると、律の下敷きとなっている「礼」の実体がなく、それがよくわからなかったためにほかならない。そのため早々に諦めて「律」を放棄したのはむしろ賢明だった。かくして「律」は、日本では完全な型では残らなかった。それに対して「令」の本質は行政法規だから、理念的なところには目をつぶっても、部分的に修正を加えれば、官職、位階から班田収授、防人《さきもり》に至るまで、トップ・ダウンの強制で、どのようにも使いこなせる。「令義解《りょうぎげ》」や「令集解《りょうしゅうげ》」が後代まで伝わる理由もそこにある。

ひるがえって中国では、隋唐の「律」は、その時点での法学がうちたてた金字塔であった。それは、上は皇帝を頭にいただく官僚支配、下は農村に根をおろした家族制度が続くかぎり、本質的に不変の性格を備える。いうまでもなく、時代の展開に伴い、そこに少なからぬ手直しは不可避だったにせよ、「律」自体の根本的価値が消滅するわけではなく、むしろ常に帰るべき拠り所としての位置を附与し続けられる。唐代の律とその解釈『唐律疏議《とうりつそぎ》』の全部を、いまも我々が座右に置いて簡単に参照できるのも、その証左とできよう。他方、行政法規を主体とする「令」は、時代に従って変化が多く、社会の発展と多様化にともなって、唐代のような枠組では役に立たなくなる。そこで、明の初めを最後に、法典から「令」の名は姿を消す。むろん、官制なら官制、徴税なら徴税といった具合に、行政上に必要な令的法規は、個別・総合両面で絶えず編纂され続けるため、不都合は生じない。実は、そうした動きは、律令の完成した唐の初めからすでに開始されており、「令」が明初に突然消滅したわけでは決してないのである。

三省六部制度

中国の皇帝政治とは不可分の官制・官職の分野でも、唐代はひときわ重要な位置を占める。隋唐の官制を語る時、我々はすぐに「三省六部《さんしょうりくぶ》」という用語を使う。その説明は教科書にも載っているが、ではそれがどのようにしてできあがり、唐代にどんな意味を持ち、さらに次の時代にどう継承されるのか、わかりやすい説明はあまり目にふれない。「三省《さんしょう》」とは、中央の最高官庁である、中書省《ちゅうしょしょう》、門下省《もんかしょう》、尚書省《しょうしょしょう》を指す。秦漢の官制を想い出していただきたいが、その時代の最高機関だった三公《さんこう》や九卿《きゅうけい》の役所には、まだ三省のそれぞれの名前はほとんど見られない。ということは、前漢以降の皇帝制度の発達、拡大の過程で、この三省が誕生し生長したことが容易に推測されよう。中書や尚書といった名詞は、いくつかの意味を持ち、使用さ

唐代中央官制概略

三省

- 中書省（皇帝首席秘書・立法）…中書令、中書侍郎、中書舎人
- 門下省（審議、封駁《ほうぼく》、貴族の牙城）…門下侍中、黄門侍郎、給事中
- 尚書省（施行機関）
  - 都省…尚書令、尚書左右僕射《ぼくや》、尚書左右丞

六部

- 左司
  - 吏部
  - 戸部
  - 禮部
- 右司
  - 兵部
  - 刑部
  - 工部

…六部尚書
侍郎

- 吏部・司封・司勲・考功
- 戸部・度支・金部・倉部
- 禮部・祠部・膳部・主客
- 兵部・職方・駕部・庫部
- 刑部・都官・比部・司門
- 工部・屯田・虞部・水部

二十四司
郎中・員外郎

御史臺（監察機関）…御史大夫、御史中丞、侍御史、監察御史　など

九寺

- 太常寺（宗廟祭祀）十二　…卿、少卿、丞、主簿、博士
- 光禄寺（祭祀犠牲）四　…卿、少卿、丞、主簿
- 衛尉寺（宮門警護）三　…卿、少卿、など
- 宗正寺（皇族管轄）一　…卿、少卿、など
- 太僕寺（馬政）八　…卿、少卿、など
- 大理寺（司法、裁判）…卿、少卿、正、丞、主簿
- 鴻臚寺（外国関係）二　…卿、少卿、など
- 司農寺（農政）十二　…卿、少卿、など
- 太府寺（庫蔵管理）五　…卿、少卿、など

五監

- 国子監（国都大学・各種学校）…祭酒、司業、など
- 少府監（皇室財政）六　…監、少監、丞、主簿
- 軍器監（武器製造・鋳銭監）…監、少監、など
- 将作監（器物製造）二　…大匠、少匠、丞、主簿
- 都水監（治水、運河）二　…使者、丞、主簿

＊数字は所属部局数

れる時と場合で区別する必要が生じる。本来、中書は宮中に蔵せられる書物を意味するが、漢の皇帝政治の発達に伴い、皇帝が出す文書、言いかえれば皇帝の宣詔《せんしょう》を指すようになる。武帝は、後宮や宴会遊覧などの場でも詔勅・命令を発し、側近の宦官たちにそれを扱わせ、彼らを中書謁者令《ちゅうしょえっしゃれい》、略して中書令と名づけた。李陵《りりょう》の禍で宦官とされた司馬遷の官名がこれである。ところがそのような重要な役割を宦官だけに任せられないと、皇帝から信頼された士人がそのポストに任じられはじめる。宦官の中書謁者はほどなく廃止されたが、そのあと二百年をへて、三国魏の曹操《そうそう》が、自分の秘書官たちの役所名として中書を復活する。こののち、中書は、皇帝の信頼厚い部下たちが勤務する官署として、着実に継承されてゆく。なかでも、皇帝の詔勅の起草に関係する中書舎人《ちゅうしょしゃじん》や通事《つうじ》舎人は、次第にその地位を高め、とりわけ宋代以後は新しい皇帝政治の中で翰林学士《かんりんがくし》と名を改めて、清要な位置にランクされる。魏晋以後の曲折は省略し、隋唐に至ると、中書の長官中書令は、天子を直接補佐する宰相にまでその地位をあげる。いまと相当違うにせよ、皇帝と表裏した立法府の長にも比定できよう。中書は皇帝の秘書官から出発し、常に皇帝の身近かな官署であったため、宮中アカデミー、歴史編纂などの文化事業は、すべてこの省で扱う。次の門下省は、晋《しん》から南北朝そして隋唐と、時代の性格を端的にあらわす機関だった。門下は屋敷内を意味する普通名詞で、同時にそこにいる家来や使用人たちの汎称《はんしょう》となる。彼らの中で、しだいに分化が生じ、秦漢の項でも述べたように、皇帝直属の官員のプールの場所として「郎官」が分離される。さらにその中から、公式の随員や警護、馬車の陪乗《ばいじょう》、あるいは日常の顧問に預かる連中が固定されてゆく。こうした任務に対しては、侍中《じちゅう》、常侍《じょうじ》、給事中《きゅうじちゅう》あるいは散騎常侍《さんきじょうじ》など、常識でも中身が推定できるような職名がつけられた。つまるところ、皇帝侍従集団ともいえる郎官グループの中で、とくに「加官《かかん》」として、時に応じて役目をふりあてられる側近たちと思っていただければよい。しかるに魏晋以後、門《もん》閥《ばつ》貴族の抬頭《たいとう》とともに、こうした皇帝側近のポストが彼らによって占有されはじめ、その結果門下省《もんかしょう》と名をつけた独立の官署が出現する。この門下省は、いわば貴族階級の牙城として、彼ら全体の意向を皇帝政治に反映させる、というよりはむしろ彼らの意のままに皇帝を繰《あやつ》る機関になってしまう。皇帝が発する詔勅も、そこに至る上奏も、すべて門下省を通らねばならず、もし皇帝が貴族たちの利害に反する行動をとろうとすれば、門下省はたちまち封駁《ほうばく》と呼ぶ拒否権を発動してそれを阻止できる。隋唐ではこの門下の長官門下侍中《もんかじちゅう》も、中書令とならぶ宰相の地位を与えられていた。余談ではあるが、侍中は隋代には納言《のうげん》と呼ばれた時がある。それを逸速《いちはや》くとりいれた日本では、後世まで大納言《なごん》、中納言などの職名を使ったが、中国では則天武后の時代でそれは消滅する。貴族階級の体のよい審議機関門下省は、唐の後半、貴族たちの没落とともに、その存在意義を失い、次の宋代には名目を残すだけに変る。この門下省の消滅、言葉をかえると貴族階級の没落が、次章で述べる宋代の君主独裁制を誕生させるための重要な要素の一つだった。ただし中国では、一つの官署一つの職名でも、それが歴史と伝統を持つ限り、実質はなくなっても、名称は中味をかえて継承される場合が少くない。明代十四世紀になり、中央の尚書六部《りくぶ》には、各部に数人ずつの六科給事中《りくかきゅうじちゅう》と呼ばれる、位階はさして高くないけれども、重要な政策に対して自由に意見を具申できるポストが設けられる。それが唐の門下省の給事中を意識して作られていたことは疑いのないところである。

尚書省は三省の中でも、実際の行政とかかわりのある重要な官庁である。すでに経書のところで、『尚書』(『書経』)は聖賢たちのすぐれた言動をのせた書と説明した。皇帝はとりもなおさず、立前としては聖賢と対等なため、皇帝と関係する文書にも尚書の名を冠し、同時にそれを取り扱う役所にも尚書が転用される。前漢の武帝の時代には、むしろ中書の方が表だっていたが、後漢、とりわけ一世紀後半の成帝の頃になると、皇帝周辺の文書を扱う職掌《しょくしょう》の整備が進み、上奏、宣示《せんじ》、秘密文書、図書などの部課にわかれ、士人の尚書官が任命される。それより先、たとえば王莽《おうもう》の伯父の大将軍王鳳《おうほう》のように、領尚書事《りょうしょうしょじ》の名のもとに、有力者が尚書を統轄しはじめると、次第にその地位を上昇させる。後漢時代、尚書は皇帝の命令を受けて、万機を敷奏《ふそう》するといわれ、各尚書は、北斗星の周囲にある六つの小星(文昌星)に比定されて、文昌《ぶんしょう》天府の名を持つまでに成長した。尚書は相当する政務の種類に従い、財政、儀礼、法務、外交などの曹《そう》(部局)に区分される。魏晋からのち、中書と門下の役割が明確になるにつれて、尚書も純然たる行政実務の最高機関として、これまたいっそうの発展をみる。すなわち三世紀の晋《しん》時代には、のちの六部《りくぶ》に相当する五もしくは六の列曹《れっそう》ができあがり、各曹《そう》の下にはいまの各省部局に相当する数多くの専門実務担当者が配置される。この晋の段階で、中書・門下・三省の構造が姿をあらわしたといってよいだろう。こうして外枠のできた中央官制は、江南に移った弱小国家南朝でも、北の異民族王朝北朝でも、同じようなかたちでうけつがれる。その間、のちの六部の尚書はほぼ一定しているが、その下の部局は時代によってさまざまな変動があり、名称もまちまちである。六世紀末、南北を統一した隋において、煬帝はこうした尚書省に最終的なまとめを行った。すなわち、吏・戸・礼・兵・刑・工の六部《りく》の下に、各部四つずつ、総計二十四の部局が配属される。六部には、尚書令、左右僕射《ぼくや》の次に吏部尚書、刑部尚書などの六部《りく》尚書、つまりは各省大臣を設ける。そして二十四の部局にはそれぞれに、侍郎、侍中、員外郎の定額が割りふられる。漢代の「郎」と名づけられた皇帝側近集団は、七百年の曲折をへたのち、ここに中央政府の高級官職名を与えられて、整理・制度化される結末となった。

ところで問題はこれだけにはとどまらない。人事を扱う吏部、民政一般の戸部、儀礼・文部の礼部、軍政の兵部、司法の刑部、土木の工部は、いずれも経書の『周礼《しゅらい》』の制度にもとづく区分である。いったい『周礼』は、儒家の聖人周公旦《しゅうこうたん》が創設した、理想的な行政制度を書き残したという建前になっている。その中には、奏漢以前の古い材料を多数含んではいても、現在のような形の書物にまとめられたのは前漢末、例の王莽《おうもう》の頃だったろうとされる。『周礼』は二七〇余りの官名とその職掌、員数を列記するが、それが天・地・春・夏・秋・冬の六部門に大別されている。六部《りく》の吏・戸・礼・兵・刑・工はこれとパラレルに配置されている。さきに長安都城制のところで、そのプランは誰にでもわかりやすく、かつ反論はしにくいこじつけがあると紹介した。六部の場合でも、皇帝官僚、つまり天の官として人事を扱う吏部、人民の住む地上の民政とかかわる地官の戸部、春は万物の生育する時、つまり人間の教育の時で、従って春官は礼部、暑い熱気の充満する夏は、戦いを連想させるから夏官で兵部、万物凋落の秋は、生命の終末といってよいから処刑の刑部、冬は寒さの厳しい中原では、家で手仕事しかできぬから工作の工部といった具合である。さらにつけ加えると、六部の下の四つずつある二十四の部局は、四季の二十四気節を象徴した数にほかならぬ。それはそれでよいのだが、この六部二十四司という枠組が、この時から清朝に至るまで千数百年にわたり墨守されたところに、大きな問題が潜んでいる。たとえば、アヘン戦争のあと、ヨーロッパ列強との外交接衡が焦眉の急となった時においてさえ、この六部の外に外務省を作らねばならぬという認識は、清朝の政治家にはほとんどなく、それに相当する総理各国事務衙門を作るまで、二十年の曲折を必要としているのである。

三省六部が皇帝政治の発達と深くかかわっていた点は理解していただけたと思うが、それなら、秦漢時代の中央最高官僚だった三公と九卿などはどこに行ってしまったのだろうか。三省の中の主な職名は、いずれも九卿の中の郎中令や少府のある部分が肥大、成長したものであった。しかし残った九卿の大部分も、それ以降の歴代行政機構の中で消えたわけではなく、ただ三省の機能が著しく拡大するにつれて、第二線の行政官庁に後退したにすぎない。三省六部制が確立すると、それらは太常《たいじょう》、光禄《こうろく》、衛尉《えいい》、宗正《そうせい》、太僕《たいぼく》、大理《だいり》、鴻臚《こうろ》、司農《しのう》、太府《たいふ》の九寺として、中央行政の補助機関に位置づけられる。なお大理寺、鴻臚寺など九寺の寺は、本来大きな建物、立派な役所の意味で、後世仏教が渡来してから、大きな建物を作り、それに寺の字が転用されているだけで、本家はこちらである。従って大理寺は高等裁判所、鴻臚寺は外国関係の事務を担当する役所を意味し、お寺とは何の関係もない。博多の鴻臚館が、外国人接待所であるのは、唐の鴻臚寺に由来する名称にほかならない。

　秦漢以来の九卿は、こうして新しい三省六部体制においてリクルートされ、かつての三公もまた、たとえば元総理に与えられるような名誉称号に変ってしまう。こうして、伝統と現状にバランスをとり、そこに『周礼』などの理念を加えて、三省六部制ができあがった。それが長安の都城制と全く同一の精神基盤の上にたつ産物であることは疑うべくもない。そうした歴史的伝統とイデオロギー、建前と現実を一つに合体させた制度の本質を我が国では理解できず、あるいは理解できてもそれを使いこなすわけにゆかず、勢い外面的模倣に走り、次に日本的改変を加えて、本来の中国から遠く離れてしまうのは、むしろ当然の成り行きであろう。

安史の乱と宦官の跋扈

安禄山の乱がおさまったあと、玄宗以下十四人の皇帝が立ち、唐朝は一五〇年近くも生きながらえる。しかし、それら皇帝の大部分、とりわけ後半の八人は、宦官の意のままに操られるロボットと化し、皇帝政治の頂点に立つにふさわしい人物は一人か二人にすぎない。にもかかわらず、中国を含め、その周辺に起こっていた巨大な変動の中で、あたかも台風の目のように、唐王朝が持続するという、おかしな現象がおこる。同じ現象は、少し状態は異なるにせよ、明の嘉靖・万暦にも見られる。安史の乱を避けていた唐王朝は、再び長安に戻ったけれども、それは太宗から玄宗なかばまでとすっかり姿を変える。河北を筆頭に、中原各地では、節度使なる軍閥集団が叢生《そうせい》する。彼らは形の上では唐王朝から任命されるにせよ、多くはその地位を世襲し、異民族の傭兵を抱えこんで、その領域内で勢力を振う。そうなると異民族の侵入はじめ、非常事態が発生しても、すぐには軍隊を動員できにくい。次に玄宗が四川に逃げだしたり、代宗時代チベット族吐蕃《とばん》が長安を陥落させ、皇帝が陝《せん》州に避難したりする際、それを支えるはずの貴族官僚たちは、一向に皇帝のために命を投げ出したりせず、自分たちの安全を第一にはかる。このため、皇帝につき従うものは宦官だけという始末となる。かくして皇帝は、宮城護衛の近衛兵の指揮を、信頼する宦官に委ねざるをえない。宦官というと、何となく軟弱で男性的でないと思いがちだが、唐代の宦官には、監軍といって、節度使や軍隊の目付けに派遣された者も多く、また次の北宋の李憲《りけん》や童貫《どうかん》のように、戦争が大好きな者も混じっていた。安禄山の乱で混乱した中央政府に、まず李輔国《りほこく》・魚朝恩《ぎょちょうおん》らの大物宦官が登場する。彼らは不安定な政治を利用して、前代未聞な宦官の大臣や宦官の大学総長の地位につき、代宗の擁立に力を借す。この中で魚朝恩は、神策軍という軍隊の総司令官にもなる。いくばくかの曲折をへて、八世紀の終り、徳宗の時代に、当時内外で十五万と称された神策軍の指揮権を、宦官に与える制度ができあがってしまう。宦官が宮中や軍隊の一部だけでなく、唐の国政全体を掌中におさめたのは、文宗の太和九年（八三五）に起った甘露《かんろ》の変よりあとのできごとである。何とかして宦官を抑さえつけ、政治をたて直そうと考えた文宗は、必ずしも良い官僚とはいえぬ李訓《りくん》と鄭注《ていちゅう》を参謀にその計略を煉った。たまたま有力宦官王守澄が殺され、その葬儀に宦官全員が集まるのを絶好のチャンスと準備が進められていた。ところが功を鄭注に独占されることを嫌った李訓は、勝手に首都警察庁の石榴《ざくろ》に甘露が降ったといいたて、皇帝に仇士良をはじめとした宦官たちをそこに出向かせ、抜け駈けに一網打尽をはかる。何やら胸騒ぎのした仇士良が、風にあおわれた幔幕の下をみると、武装した兵士がいる。すわ大事と、宦官たちは死にもの狂いで宮中に戻り、神策軍が李訓の兵隊を殲滅《せんめつ》し、ことのついでに事情も知らぬ宰相全員と、李訓、鄭注を殺し、宦官伏滅の計画は水泡に帰す。『唐書』では、最後の皇帝昭宗のところで、この文宗の二代前の穆宗《ぼくそう》以後、八人の皇帝のうち、宦官に擁立された者が七人いたと書き残す。まさに「先生は宦官、生徒は天子」（定策《ていさく》国老、門生天子）の言葉通りとしか言いようがない。余談になるが、この文宗の太和年間という時代は、「牛李の党」と名づけられる官僚間の党争（朋党《ほうとう》）でも知られる。前代に権力の坐にあった宰相李吉甫《りきつほ》の息子李徳裕《りとくゆう》に対し、同じ李姓だが何の関係もない李宗閔《りそうびん》とそれと結んだ牛僧孺《ぎゅうそうじゅ》の両派が、二十年にも及ぶ勢力争いを展開する。前者が伝統的な貴族の流れをひくのに対し、後者は新興の科挙官僚出身者で、こちらは宦官と結びつきが強い。こまかくなるが、牛李の党とは牛僧孺と李宗閔派の称呼で、牛氏と李氏の党争ではない。こうした官僚同士の党争も結局は何の稔りももたらさなかった。ひるがえって見ると、唐末の長安の政情は、後漢の洛陽のビデオを眺めている感がある。無力な皇帝と宦官、それをとりまく口先だけの官僚たち、そのいずれもが目先の権力と利欲のために離合集散し、血を流し合う。その繰り返しの間に、皇帝政治は社会や民衆から完全に遊離し、宦官が抹殺された時点で王朝も運命をともにする。二帝、一妃、四宰相を殺し、貪酷《どんこく》二十年に及んだ宦官仇士良は、部下に次のような皇帝操縦《そうじゅう》法を教えている。「天子は閑暇《ひま》にしてはいけない、暇《ひま》ができると書物を読み、儒臣と会う。さすれば諫言を聞き、知慮深謀となる。それだけ遊興の趣味が減り、我々への思し召しがなくなり、利権が消える」。

皇帝は贅沢の中に囲みこみ、狩猟に熱中させ、ポロや女性でまるめ、いつも豪奢で息つく暇もなくすれば、必ず経学に手を出さず、外部の事に闇くなる。すべての手だては我々の手中にあり、皇帝の恩沢と権力はほかにゆくところがない。

第六章　宋――君主独裁制の成立

新しい時代宋へ

最初に述べたように、大まかに中国の王朝の数を三十としよう。二千年の皇帝政治を半分に割り、九六〇年の宋の成立からあとは、宋・元・明・清の四つ、遼と金を加えても六つにすぎないのに対し、それ以前は、同じ千年少しで四倍近くに達する。人生五十年として、一つの王朝は、たとえ二、三百年続くかに見えても、実際にはその盛期は人間の倍の百年がせいぜいである。ということは、漢と唐を例外として、九六〇年までの中国王朝は、その一つが平均年齢にも及ばぬ短い生命だったと言えよう。ところが宋代以後は、元朝の九十八年のほかは、多くが数百年の寿命を保つ。十世紀を境にして、なぜこのような変化が起こったのか。いまではその特色がすっかり薄れてしまったが、一九六〇年代ごろまでは、日本の中国研究に「京都学派」

と呼ばれる学統があった。歴史の分野でいうと、この京都学派の始祖は内藤虎次郎《ないとうとらじろう》（湖南）であり、それを継承発展させたのが、わが先師宮崎市定ということになろう。内藤は大正十一年（一九二二）、唐と宋の間に、中世から近世への一大転換期のあることを主張した。ここで皇帝政治についてあらまし次のような、重要な発言をしている。「唐代までの政治の担い手だった貴族たちは、唐末から五代に衰退し、これに代って君主独裁政治が出現する。たとえてみれば、貴族全体の帽子にすぎなかった皇帝が、人民と接近し、君主を助ける官僚たちとて、家柄などの特権を失い、天子の権限で任命されるように変る。この君主独裁制は宋以後次第に発達し、明清時代にはその完全な形式を作ることになる。皇帝一人だけが権力の根本を保有し、いかなる大官にもその全権を委譲せず、従って官吏たちは、その職務に対して完全な責任を負わず、君主だけがそれを負担するにいたった」。

すでに繰返した通り、皇帝政治といっても、唐までは、皇帝の地位は決して安定してはおらず、油断すれば親縁や宦官たちによって弑逆《しぎゃく》・廃立の憂目《うきめ》にあう。ところが宋代以後になると、モンゴル族王朝の元を例外として、皇帝の座は安定するとともに、皇帝自身も、暗愚凡庸な人物では勤まらなくなるような激務を強いられる。ここに至って、中国の皇帝政治は次の階梯《かいてい》に力強い一歩をふみ出すことになる。ことわるまでもなく、このような変化は、社会全体の革命とも呼ぶべき巨大な動きを背景にした氷山の一角にすぎない。またそうした動きの底には、古代以来の漢民族と、中世以降の異民族の葛藤の一つの決算という問題も横たわっている。日本の中国史研究者の間では、「唐宋の変革」という呪文に置きかえられている、唐から宋への革命ともいうべき流れは、七五五年の安禄山《あんろくざん》の乱で口火が切られ、九六〇年の趙匡胤《ちょうきょういん》による宋王朝創業まで、二百年の長きに及ぶ。この間、新しい君主独裁制の出現と深くかかわる事柄を、政治の側面に限定して簡単に触れておきたい。

まず第一は、広大な土地、多くの農民たちを自己の領内に持ち、その武力、経済力によって中央・地方の高位・官職を世襲してきた貴族階級が、それこそ物理的にいなくなってしまうことが挙げられる。一九七〇年、唐都長安の中心地に近い興化坊《こうかぼう》にあった王室の一員李守礼《りしゅれい》の屋敷跡と推定される地中から、二七〇点の金銀器がぎっしりとつまった、二つ瓶《かめ》が発見された。安禄山の乱を避け、長安から逃げ出すため、貴重品を大急ぎで地中に埋めた。しかし、その場所を知る者は、一人として再び長安に戻れなかった例証とできよう。ここで想像される、富豪や有力者の皆殺し、彼らの土地や財産の散逸は、八世紀なかば以後は、とりたてて珍しくなくなる。このような事態は、長い歳月にわたり波状的に繰り返される。安禄山の乱を平定した軍隊は、その中にウィグル族をはじめとしたトルコ系民族、あるいはチベット系民族中心の傭兵を主としていた。彼らは別に正義や愛国のために戦うわけではない。勝利をおさめて城市を占領すると、大規模な殺戮と掠奪は当然の恩賞と心得、それが目的で命を的に戦うにすぎない。

時代が九世紀に入り、唐王朝の支配体制が目に見えて微弱になると、重税や徴兵をはじめとした上からの抑圧、直接にはその手先である地主や地方役人たちの収奪に苦しめられ続けている農民たちが、追いつめられてその怒りを爆発させる。九世紀の七〇年代なかばから十年に及ぶ黄巣《こうそう》の乱は、その最大の事件だった。没落農民、逃亡兵士、無頼・浮浪者など、あらゆる下層貧民を、知識人の不満分子、塩の闇商人を中心とした秘密結社の連中などが組織した、かつてないほど大規模な反体制民衆暴動は、華北の節度使＝藩鎮《はんちん》の支配領域から離れた華中から華南の一帯を、水すましさながらに移動して荒らしまわった。一旦は広東まで南下し、アラビア、ペルシャなどの居留民区をも掠奪したあと、再び北上した黄巣は、八八〇年に長安を陥《おとしい》れて、みずから中原王朝の皇帝たらんとした。しかし、流動する間は猛威を振っても、停止して統治の立場に身を置くと話は異なり、このあと僅か四年で、さしもの大乱も漸く終熄《しゅうそく》する。それと並行して、唐帝国も末期《まつご》を迎え、古い社会の大掃除は、ほとんど中国全土にわたって行われたことになる。

これより先、安禄山の乱以後、黄河中流の以北の中原では、数州の単位で、民政や軍事などの全体を握った武人の節度使たちが、あたかも独立国のごとく振舞っていた。個々の節度使は形の上では唐王朝に従属し、事実長安の動向に神経を使うものの、唐帝国の中で一種の治外法権を形成していたことも間違いない。この節度使、とくに河北や山西のそれは、時に応じて北

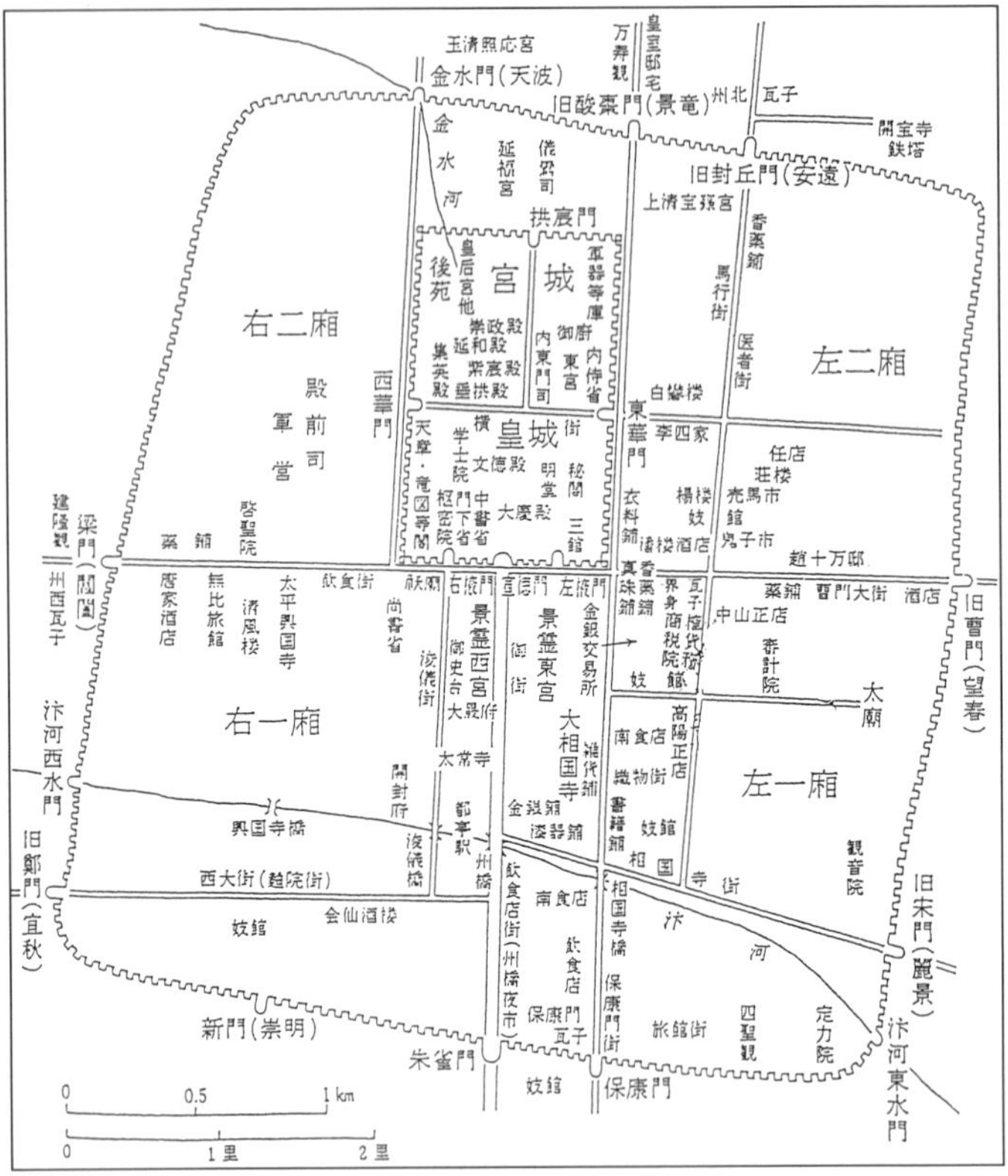

開封の内城と宮城

方の異民族とも関係を持ち、当時の政治状勢を複雑にしてゆく。ここで、五胡以来の非漢民族政権の最後の情況とからめて、唐末・五代初めの華北の有様を一瞥しておきたい。唐中期、傭兵として内地に居住したウィグル族や、西南から侵攻して来たチベット族などは、ひとまず遠くに去り、特にモンゴル高原からは強力な異民族が消える。その間隙を縫って、西突厥の別部といわれ、漠北沙陀磧《さだせき》を根拠地に、沙陀突厥《さだとつけつ》と呼ばれる部族が南下してくる。彼らは、八世紀末、黄巣《こうそう》に先だつ反体制運動の一つ龐勛《ほうくん》の乱に、唐を助ける外人部隊として活躍し、その族長朱邪赤心《しゅじゃせきしん》は唐の李姓を貰った。彼は山西省大同の節度使の任につき、息子の李克用《りこくよう》は黄巣討伐に功をたて、五代の後唐王朝の始祖に成長してゆく。北魏のところでも述べたように、山西省の北部の大同一帯は、とくに異民族が中国化する時に重要な役割を果す場所であり、従ってまた各種部族たちの混淆《こんこう》するところでもあった。唐末には、トルコ系の沙陀、北から次第に勢力を浸透させはじめたキタイ(契丹)、それに一旦西方に安住の地を求めながら、時代の変化で、タングート族などの圧力を受け、再び山西の長城線附近に押戻されてきた河西《かせい》地方の諸部族が、お互いにしのぎを削る場所にかわっていた。この中から沙陀族が頭角をあらわし、もと黄巣の部下だった朱全忠の後梁を滅して、後唐王朝を樹立する。しかし、異民族的色彩を強く残したこの王朝は、その支配を円滑に運ぶことができず、自分たちに従って中国に入って来た石姓を持つ石敬瑭《とうせきけい》に国を乗取られてしまう。後唐明宗《めいそう》の娘をもらう一方で、新興契丹の二代皇帝耶律徳光《やりつとくこう》と結んだ石敬瑭は、契丹の軍事援助と引換えに、山西と河北北部にまたがるいわゆる「燕雲《えんうん》十六州」を割譲してしまった。これが次の北宋時代、北方領土紛争の原因となる。このあと河北に侵入してきた耶律徳光は、「中国人とはかくも治めにくい奴らか」と言い残して北に引揚げ、以後二度と侵攻をはからなかった。石敬瑭の後晋《こうしん》をついで、これまた沙陀出身ながら中国姓の劉を名乗る劉知遠《りゅうちえん》の後漢《こうかん》王朝が誕生する。後漢が僅か四年で、部下の将軍郭威《かくい》にとって代られた時点で、さしもに長かった第一次の非漢民族による中国支配がひとまず終焉を迎え、次の契丹以後の第二次非漢民族皇帝政治の時代を迎える。

いまひとつ、宋の全国統一を促した、中国内部での要因がある。すでに唐代、江蘇省南部、浙江《せっこう》省北部に、安徽《あんき》・江西を加えた、当時の用語でいう「江南」「東南」地方の経済的発達は目ざましかった。陝西《せんせい》盆地の一地方政権になり下った唐王朝が、長い生命を維持できたのは、大運河のパイプを死守し、江南の富を吸収できたからにほかならぬ。唐が滅亡し、中原では五つの、異民族や軍人節度使の王朝が目まぐるしく交替する間、江南や四川など、その他の中国各地は意外に平穏で、次の時代に向かう着実な足取りを開始していた。

これらの地域に、それぞれの歴史・

南唐の人韓熙載の夜宴図

地理的な背景を伴いつつ独立政権が誕生すると、彼らは争いよりも、むしろ領域内の開発をより積極的に推進する。その結果、米穀はいうまでもなく、揚州の塩、江蘇や蜀の絹織物、あるいは茶などが、商品生産物として大量に出現してくる。五代五十年の間に、これら商品は戦乱の続く中原をも圏内にいれ、全国的にその通商圏を拡大しつつあった。四方の十字路に位置する湖北省の江陵《こうりょう》に、荊南《けいなん》（南平《なんぺい》）なる独立小国が、商業仲継地たる役割を果すため成立したことからもそれが窺える。特に唐代の文化を温存継承した、揚州と金陵（南京）を根拠地とする南唐、四川成都の後蜀《こうしょく》などでは、次の時代に直接繋るさまざまな芽が、着実に育《はぐ》くまれていた。商品が全国的に流通し始めると、各国で通貨の相違、国境での関税徴収などが煩わしくなる。商人ばかりでなく、商品の生産者たちの間にも、全国統一への希望が高まる。まして安禄山の乱からすでに二百年、戦乱と掠奪破壊、節度使の武人支配に厭《あ》き厭《あ》きしてきた民衆は、新しい時代の到来を待ち望む。こうした客観的条件のところへ、タイミングを合わせたように、皇帝政治再生にふさわしい、何人かの優れた人物があらわれる。

軍隊の改革

後周《こうしゅう》の世宗柴栄《せいそうさいえい》、宋の太祖趙匡胤《ちょうきょういん》、その弟太宗趙匡義《ちょうきょうぎ》がそれで、最近の日本の一般書では、三人はしばしば信長、秀吉、家康に比定される。太祖が秀吉というわけにもゆくまいが、開拓者、地均《じならし》人、完成者の分担をあてはめるならば、いずこの世界にも見られるパターンであろう。全国統一を夢見た世宗柴栄は、雄図を抱き、決断力に秀で、積極的行動に邁進する英傑だった。免税の特権を持つ寺院を打壊《うちこわ》し、金銅製の仏像や荘厳《しょうごん》を武器や貨幣に改鋳する行為は、なるほど信長の性格を思わせる。しかし何よりも彼の功績として指を折るべきは、兵制改革、国都建設、そして南唐征伐であろう。

唐のなかば以後の軍隊は、傭兵というと聞こえはよいが、まともな生産から逃げだし、戦争を喰い物に生きている連中で、異民族が数多く含まれる。唐代の異民族のなれの果てが、沙陀《しゃだ》突厥《とっけつ》の後唐から後漢の軍隊だが、それとて戦闘力を喪失し、おまけに節度使や王朝が交代しても、彼らは老兵無力化しつつ、同じ軍隊にとどまる。彼らは契丹など新興異民族に太刀うちできるどころか、国内の紛争にもほとんど役立たない。それでいて数だけは多く、出費はかさみ、待遇や恩賞に絶えず不満を鳴らす。その改革は誰でも考えるが、いざ実行となるとできるものではない。柴栄は、契丹と対峙《たいじ》した高平《こうへい》の戦を機に、劣悪な幹部五十人を斬って軍規を粛清し、兵員を皇帝直衛の禁軍《きんぐん》と、のち宋代に廂軍《しょうぐん》と通称される非実戦部隊の二つに分けた。ことはうまく運び、いご勝利のたびに相手の優秀な兵士を禁軍に加え、間もなく皇帝直属軍以外は、すっかり弱体化してしまう。

唐までの約一千年、国都は長安か洛陽にきまっていた。しかし、漢民族が諸民族を吸収拡大した十世紀ともなると、この二都はいずれも西に偏《かたよ》り、おまけに江南を始めとした各地の経済力を効果的に利用し難《にく》くなる。すでに五代の後梁、後晋、後漢は、いずれも大運河に沿い、四方への交通にも便利な、河南省北東部の汴京《べんきょう》（開封《かいほう》）に都をさだめていた。柴栄はそれを拡張し、みずからの統一帝国の中心とする計画をたてた。国都は函谷《かんこく》関の要害と関中《かんちゅう》盆地の経済に頼るのではなく、皇帝直衛軍で守り、全中国の経済でまかなわれるべきだとする発想の転換が採用された。このような発想は、たとえ開封は、北の異民族からの攻撃で崩壊したにせよ、このあと一千年の皇帝政治で、逃亡など一時的な例外を除き、長安や洛陽が二度と国都にされなかった事実からみても、正しかったと評価できる。

柴栄は全国制覇の第一歩として、十国最強の南唐に戦をいどみ、揚子江以北の獲得に成功する。揚州周辺の塩の大産地を失った南唐は一挙に三流国になり下がる。余談ながら柴栄は強い方から攻撃し、趙匡胤は弱いものから征圧してゆく。そうしたところにも二人の性格を覗《のぞ》きみることができよう。天は英雄に齢《よわい》を貸さず、南唐征討から一転して北の強敵契丹に鉾《ほこ》先を転じた柴栄は、三十九歳の若さで急逝し、人々は仏教弾圧の祟《たた》りだなどと噂し合った。彼の衣鉢《いはつ》は禁軍総司令官だった忠実な部下趙匡胤の手に委《ゆだ》ねられる。

これまでの記述からも気づかれるように、漢や唐、宋の各王朝の前には、その露払いとして、新しい試み、荒療治をやってくれる秦、隋、後周など短命の王朝が存在する。それらはいずれも、成果を次の長く続く王朝に独り占めにされ、自身はむしろ悪く言われる損な役回りとなる。しかし、秦の皇帝政治や郡県制、隋の大運河開鑿《かいさく》、後周の兵制改革などをはじめ、次の時代の本質ともかかわる重要な仕事は、みなそうした短命王朝が道をつけておいたことを忘れてはならない。

棚からボタ餅式に転がりこんできた皇帝の位につくと、趙匡胤はみずからはほとんどアイディアを出さず、すぐれた秘書官ともいうべき宰相趙普《ちょうふ》によりかかり、世宗の敷いてくれたレールの上を、忠実に前進していった。やたらに改革や新政を振り回わさなかった太祖十五年の治世の間に、四川や揚子江以南の独立政権は宋の領域に組みこまれ、長い分裂の乱世に漸く終止符が打たれた。さきに述べたように、二百年の争乱をへた宋初には、何よりも「武」への嫌《けん》悪《お》感が、社会の根底に彌漫《びまん》していた。その結果として、武官や武人の地位は相対的に低下し、武力の根源をなす軍隊には、すべて皇帝の命令によってのみ動くように、さまざまな装置がつけ加えられる。それとともに、長い社会変革期のあと、漸く皇帝一人だけが抜け出し、それと対抗しつつ、折あらば蹴落とそうと考えるような連中が、すべて姿を消してしまった。宰相であれ軍隊の総司令官であれ、クーデターを起してみずから帝位を手にしようと考えるような情況は、時代の要求にそぐわぬものとなった。この新しい形の皇帝を倒す者は、少なくともこののち一千年は、異民族の首長以外は出現しなくなる。

趙匡胤はじめ、新生宋王朝の指導者たちが、成り行きにまかせて、晏然《あんぜん》としていたわけではない。再び軍制改革を例にとろう。何十万という非生産的な軍隊を、実践部隊の禁軍と労働集団の廂軍《しょうぐん》に区分し、前者は国都と西や北の国境に、後者は全国各地の府州に駐屯させる。さらに軍政を統轄する新しい最高機関の枢密院《すうみついん》を創設し、文官を任用して発兵権や人事権を握らせる。それとともに地方の実践部隊の将軍や指揮官たちは、指揮権を持つだけに限定される。いったい唐までは、文と武は車の両輪にたとえられてきた。匈奴征伐の漢代の将軍はじめ、曹操、劉備、あるいは唐代の顔真卿《がんしんけい》たちは、いずれも文武兼備の英傑だった。ところが、宋代以後は、中国の歴史の中で、名将、武将を探そうとするとかなり苦労する。強いてあげれば、南宋はじめ金との和議に反対し、秦檜《しんかい》に殺された岳飛《がくひ》くらいであるが、その彼とて武から文に同化しようとする志向が強い。「あいつは武官だからダメだ」というせりふは、宋以後の文人士大夫の書く文章には、日常茶飯に目につく。こうした実際とは裏腹に、建前としては文と武は常に並立するから、ことが面倒になる。五代までの武を中心にした官職とかかわる諸制度を整理した宋では、文官の位階、すなわち宮中序列や俸給ランクと並列して、武官の位階を設けた。ところが武階と呼ばれる武の位階を貰う人間は必ずしも軍人ではなく、むしろ科挙出身者以外の文官官員がずっと多い。前代までの武を全面的に否定するのではなく、位階という制度を利用して急激なショックを避けて軟着陸させ、あわせて文官の中でも、次に述べる科挙出身者とそうでない者を巧妙に区分する工夫がそこに見てとれる。皇帝政治の官僚機構は、宋に至って格段にキメがこまかくなってきていると言えるだろう。

北方民族の立場から作られた唐代の府兵《ふへい》制つまり疑似国民皆兵制は、安禄山の乱以後は綺麗サッパリなくなり、兵隊は異民族の助っ人《と》か、社会のはみ出し者と相場がきまる。宋の新しい皇帝政治といっても、全人口の九割を占める農民の安寧を達成していたわけではないから、農民社会から異分子がはみ出るのにはこと欠かない。秘密結社とならび、軍隊はその一つの安全弁ともいえる。横道にそれるが、旧中国の軍隊という時、我々は近代ヨーロッパの国民軍を念頭においてはならない。一九二七年秋、毛沢東は、湖南省と江西省境界の井崗山《せいこうざん》に最初の革命根拠地を作るが、その直前に有名な「三大規律・六項注意」の指令を出す。このなかの六項は、のち八項となり、また内容も時に応じて変動はあるが、要は、「指揮に従う、農民の物はとらない、「金持ちから取り上げた物は公に」という禁令に始まり、「売買は公正に、借りた物は返す、壊したら弁償する」など、あえて言えば当り前すぎる事項でうずめられている。宋代から清朝をへて民国の軍閥時代まで、旧中国の軍隊は、すべて「三大規律・六項注意」の逆を日常的な行為としていたと思ってよいだろう。「良い鉄は釘にしない、良い人間は兵隊にならない」、それが十世紀以後、皇帝政治下の軍隊の本質を雄弁に語っている。

科挙の確立

太祖を継いだ弟太宗の事蹟は、兄を弑殺《しさつ》したとの嫌疑も手伝い、あまり表だってとりあげられないため、一般には知られていない。しかし、宋から清まで、一千年に及ぶ君主独裁政治の基礎となる、幾つかの制度を創始あるいはかためた点で、彼を忘れることはできない。その最たるものが、科挙《かきょ》制度の確立にほかならぬ。教科書的知識では、科挙は宋から四百年近く遡《さかのぼ》った隋代に創始されたと言われる。当時貴族たちに掣肘《せいちゅう》されがちだった皇帝は、直属の臣下を得る方法の一つとして、試験で在野の秀才を登用しようとした。だが自分たちの既得権を侵害されかねないこの制度を、貴族たちは歓迎しなかった。続く唐代でも、則天武后はその有効利用を考えたようだが、全体としてみれば、科挙出身者の官界での地位は低く、科挙の試行錯誤の時代が続いた。ここでも官

宋の太宗　趙匡義

界に大きな影響力を持っていた貴族階級の消滅という現象が関係してくる。貴族没落と並行して、節度使割拠体制の中にあっても、その行政事務の必要上、唐中期から五代、細々と実施された科挙の出身者が、軍人政権のポストに採用されることはあった。しかし、宋が成立した段階では、武人集団はさておき、旧貴族の末裔、中小地主、農民、商工業者などが、分散無秩序にばらまかれ、それを新しい皇帝が、どのように統合して政治を行うかが焦眉《しょうび》の急となる。この時、民政面で大きな助けとなったのは、五代地方政権の、南唐、呉越などの出身官僚たちだったと想定される。彼らの援助を得て、科挙は、皇帝と新しい官僚を生み出す最も重要な媒体として、その生命を改めてふきこまれることになる。

太祖即位の翌年から、十人前後の少数で、また実施地方も限られていたが、科挙は毎年のように行なわれ、その合計は十七年で一七一人を数える。それが二代目の太宗時代に入ると回数こそ八回に減るが、総計で一一七二人、一回平均一五〇人と著しく増加する。科挙は科目選挙の略だが、その名の通り、隋唐時代には幾つかの科目が設けられてた。それが宋代になると、進士《しんし》科が中心になり、その下に、主として地方官任用を目的とした明経《めいけい》科などの諸科《しょか》が加わる形に変る。ちなみに太宗時代の諸科合格者は総計三千人にも達する。それが北宋なかばを過ぎると、諸科がなくなり、科挙は進士科一本に絞られるとともに、三年おきに一度の実施、地方と中央の試験、出題や採点方法などが驚くほど詳密に整備され、清末の光緒《こうちょ》三十一年（一九〇五）まで、その大綱が忠実に踏襲される。また、宋に入ると、科挙進士科の最終段階で、皇帝みずからが試験官となる筆記試験の殿試《でんし》がつけ加えられる。間もなく殿試には落第者がなくなるから、どうでもよいように思われがちだが、皇帝が試験官であることは、とりもなおさず受験生がすべての皇帝の弟子となることを意味する。宋代以後の君主独裁制の下では、すべての進士出身の高級官僚は、天子の弟子という意識を持つ必要があり、それがまた皇帝政治に無言の重みを加えた。かくして進士科に合格した者は、何より貴重な「進士」の称号を手にすると同時に、近い将来官員となりうる資格を与えられる。宋初のようにポストが空いていた時期には、進士はただちに下級官職が貰えるケースもあった。また三―五百人の進士合格者の上位数人がその恩典に浴する場合も稀ではないが、普通には別に人事院で実施される任用試験をうけてから、職務がふりあてられる。宋代以後の皇帝政治の手足と

宋以後の士大夫の姿

なって働く官僚について、なお幾つか知っておかねばならぬ事柄が残っている。

元代を例外として、宋から清までの中国では、進士の肩書を持っていないと、官界の指導的地位につけず、従ってまた権力、名誉、富を手にすることができなかった。「官」という範疇《はんちゅう》の、国民の税金で養われるいまの国家公務員の数は、たとえば宋代、文武合わせて三万から五万と意外に少い。このうち、科挙出身者は半分にも達しないが、彼らこそが「士大夫《したいふ》」あるいは「読書人《どくしょじん》」と呼ばれ、支配階級の最高峰に立つ知識人層を形成する。別の言葉を使えば、進士でなければ、宋以後の中国では、完全な人間として遇されないというわけである。ところが、この進士出身の官僚の地位は、本人一代限りで、世襲などは認められない。いかに父親が優れた宰相や大臣であっても、その子弟は直接には父祖のポストを継承できない。むろん恩蔭《おんいん》といって、一定ランク以上の高級官僚には、子弟や血縁者に位階や下級官職を与える制度がある。だが、恩蔭によって官位を手にしても、改めて試験をうけ、進士の称号を獲得しない限りは、高位高官にのぼり、富と名誉に囲まれることはできない。すでに宋代、科挙の門は広く開かれ、ほとんど誰でも受験が可能だった。ただ進士の称号を得るまでには、気の遠くなるような、受験勉強の時間が不可欠である。その間、家庭教師をはじめ、莫大な費用の経済的裏づけも必要で、そうなると有力者の子弟が断然有利になるのは間違いない。しかし広い中国のこと、市民や農民の中からでも、神童、天才が出ないとは限らない。そうした金の卵を予感させる少年たちに対しては、郷里の富豪や都市の商人たちが、先物買いの投資をすることも稀ではない。清朝に例をとれば、科挙の勉強は、陞官発財《しょうかんはつざい》つまり官員になり金儲けをするためだった。あるいは「三年清《せい》知府、十万雪花《せっか》銀」、一任期（三年）やれば、清廉な知事でも、千両箱に銀がザクザクという有様では、金の卵への投資も十分採算がとれよう。

次に、では科挙合格のために何を勉強するのかという問題がある。試験の中心は、すでに漢代で詳説した儒教イデオロギーのテクスト、宋にくだると十三種類に増えた「経書」におかれる。その中のおもなものだけで合計四十三万字、一日二百字ずつ覚えられるよほどの秀才でも六年、普通の秀才は百字として、それだけで十二、三年がとんでしまう。そうした経書の暗記はいわば最低の基礎条件で、その上にたって、経書から出題される質問に正確に答え、経書を下敷きにした文章や詩を作り、関連する『史記』などの歴史書も覚えておかねばならぬ。それやこれやを合わせてると、三、四歳から勉強を始め、とびきりの秀才でも、進士合格の年令は十九か二十歳、普通は三年一回の中央試験を四浪か五浪の揚句《あげく》、三十過ぎで栄冠を手にすれば上等ということになる。この科挙受験は、戦後日本の受験戦争とは次元の違う、人間のある種の能力の限界に迫る凄惨《せいさん》な戦いといえる。何万人に一人という激戦を本当に実力で勝ち抜き、進士となった人間に対しては、誰もがある程度の評価を与えぬわけにはいかない。それはお前もやってみろと言われて、おいそれとできるものではないからである。そこに科挙を通った士大夫官僚の、何にも勝るステイタスが存し、皇帝の手足となる価値の保証が裏書きされる。それに劣らぬ重要な事柄は、科挙の試験問題のすべてが、何らかの形で、儒教イデオロギー、特に経書と結びついて出題されている点であろう。科挙受験の前提として経書を置くことは、七世紀なかば、唐の太宗の時代、孔穎達《くようだつ》が『五経正義《ごきょうせいぎ》』を完成し、その解釈を統一した時点で不動のものとなった。ただ南宋に至ると、『五経正義』のいわば古い解釈は、朱子学にもとづく新しい解釈で補訂され、試験はそちらをテクストとして実施される。いずれにせよ、四書五経を中核とした経書の丸暗記が必須《ひっす》とあっては、厖大な量の経書が、常に正確に支配階級の頭脳にイン・プットされ、そのイデオロギーが幼児体験的に文武官僚に染みこんでしまうことになる。皇帝とてその例外ではなく、日課に組みこまれた御進講によって半強制的に経書の勉強をさせられる有様は少し滑稽でもある。こうした環境では、たとえばヨーロッパ風の自然科学の勉強とか、暗記を拒否した思唯の構築の入る余地などは、稀に現れる特種な人物を除き、極端に小さくならざるをえない。宋以後の科挙のための経書の勉強は、朱子学の体系、その宇宙感を無意識のうちにとりいれ、思考面における中華至上主義の枠組みを補強、再生産してゆくことに連る。かくして、宋の新しい皇帝政治、君主独裁制は、前代とは格段に広がった平面の上に立って新しい展開をはじめる。

宋の君主独裁制度

宋代の君主独裁制を支える機構を、ここでも概観しておきたい。「唐宋の変革」と呼びならわす長い変革期が終った宋代の官制は、唐の三省六部制と違い、まず現実のみを優先させ、建前は建前で別に残す方法をとる。唐代、貴族の牙城として、皇帝を掣肘してきた門下省が消滅すると、代って、皇帝と宰相たちの立法や政策に対し意見を具申する一種の審議機関として、御史台と諫官《かんかん》、まとめて台諫《だいかん》と呼ばれる集団が登場する。台諫官には科挙官僚の若い優秀分子が登用され、国会審議さながらに、自己の才能と将来性をアピールする機会が与えられる。さきに軍政の最高機関として枢密院《すうみついん》にふれたが、唐なかば以後、急速に肥大し、宋に入ってますますその重要性を増した、財政・経済関係の専門官署としてあらたに三司《さんし》があらわれる。三司とは直接両税や戸籍を扱う戸部、専売や商業税などの塩鉄、経済企画庁ともいうべき度支《たくし》の三つで、本来は六部の戸部《こぶ》が担当する職務である。しかし、北宋の現実では、戸部だけでそれをまかないきれず、六部の中の兵部、工部、補助機関である九寺の多くを合体し、中書、枢密とならぶ巨大な組織になってしまう。

地方に眼を転じると、唐代では「道《どう》」といっていた、現在の「省《しょう》」にもあたる大区画が「路」と名付けられ、最も多い時で二十四の路が出現する。変わっているのは、各路には、民政（転運使《てんうんし》）、法務（提点刑獄《ていてんけいごく》）、軍政（経略《けいりゃく》・安撫使《あんぶし》）、財務（提挙常平《ていきょじょうへい》）など、数人ずつの監査官が配置され、管下の州県を巡察し、地方と中央を結ぶ役割を受持たされた制度である。ここでわざとあげた、奇妙な官職名は、いずれも唐から宋にできた、伝統とは切り離された名称で、そのことが象徴しているように、それは新しい君主独裁制が、その政治をよりきめこまかく地方に浸透させ、また地方の状況を的確に把握しようとする意図のあらわれであった。このように、最初は中央から監督官を派遣する区分として使われた路は、次の元代に別の方向に内容を変え、その監督官だけが、明清時代に布政使、按察使と衣替えする。そして元代から、地方の大行政区画として行省（省）があらわれ、やがて宋代の路はこの省に発展的に吸収される順序となる。

漢の武帝後半に始まる、州―郡―県の地方統治網は、四世紀の異民族侵入以後、紆余曲折《うよきょくせつ》をかさね、唐代に至ると郡の名が消え、州―県の上下関係となり、州のうち重要なものを府と称することで落着く。ところが、唐のなかば以後、各地に叢生《そうせい》した節度使は、腹心の部下たちを領域内の州県官のポストと並行する職務に、自分たちの部下を勝手に充てたから、それが唐王朝の州県制度と重複してくる。そうしたいわば二重体制は、宋に入って当然一本化されるが、その中味は節度使たちが新設した部分も巧みにとりこみ、発達させた跡が目につく。いったい唐までは、州の長官は刺史《しし》、郡は太守《たいしゅ》、県は県令と相場がきまっていた。例の『三国志演義』でも、この官職名は絶えず現れる。ところが宋代以後は、州の長官は知某々州事、県は知某々

宋代の官員　馮平像

県事と呼び名がかわる。それを略したものが我々にも身近な知事であることは自明であろう。この「知」の一字は、唐代では、刺史や県令が欠員の時、代理に事務を取扱う意味であった。ところが宋代では、皇帝に代って地方の行政を「しろしめす」意味が表にでて、それが定着してしまう。君主独裁制の新しい試みは、この知事周辺にも及ぶ。

地方の府州では、知事とならび通判《つうはん》なるポストが新設される。通判とは、公文書に連名で署名押印するのが原義だが、府州の行政に知府、知州と一緒に責任を負わされるところから、副知事に当ると説明される。少くとも北宋前半は、通判は知事のお目付け役の性格が濃厚で、新しい皇帝政治実施の際、地方長官の権力集中を防ごうとする意図は明らかだった。北宋の文豪欧陽脩《おうようしゅう》が、「蟹がうまくて、通判のいない州の知事になりたい」

と言ったのは、その間の事情を物語る。知事と通判は、上下の直属関係にはなく、役所も別々に構え、位階は知事が上位ながら、半馬身さがって通判が並走しているとでもいえばよかろう。しかし、社会の進展、複雑化につれて、こうした宋初の基本姿勢も変化を余儀なくさせられる。たとえばある決裁の最終責任を問う時、知事と通判のどちらにするかといったトラブルは絶え間なく起るだろう。そうなると、本来は上下に系列化されていなかった職制に手が加えられ、知事—通判の順位に変わってゆく。

次に宋代の地方官の数量と性格にうつる。宋代の府州をかりに二五〇、県を一二〇〇としよう。府・州・県には重要度、繁閑《はんかん》などに従って等級がつけられ、それに応じて官員が割りふられる。大まかに言って「官員」の数は、県で平均五人、府州で十—二十人と、おおかたが想像されるより遥かに少いであろう。そのポストに、文官なら中央の中書と吏部、武官なら枢密院と吏部、いわば人事院から官員が任命されてくる。州県官と総称されるこれら地方官の任期は、普通は三年（二十七ヶ月）で、彼らはいまの転任と同様に、広い中国のあちこちをめぐり歩く。旧中国では「官員」の絶対数が少く、皇帝の権威をかさに、ポストに伴う権力と利益を駆使して蓄財に励む連中が普通である。もし彼らが故郷で職につくと、親族や縁者と一緒になり、弊害に輪をかけやすい。このため、本籍地では官員になれない本籍回避《ほんせきかいひ》の制度が、後世になるほど厳重になってゆく。科挙に合格した新進士たちは、吏部の任用試験をへて、県を振り出しに、三任十年ほどは、地方まわりの実地経験を積む。そこで見所ありとされ、あるいは縁故関係に恵まれれば、一旦中央に呼び戻され、都の空気を吸ったあと、こんどは地方でも府州などを中心に、出世の階段をのぼりつつ、官僚社会の一員に生長する。他方、さきにも触れた恩蔭《おんいん》などで任官した者は、文人科挙官僚の列には加えられず、「武官」の位階を与えられ、一生を州県の属官として送ることになる。

胥吏の活躍

さて、科挙官僚たちは、溢《あふ》れんばかりの古典の教養を身につけた、人文的知識の権化《ごんげ》である。しかし、彼らが、現実の政治にあたって、その教養を直接役に立てられるわけではない。二十年から三十年に及ぶ、超人的な受験勉強に耐えたこととて、彼らの中から優れた政治家が生まれることも歴代稀ではない。しかし、その大部分は、官員のポストを手にした途端、これまでの出資を取り戻すべく、蓄財と栄耀栄華、この世の悦楽と、一族の繁栄のため専心する。それなら皇帝政治の実務は誰が担《にな》うのか。ここで君主独裁制の蔭の立《たて》役者として胥吏《しょり》の出番となる。宮崎市定先師は「中国近世の皇帝政治は、胥吏のことがわかっていないと正しく理解できぬ」と繰返しておられた。ところが胥吏の詳細を知るのはなかなか厄介な仕事なのである。こころみに質問しよう。普通の日本人で「胥吏」の二字の読み方と意味がわかっている人がどれくらいいるだろうか。中国の皇帝政治に不可欠の、「宦官」と「胥吏」は、二つながら、幸いにも日本とは縁のない存在だった。それほど重要な胥吏とて、宦官ほどではないにせよ、常に日蔭者の立場に甘んじなければならなかった。古くは刀筆《とうひつ》の吏という言葉があり、そこに胥吏が含まれるけれども、漢代では、その中から大臣クラスの大物が生まれることも珍しくなかった。ところが隋唐以後、行政の複雑化、社会階層の細分化と並行して、「官」と「吏」の溝はひろがる一方で、宋に至ると両者の差異は決定的となる。宋代以降、士大夫が書き残した文献史料には、悪業以外に胥吏についての記述が極端に少いのもその一例にあげられよう。宋代からあとは、士大夫たちにとって、胥吏の問題に触れることは一種のタブーになる。このため、ある人物の伝記で、父祖が胥吏だったなどといった話しは、宋初を除き、まず出てこない。文字に残っていないのと反比例して、胥吏の占める役割、その重要度は増加の一途を辿るから、ことが面倒になる。

胥吏の胥《しょ》の字は、例の『周礼《しゅらい》』では庶民が徭役として、官の仕事を手伝う意味に使われている。それに下級役《やく》人を意味する吏の字がつけられ、胥吏、吏胥さらには人吏、書吏など多数の熟語ができる。その最も大きな特長は、官とは次元と系列を異にした存在という原則であろう。具体的にいうと、とくに宋代以後、胥吏は、中央地方を問わず、あらゆる官署の現場業務のすべてを担当し、その仕事に応じて千差万別の種類と呼称を持つが、ごく一部を除き、民の税金で養われることはなく、またその任免について、官はいっさい口を挟むことはできない。

地方の官員は、県で五人、府州で十人から二十人にすぎないと先に述べた。人数もさりながら、法律や経済の知識は怪しく、民間の日常生活とかかわる行政に明るいはずのない「官」は、大所高所《たいしょこうしょ》から、世の趨勢を正しく把握し、その高い教養によって皇帝政治を支えればそれでよい大前提で守られている。かくして、州県の日常業務はすべて胥吏たちがお膳立てをし、官が黙って判を捺すことで済まされる。よりわかりやすく言えば、区役所や市役所をはじめとした、あらゆる窓口やデスクにおける業務は、どれもこれも胥吏が請負っているわけである。そこで官員の全体数が三万から五万であっても、その後に何十、何百倍もの数の胥吏が控えているため、行政は滞りなく行われる次第となる。

胥吏は官員と違い、中央地方を問わず、同じ役所で一生をすごす。すでに南宋時代、葉適《ようてき》は「官に封建なく、吏に封建あり」という有名な言葉を吐き、「官を換えても吏を換えず」が当り前の話となった。南宋の一例では慣行としていちおう定員がきまっている胥吏だけで、県百人、州三百人程度なのだが、これに見習いや予備軍などを加えると、たぶん二、三倍以上胥吏がいたであろう。また、中書、枢密などの中央官庁でも、五―七段階にわけられた上級胥吏たちの数は、一官庁で二、三百人に達する。これら胥吏群は、徒弟修業的に養成され、中央地方を結びあった巨大な裏のシンジケートを作りあげる。その内部を士大夫の書き残す文献から窺うのは甚だ困難だが、清末、北京の京師《けいし》大学堂に赴かれた服部宇之吉《うのきち》氏の『清国通考』第二編に収録された「吏と幕友《ばく》」には、貴重な事実が書きとめられている。胥吏の職名や人数は、時代と地域、中央と地方により千差万別で、服部氏の記録も当然ながら氷山の一角にすぎぬ。しかし、お茶汲みから始まり、一つの役所で、戸籍、裁判、税務などの修業をつみ、それなりに厳しい競争の階段をのぼり、胥吏頭《がしら》、親方の株を手にいれて、その役所の元締めとなる図式は、これまた宋代、すでにできていたと考えて間違いなかろう。

こうした胥吏たちは、行政とかかわる庶民との接点すべての場所で、手数料と称する賄賂を要求する仕掛けになるが、これこそまさに「民は生かさぬよう殺さぬよう」を極意に、その地域の性格を十二分にふまえ、巧妙に人民の財貨を吸上げる慣行を作りあげる。その中で最も実入りが多いのが徴税と裁判である。戸籍や徴税簿の作成、徴税票の配布、穀物などの徴収、受取証書の発行、そうしたすべての段階に手数料が按配される。字の読めない農民たちが、自分で県に出てきて申告や納税をするはずはないから、胥吏はその下に多数の徴税請負人を抱えることになる。また、裁判沙汰は、現在でも時間と費用がかかる。これも特別な場合を除き、農民自身がわざわざ県庁のお白洲に、自発的にやってくることは稀だった。ところが、州県庁のある城市では、よろしからぬ訴訟ゴロが根を張り、地主や商人、あるいは脛《すね》に傷持つ者に狙いをつけ、適当ないいがかりで告訴して裁判にもちこむ。事件の範囲が拡大し、喚問する証人が多くなり、裁判が長引くほど、訴訟ゴロと気脈を通じた胥吏の儲けが増える。拷問の匙加減、拘束した被疑者と証人の獄中での費用や食料の調達など、すべてが手数料つまり袖の下の多少で左右される。こうした胥吏たちの行為を黙認する代りとして、彼らは少くない額の財貨を官員たちに、何かと口実をもうけて贈与する。前に「三年清知府、十万雪花銀」といったのは、胥吏たちの贈与を強制しなくてもこれだけ手にできる意味で、ことあるたびにそれを強請する貪欲《どんよく》な官員の場合は、想像を絶する莫大な額となるだろう。ただそれとてバランス・シートがあって、あまり度はずれた金品を要求したり、その逆に正義をふりかざして胥吏たちの行為に干渉したりすると、彼らは一致して官員に反抗し、ストライキを起したりする。おまけに胥吏たちは、裏組織を通じて、その官員の評判を落とすよう各方面に働きかけるから、結局は本人の命脈が絶たれてしまう。ただし、「窮すれば変ず」の言葉通り、あまり胥吏がはびこり勝手をすると、皇帝政治そのものに支障をきたす。清朝になると、おおむねの地方官は、幕友《ばくゆう》と呼ぶ私設秘書官を置くことが通例になる。中国の統一王朝といってしまえば簡単だが、言葉一つとっても、各地方の方言がおいそれとわかるわけはない。浙江の出身者がいきなり湖南の知事となり、次に山東に転任したとて、三年間でどれだけその地方の実情に通暁できるだろうか。それだからとて、黙って胥吏たちのなすがままのロボットで終始するわけにもゆかぬ。

幕友《ばくゆう》と役人《えきじん》

すでに宋代、余裕のある官員は、子弟の科挙受験のため、館客《かんきゃく》と称する家庭教師を、その家族ぐるみで雇い入れていた。この館客の系列に幕友《ばくゆう》は連なる。清朝になると、総督・巡撫《じゅんぶ》の大官以下、府州の知事から知県に至るまでが幕友を雇い、彼らの協力で胥吏たちの横暴に抵抗しつつ、自己の官員として成績をあげようと計り、王朝も陰に陽にそれを支援する。すでに館客がそうだったが、幕友の多くも、何回となく科挙を受けて失敗した連中で占められる。幕友は通常、銭穀すなわち財務、経済と、刑名つまり裁判に専門を区分し、官員の職務遂行を実務面で手助けする。少しレベルは違うが、曾国藩《そうこくはん》の薛福成《せっぷくせい》、李鴻章《りこうしょう》の馮桂芬《ふけいふん》たちは、歴史に名を残した幕友である。

つまるところ、胥吏は官員と人民の両方を喰物にしながら、人民の汗の結晶である富の多くを巧妙に懐《ふところ》に取りこんだ。彼らは高邁《こうまい》な理念のかけらも持たず、中間利益の搾取に専念し、社会全体の必要悪となる。だが、皇帝、儒教イデオロギー、科挙、士大夫官僚なる支配構造とその理念が前提になる限り、胥吏がいないと現実の政治は動かない。いってみれば胥吏は近世中国皇帝政治の現場請負人にあたる。彼らが請負いの範囲内で好き勝手に振舞い、あまたの弊害をまき散らし、「吏」といえば賄賂を連想するほど、悪の象徴と嫌われても、その罪を彼らだけに押しつけるわけにはゆかない。ここで想い出されるのは、清朝の広東貿易時代から、アヘン戦争後の開港時代、外国貿易の現場に立ちあっていた「買弁《ばいべん》」なる人たちである。彼らも、外国貿易における中国側請負人といえ、胥吏と同様に表だって陽の目をみることの少い蔭の存在である。皇帝政治、外国貿易といった重要な問題に、正式に社会で認知されないこうした請負人が、裏側で牢固とした勢力を扶植し、莫大な利益を横取りしているところに、中国という国が一筋縄でゆかぬむづかしさが、顔を覗かせているように私には思える。

宋のあと、中国風モンゴル王朝をうち立てたフビライは、士大夫官僚の価値と必要性を認めず、科挙を廃止してしまった。それは仁宗の時、一時復活されたといっても、あまり意味をもたず、それが元朝短命の消極的ながら一因となる。このため、元一代は、これまで裏に隠れていた胥吏が表に踊り出た、いわば胥吏政治の時代だった。中国を十分理解しきれなかったフビライたちが、胥吏だけいればやってゆけると考えたほど、胥吏の体制は宋末にはできあがっていたことをそれは物語る。

最後に一つ、「役人《えきじん》」のことを付け加える。宋代の君主独裁政治は、官と吏の下に、役人と総称される人々で支えられていた。日本では、官と吏の区別さえ曖昧で、その下の役人《えきじん》も役人《やくにん》と発音されて、三者がケース・バイ・ケースに、ニュアンスの違いで使い分けられるといった良い加減さである。しかし宋代以後の中国では、この三者には厳然たる区別があり、決して混同してはならない。ここでいう「役人《えきじん》」とは、主として傜役に徴発される農民を指す。ただし、ここでいう徭役は、州県末端の行政職を負担する「職役《しょくえき》」の意味で、河川修復や道路工事などの単純力役とは峻別されなければならぬ。職役には、農村の自作農以上が、財産高に応じ、一定期間輪番で充当される。徴税、税物輸送、警察の末端業務などは、すべてこの役人に受持たされるが、間もなくそれらは貨幣納の方式に変ってゆく。このように、官・吏・役人が上下に組み合わされた結果、はじめて君主独裁・中央集権の皇帝政治が現実に活動を開始する。それは秦漢あるいは隋唐の皇帝政治とは明白に異なる部分を多く備えており、二千年の中国皇帝政治は、折返し点に到って、漸くかなり発達したと表現できることになる。

専売制と財政

宋代の君主独裁制と関連して、なお二つの事柄を簡単につけ加えておきたい。

宮崎市定氏は、唐のなかば以後、財政国家という用語を使用される。私はその尻馬に乗るつもりはないが、唐の後半に開始され、宋に至って定着する専売法をはじめとした各種の間接税と、それらを貨幣で徴収する制度については、その重要性を強調しておかねばなるまい。それらは、従来からの農民に対する現物を中心とした直接税と並行し、皇帝政治を支える財政の支柱となり、いご清朝に至るまで、その骨子は変らなかった。宋代では、塩、茶、酒、そして外国貿易で持ちこまれる香料と薬品（香薬）が専売法のもとにおかれた。ただ、王朝や時代によって専売の内容には変化があり、茶などは元代以降は普通の商品の扱いとなる。そうした中で、一貫して専売法の中心となったのは塩であった。中国では塩の産地は限定されていて、日本のように簡単に安い塩を手にするわけにはゆかぬ。現に一九三三年、江西瑞金《ずいきん》で蔣介石軍の包囲を受けた毛沢東たちが、最も入手に苦しんだ物資は塩であった。

　長城外の異民族居住地は別として、中国内地の産塩地は、東方の海岸線を除くと、数ヶ所に局限される。山西省西南端の鄆城《うんじょう》の大塩湖解《かい》池《ち》と、四川の自貢《じこう》を中心として、地下の岩塩層から深い井戸を掘り、水を流しこんで汲み出す井塩がその双璧《へき》をなす。黄河中流の政権は、すべて解塩の支配に命運がかかっており、四川で独立政権が維持できるのも井塩のおかげだっ

山西省の解池の塩

た。とりわけ、湖南、湖北、安徽、江西の各省には塩産地がなく、主として揚州産の海塩に依存しなければならなかった。安禄山の乱以後、関中の地方政権になった唐が、長い命脈を保ったのは、何よりも揚州の塩産地を握っていたためであり、次の五代、江南で最強を誇った南唐が、後周の世宗に揚州の塩産地を占領され、三流国家におちこんだのも、そのためである。

全国を統一した宋は、唐以来の塩の専売法を踏襲しつつ、それを格段に精密化し、官僚と軍隊を養う財政の柱に仕あげた。全国を七―八の行塩《こうえん》区に区分し、生産と販売を管理するわけだが、金持ちと貧乏の別なく、どうしても一定量を必要とし、しかも原価はタダ同然の塩を、権力を背景に高い価格で独占的に販売するこの方法は、悪税の最たるものと言える。しかし、皇帝政治という全国的な機構、中国という塩に関しては特殊な状況の場所という条件が絡み合い、一千年の長きにわたり、その専売法が継承される。

塩の商人たちは、通常は販売地と販売量などを記載した特許状を購入し、それを持参して指定の生産地に赴き塩を受取る。あとは許可された地域内で、それを消費者に売捌くことになる。むろん塩商たちは、彼ら同士のギルドを作り、巨大な卸売商から、貧しい行商人までさまざまに分化する。それと同時に、政府から公認された塩商たちは、その裏側で塩の闇商人を兼ねるのが通例となる。江西や湖南の奥地では、国都へ税物を運搬する船が、帰路揚州の塩を持ち帰ることがままある。その塩が消費地にとどく頃には、砂やごみなどが混入した粗悪品に代っていて別に不思議はない。原価の何十、何百倍の価格でおしつけられ、しかもそれが粗悪品とあっては、より安い、より品質の良いヤミ塩が歓迎されるのは当り前である。そこで宋代以後、本格的に整備された塩の専売制度の裏側に、巨大な闇塩のシンジケートが影のようにつき添うことになる。それはまた各地の水運関係者、交通労働者とも密接につながる。我々は十九世紀の太平天国の運動や、二十世紀の革命運動で、よく秘密結社との結びつきを指摘する。そうした秘密結社なるものの、最も主要な基盤は、こうした塩の闇商売におかれていたことを知っておかねばならぬ。

塩や茶などの専売品にとどまらず、宋代に入ると、社会の安定、水陸交通網の整備、国都をはじめとした巨大な市場の成立などにより、全国的、地方的な物資の流通圏や商業圏が成立する。とりわけ、当時両浙《りょうせつ》と呼ばれた江蘇省江南部と浙江省北部における、米穀、茶、絹織物、四川成都盆地の茶と高級絹織物、江西北部の景徳鎮や浙江省各地の陶磁器などは、国都をはじめ、全国にその商圏を拡げていた。こうした商人たちを対象に、通行税、営業税などに区別した商税が徴収され、これもまた国家財政の主要な柱の一つとなる。専売税にせよ商税にせよ、貨幣＝銅銭納が原則であり、宋代には銅銭の鋳造量が中国歴代で最も多くなる。その結果、州県など古来の地方政治の中心となった城市の内部とその近接地では、貨幣経済がほぼ浸透していった。

百万都市―開封と杭州

このような商品生産の発展と商業の隆盛は、それと表裏して都市の目ざましい発達を促す。後周の世宗の拡張工事にはじまり、女真族金によって破壊されるまで北宋の国都であった河南省の開封《かいほう》、金に追われた宋朝が、浙江省西湖の畔《ほとり》に仮のやどりとした杭州（行在《きんざい》）は、両方とも百五十年の生命を保ち、当時世界中で最も繁栄した百万都市であった。この開封については、孟元老《もうげんろう》の『東京夢華録《とうけいむかろく》』、杭州のほうは、呉自牧《ごじぼく》の『夢粱録《むりょうろく》』ほかの都市繁盛記が残されており、詳細にその有様を知ることができる。

宋磁の一つ

唐の都長安は純然たる計画都市であり、元明のペキンも形式は違うにせよ、更地に線引きした点では同様である。ところが宋代の開封と杭州は、昔から人々がそこで生活を送ってきた、人の匂いのしみついた場所である。たまたまそこが国都となり、どっと人が押し寄せ、古い核の外側に新しい市街がつけ加えられたにすぎない。従って、両方の都とも、なるほど町の中央部には、祭祀やパレードで皇帝が行進する、南北に走る大街は設けられているにせよ、あの長安の大通りのような非日常的な空間や、碁盤の目の都市区画などは消え、新開地を含めて、まことに雑然たる外観を呈している。おまけに唐の長安のように牆壁《しょうへき》で囲った坊は消え、坊の名は、各町筋の入口に立てられたアーケードの看板に残るだけとなる。開封でも杭州でも、皇帝の住まう宮城は、かつての開封府、杭州府の府庁とその周辺の狭い地域に限られ、数多くの中央政府の役所は、町の中のあちこちに分散させられる。また特定の市場区も消滅し、内城、外城を問わず、いたる所に商店街、飲食店、娯楽街が点在し、その間に遊廓などの歓楽街も何箇所か混じる。判りやすくいえば、それは徳川時代の江戸や京・大阪を頭に描いてもらえば結構である。開封の人口は、皇族、官員、胥《しょ》吏、科挙受験のため都で勉強する連中などに、禁軍と廂軍《しょうぐん》、それらすべての家族を加えて五十万、残り五十万が大金持ちから物乞いまでの一般庶民というところであろう。こうした厖大な消費人口をまかなうために、北と南を結ぶ大運河（汴河《べんが》）を通じて、毎年六百万石の米穀が江南から運

開封の町・清明上河図

ばれ、また西や北から燃料の石炭、東からも鉄その他の物資が運河で大量に持ちこまれる。

宋代に入ると、県以上の城市の住民は坊郭戸《ぼうかくこ》と呼ばれ、農村の郷戸《きょうこ》と区別し、主として税《ぜい》役《えき》上の優遇措置をうける。特に国都は、いわば皇帝の直轄領と考えてよく、多くの面で特別に扱かわれる。しかし、一朝ことが発生すれば、容赦なく強制徴発が行われ、戦乱や異民族でも攻めてくれば、たちまち掠奪の対象とされるから、優遇にもそれなりの理がないわけではない。

宋代　市井の子供相手の玩具売り

いま一つ指摘しておきたいのは、百万の人口を擁する開封や杭州を筆頭に、各地方の中心となる大都市では、上は皇室から、下は何とか食物にありつこうと流れこむ浮浪者に至るまで、そこに中国的な一種の市民社会ができあがった点である。科挙の定期的な実施により、その受験者と予備軍、そして合格して官僚となった士大夫たちは、再びどっぷりと儒教的、政治的な世界にひきこまれてしまう。四世紀以降の南朝で開かれた、個人を中心とした自由な思想や文学、芸術は、再び政治生活の枠の中に封じこめられてしまう。庶民たちはいっそう規模を大きくした道教に親しみ、知識人たちは仏教をもとりこんだかに見える朱子学を通じて、科挙の合格を目指す。こうした状況の中で、こんどは皇帝から士大夫をも捲《ま》きこみ、開封や杭州の盛り場を中心に、生活と密着した世俗的な庶民の娯楽、中国的な庶民文化が花を開く。それは、次の元・明と継承、発達し、やがて特色あるみのりを結ばせることにつながる。

開封や杭州など国都の繁栄は、蘇州、江寧府（ナンキン）、紹興、成都や泉州、広州などでも似たレベルで展開され、これまでの行政都市、ヨーロッパ人のいうマンダリン所在地というイメージを大きく変えてしまう。各州県の城門から四方に通じる街道の出口には、現在も残る関城《かんじょう》と呼ぶ商業区ができ、さらに、渡し場などをはじめとした交通の要衝などには、市《し》、店、歩、埠《ふ》など、さまざまな名称を持つ、小商工業集落が誕生する。それらは草市《そうし》などと総称され、それがさらに生長し、あるいは重要な場所では鎮《ちん》に格上げされる。鎮は本来は軍事拠点につけられた名称だが、唐末・五代、節度使がその部下たちをそこに配し、それが商工業の要地と重なることが多かったため、次第に新しい商業小聚落の呼名として定着する。宋代、鎮の総数は千八百といわれ、千戸、二千戸に達する鎮もあった。陶磁生産で名高い景徳鎮は、北宋十一世紀はじめにできたが、こうした鎮は伝統的な州県とは厳密に区別され、原則として城壁を持たず、県の下に属する郷《きょう》村の一地域区画にすぎなかった。それが現在郷鎮《きょうちん》経済などといわれて、行政区画となるのは二十世紀に入ってからの話しである。郷村内の定期市を含めた、市―鎮―

県―州のネットワークが、全国的に蜘蛛《くも》の巣さながらに張りめぐらされた結果、農産物、換金作物、手工業品から特産物などが、スムースにそのネットの上を運ばれ、政府の商税徴収場や、それを管理する最下級の官員が鎮に置かれることも普通となる。「中国の都市は自治なきマンダリン所在地である」という些か観念的な言葉に惑わされると、宋代からあとの大小都市群の、生きた活動の姿を正しく理解できぬ危険性もあろう。

第七章　遼・金・元──征服王朝とは何か

征服王朝とは

中国の皇帝政治を語る時、いわゆる「征服王朝」とかかわる議論を除外できない。私はここまで、意識して「征服王朝」の四字を避け、異民族王朝とか非漢民族王朝といった表現を使ってきた。しかし、唐の滅亡と時を同じくして、契丹族の王朝遼が出現した時点で、改めてこの問題をとりあげたいと思う。征服王朝の言葉そのものは、どこの歴史世界でも使うことができる。しかし、中国の歴史の中で、この四字に特別な意味を付与したのは、ウィットフォーゲルだった。マックス・ウェーバーの弟子から出発した彼は、左翼運動に身を投じつつ中国に関心を寄せ、いうところの科学的中国研究の成果を『東洋的社会の理論』として世に問うた。そこでは、中国の専制王朝と官僚体制は、灌漑と治水を基礎に成立しており、西洋とは異質の社会だとされる。ナチス抬頭とともに、アメリカに移った彼は、一九四九年、History of Chinese Society, Liao を発表し、そこで使われたDynasties of Conquestの訳語として、中国における「征服王朝」の言葉が定着する。振幅の大きい彼の経歴を反映して、その社会学的方法や理論的傾向の強さのため、「征服王朝」論を無媒介に中国の歴史に当嵌めると、やはり不協和音が生じる。

モンゴル高原の遊牧

しかし、漢民族社会と異民族社会の二元性を、アメリカの文化人類学の考え方をとりいれて類型化しようとした試みは、傾聴すべき部分も含まれる。彼の議論の特色は、当時欧米で一般に考えられがちだった、中国に侵入した異民族は、時間の経過とともに、政治的にも文化的にも漢民族に同化されてしまうとの通念を排し、両者の共棲を通じて受容と抵抗が併存し、さらにそこに新たな文化変容（Acculturation）が生じると論じた点にある。彼は中国の歴史における征服王朝を、契丹族の遼、女真族の金、蒙古族の元、満洲族の清の四者とする。これらを文化受容の尺度によってさきの分類に当て嵌めれば、遼と元は抵抗型、金は受容屈服型、清は中間型に区分される。なお、五胡十六国の諸王朝や、その集成ともいえる北魏などは、性格がやや異り、征服王朝よりも潜入王朝の類型に入れるべきだとする。

ウィットフォーゲルが、中国の王朝を漢族王朝と征服王朝の二類型に大別し、特に十世紀以降の両者の対立のあり方を区分して、後者の性格を明らかにしようとした意図は理解できる。それにもかかわらず、征服王朝が、反抗型にせよ、受容型にせよ、漢民族社会の総体、その歴史的展開にどのような影響を与えたかという説明は、必ずしも十分ではない。征服王朝それ自身も、漢民族社会に強い刺激を与えたにせよ、結果としては消滅もしくは撃退される。そして中間型とされる清朝が、たとえば皇帝政治一つをとっても、中国の歴史の中で、最も完成された姿をとったのは何故かといった、歴史事実と密着した部分に空白が感じられる。ウィットフォーゲルに批判的であるにせよ、我が国で征服王朝論と深くかかわられたのは田村実造氏だった。氏はご自分の征服王朝論を次のようにまとめておられる。その前提として、漢族王朝と征服王朝を対置する前に、異民族王朝を遊牧国家型と征服王朝型に分ける必要性があると説かれる。そして、征服王朝型の特色としては、

(1) 北アジア民族に出自する部族が、北アジア世界を統一したのち中国に侵入し、その一部または全部を征服、支配して建国した王朝であること。

(2) 北アジアと中国の二つの歴史世界をふまえるため、遊牧・狩猟的社会と農耕社会を共生並存させる。

(3) 本来の部族組織と漢民族の州県制の二元支配が必要で、官制、軍事すべての面でそれがあらわれる。この二元性こそが中

遼の慶陵の壁画（上）と契丹人の髪型（下）

国征服王朝の特色である。

(4)　支配者側の遊牧・狩猟的生産経済は、やがて中国的農業経済に圧倒され、バランスがくずれ、二元性の崩壊とともにそれが国家の滅亡につながる。

(5)　この二元性は思想や文化の上にもあらわれ、契丹文字の創製などの現象を生む。

たしかにここで列挙される項目は、遼金元清の四王朝に共通する特性だろう。しかしその特性をもとに、この四王朝を征服王朝と名づけて、どういう意味があるのか。そもそもこの四王朝の中でさえ、遼と元は遊牧民族といってもその環境にはかなりの違いがあり、半農漁猟など雑多な要素の混る金、それよりも農耕社会に傾斜していた清には、本質的といってもよい相違がある。これまでの叙述でもわかっていただけるように、私は、漢民族が創始した皇帝政治という柱に、それと並行し、あるいは交叉する非漢民族的な皇帝政治が、その時代に従ってどのような位相関係を持つかを明らかにしてみようと企図している。それは政治にせよ文化にせよ、次元が異なる二者の対立、受容、変容といった類型では説明しきれない多くの要素が存在すると考えるためにほかならない。ところで、これまで私が使用してきている異民族王朝とか非漢民族皇帝政治とかいった言葉も、必ずしも厳密に定義できるわけではない。さらにまたそこに統一王朝という概念をつけ加えると、ことはさらに厄介なことになってくる。従って、中国における皇帝政治の流れの中で、ある程度必要なものは、漢民族と異民族、統一と分裂を厳密に

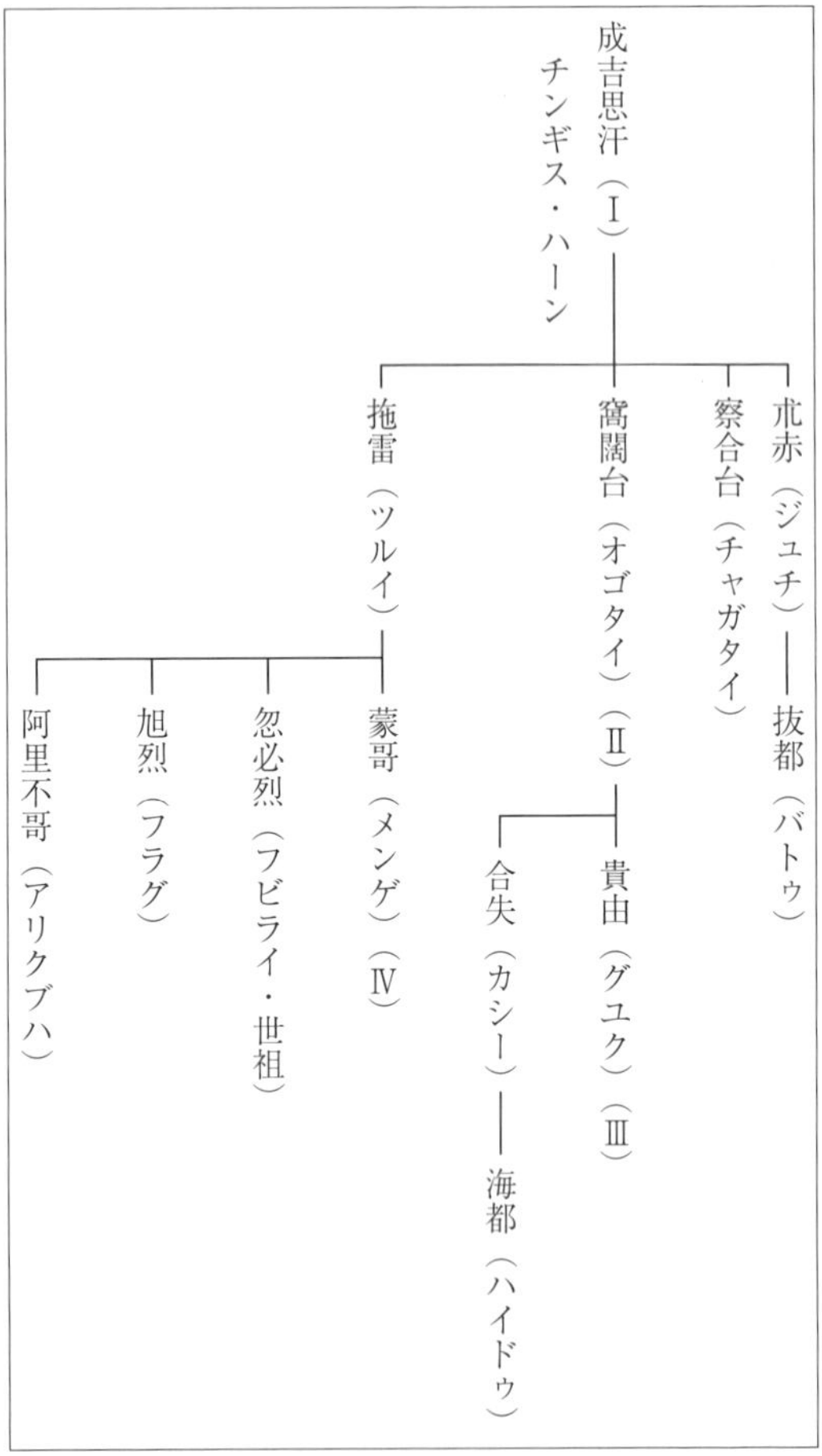

チンギス汗の子孫系譜略図

規定せず話をすすめてきた。これに対し、たとえば遼代研究の第一人者である島田正郎氏などは、遼は中国王朝に加えるべきでなく、胡族国家として扱う方が妥当であると主張される。遼では中国皇帝の最大の責務となっていた天地の祭祀はとり行わず、始祖とかかわる民族の祭り、山儀を優先させ、また二元的官制でも、契丹人の北面官に圧倒的な比重を置くことなどを、その論拠とされる。確かにその活動領域からみると、遼を中国王朝と同じ次元で扱い難いかも知れぬ、ことは東魏と西魏、それを引き継いだ北斉・北周や、あるいは遼をついだ金とて、似た側面を持たぬわけではない。しかし、北朝から隋唐へという歴史の流れ、同じく遼金から元へという異民族王朝の継承という視点に立つと、胡族王朝とか征服王朝といった定義に、必ずしもこだわらない立場があっても良いのではないかという気がする。遼が完《まった》き中国王朝と肩をならべるには、不十分な点は多々あろう。だが、遼の存在がなければ、次の金の中原進出はかなり様相が変ったであろうし、さすればフビライの元朝成立にも影響する所、決して少くはなかったろう。私の筋書で、非漢民族王朝第二波の先頭にくる遼は、その個体発生の中で、祭山儀を天地の祭りより優先させていて一向に差支えない。しかしそれを、清朝で完成する非漢民族の中国的皇帝政治の中で、しかるべく位置づけておきたい気持ちは拭えない。

契丹《きったん》族の遼《りょう》と女真《じょしん》族の金

遼という字は、日本では司馬遼太郎の遼くらいしか頭に浮かばぬであろうが、ユーラシア大陸の北半部では、その支配部族であるキタイの名は誰もが知っている。とくに遼が金に滅されたあと、始祖耶律阿保機《やりつアボキ》から数えて八世の孫にあたる耶律大石《やりつだいせき》が、部族の一部を率いて、新《しん》疆《きょう》省外の西北、カザフスタン東部のベラサグンに移住し、チンギス汗に滅されるまで約八十年間、ここにカラ・キタイ（黒遼）と呼ぶ独立国を作ったことは、キタイの名を西北に伝えるのに預って力があった。ロシア語では中国のことをキタイと呼び、いまでも日本の空も飛んでいるキャセイ航空の名も、このキタイ（カタイ―中国）に由来する。本書ではキタイの遼や、ジョシンの金の詳細を述べる余裕はないが、例によって皇帝政治と関係した最小限の事柄に触れておきたい。遼・金それにタングート族の西夏という、十世紀から十三世紀、中国西・北辺を占めた異民族王朝は、いずれも特定の部族を中心に、周囲の諸部族を捲き込んで、部族封建国家とでも呼ぶべき、中国の水準からくらべれば、かなり後戻りした段階にあった。このため、彼らは、中国ですでに高度に発達していた、唐や宋というお手本を参考にしつつ、成長してゆかねばならなかった。ただ、五胡十六国のように、いわば経験不足によるやみくもさではなく、唐宋を真似て格段に速いスピードで、中国皇帝政治に近づくことができた。たとえば、一〇〇四年の澶淵《せんえん》の盟により、銀十万両、絹二十万匹の歳幣を、百年以上にわたり贈与され続けた遼は、その主観的建前

金代北辺地域の概念図（村上正二原図）

はどうであれ、遊牧騎馬民族の独自性、武を根底とした質実剛健さを失い、新興の女真族にその地位を奪われてしまう。最近続々と発見報告が見られる遼の支配者層の墳墓の有様によって、ますますその感を強くさせられる。

皇帝政治の面からいうと、遼よりも次の金の方に注目すべきできごとが多い。遼の東北境域、ハルピンの東から起った女真族の金は、農業、狩猟を生業とし、遼のような遊牧民族ではなかった。彼らの原住地には、鉄や砂金も産し、また海東青《かいとうせい》と呼ぶ狩猟用の鷹でも名を知られていた。こうした品々が遼から目をつけられ、彼らの奢侈の浸透と比例した収奪の強化に苦しむことになる。一一一五年、族長阿骨打《アグダ》は、これまた周囲の諸部族を統合して国を建て、破竹の勢で南下した結果、十年のちには遼を倒し、ついで宋王朝の外交や防備対策の錯誤に乗じて、一気にその都開封《かいほう》を攻め落してしまった（一一二七年、靖康《せいこう》の変）。風流天子として知られる徽《き》宗《そう》と息子の欽宗《きんそう》は、国都の財宝もろとも北方に拉致され、僅かに残った皇族の一人趙構《ちょうこう》が、江南に逃れ、杭州を都に南宋王朝をたてる。次のモンゴル王朝とて同様だが、長城線以北の北方民族は、揚子江以南のモンスーン地帯を苦手とする。開封を占領した金は、黄河よりやや南、古くから南船北馬と呼びならわされているように、淮河《わいが》から大散関《だいさんかん》に至る、北緯三三度線で南宋と境界を接することで落着いた。それでも、黄河中流域を占領し、契丹民族とは格段に違う大量の中国人を支配下に入れた金は、内蒙古のシラ・ムレン河の発祥地を棄てきれなかった遼よりは、遥に中国王朝らしき王朝に育っていった。そのことは同時に、キタイ族よりは一層未開だった女真族が、逆にずっと速く中国支配に適合した王朝に脱皮していかねばならない意味にもなる。女真部族の中核をなす完顔《ワンヤン》部では、阿骨打《アグダ》（太祖）やその弟呉乞買《ウキマイ》（太宗）の兄弟と従兄弟たちが、それぞれ周囲の部族を手下にとりこみ、山東、河北、山西などの中国内地に侵入してきた。彼らの行動は、必ずしも女真の発祥地、北満の会寧府にある中枢部と密接に連動しているわけではなかった。北方の異民族金が中国的王朝に脱皮するためには、部族制の軸をなす猛安《もうあん》・謀克《ぼうこく》と呼ぶ軍事を念頭においた編成や、部族長会議その他、女真族個有の制度を抜本的に改革せねばならない。そうした動きは、三代目の哈剌《ハラ》（熙宗《きそう》）の時から加速しはじめたが、酒に溺れた彼を殺して王位を奪った迪古乃《テクナイ》（海陵王）は、中央集権専制体制樹立を目指し、さらに大なる殺戮と弾圧をくり返した。そのため彼は、熙宗の時すでにその兆候の見られた、長城以南の中国に都を遷す行動にふみきる。これより先、契丹の遼も、現在のペキンに南《なん》京析津府《けいせきしん》を置き、五つの都の一つとはしたものの、その本拠は臨潢《りんこう》（上京）と大定《だいてい》（中京）だった。それを海陵王は、いきなり南の都を国の中心と定めたわけで、この一一五三年からのち、明《みん》初の一時期を除き、いまのペキンが首都となる端緒がここに開かれた。海陵王は進んで、それまでの女真族の体制をかなぐり棄て、遮二無二に中国王朝への道をつき進む。どこかで一息いれて、新しく次の行動を考えればよいのに、海陵王は「馬を呉山の第一峯に立つ」、自分が南宋の都杭州を見おろす呉山の上に立つという野望にとりつかれる。それは急激な改革による国内の混乱を、外征に転嫁しようとする思惑も手伝っていたのだろうが、一一六一年、無謀な南宋征討軍を起した結果、彼自身が部下のため揚州で殺されてしまう。このため、あとを継いだ第五代の烏禄《ウロク》（世宗）以後は、金は再び淮水《わいすい》より北の線に後退し、半世紀以上、華北の異民族王朝として、中国的外装をまといつつ、モンゴルに滅されるまで存続する。

モンゴル帝国―チンギス汗の登場

一二〇六年、外モンゴリア、オノン河畔で、テムチン＝チンギス汗が、モンゴリア遊牧民族全体の首長として推戴される。それは多方面に深甚な影響を与えた、まさにエポック・メイキングなできごとだった。それを中国の世界、その皇帝政治から見ると、またもや非漢民族政治の新しい波が、個体発生的に一つ誕生したことを意味する。それは先行していた遼や金の系統発生に加わって、これまでと違った、異民族の中国支配を行う結果を生じる。ただしチンギス汗とその息子たちの時代は、モンゴル帝国としては重要な意義を持っていても、こと中国の皇帝政治とは、まだ無縁といってよい関係にあった。従ってここでは、チンギス汗とその息子オゴタイから孫のメンゲに至る間は、彼らを中国皇帝の枠から外し、メンゲの弟であるフビライ

（元の世祖）から話を始めることを許していただきたい。

チンギス汗のたぐい稀なる英雄的資質とか、彼らの驚異的活動を可能にした、当時のユーラシア大陸全体の状況などを取除くと、北のモンゴル民族集団は、南の農業社会と比較できぬほど非文明的なレベルにあった。彼らの中央アジアから東ヨーロッパへの長征は、「来た、殺した、奪った、焼いた」と形容されるように、弓馬の特技を駆使した狩猟以外の何物でもなく、ただ対象が鳥獣ではなく、人間と財宝だったに過ぎない。チンギス汗の統率力によって拡大した領域は、彼の血縁者や有力部族長たちに分与されるが、それは農耕民族の土地分封とは次元が異なり、大汗の個人的な恩恵による家産分割の性格を濃厚に持っていた。しかも長子から順に父母のもとを離れて独立し、末子が残る風習、戦死した兄弟の配偶者は別の兄弟が面倒をみ、あるいは天幕を守る女性の強さなど、他の歴史世界と違う要素が、こうした分封にも微妙な作用を及ぼす。チンギス汗が健

チンギス汗

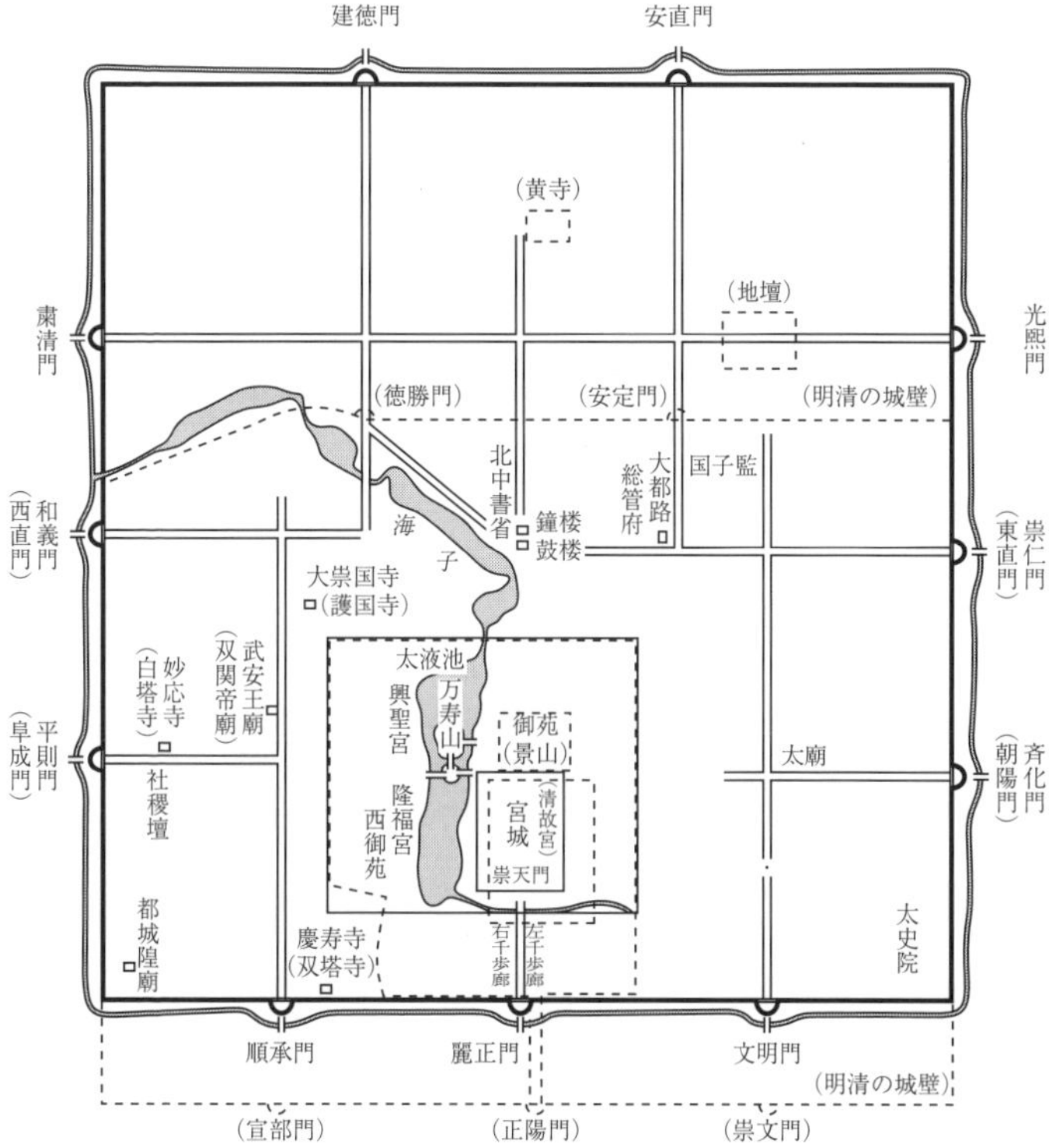

大都の平面図（『元の大都』陳高華著　中公新書）

在の間は、征服空間はすべて彼のもので、それをどのように分割しても文句はでてこない。しかし彼がいなくなれば、すでに分割された広大な地域が、再び一人の汗により統轄されることは不可能になって当然である。おまけにチンギス汗たちモンゴル族によって征服され、かつその領地とされたユーラシア大陸の大部分は、あまりにも広大なうえに、各地方が独自の長い歴史と文化を持って

日本に攻めてきた蒙古軍

いる。殺戮と掠奪の狩猟遊びに走り回っている間はともかく、一旦運動がとまると、モンゴル遊牧集団の知的水準では、そうした占領地域を普通に経営することさえできなくても不思議ではない。他の場所はさておきチンギス汗帝国の東の端、中国を含む東経百度から東に限定して、その占領地の動きを追ってみよう。

詳しい経緯は省き、チンギス汗の遺言により、汗位は第三子オゴタイ（窩闊台）が継ぐ。彼はすでに根拠地カラコルム（和林）の西方、アルタイ山脈に沿う旧ナイマンの領地を分与され、オゴタイ汗国の主であった。そのうえ、即位のあと、カラコルム周辺の末子ツルイ（拖雷）の領域も自分のものとしていた。ほとんどカラコルムだけを持つにすぎなくなった拖雷《ツルイ》系と、窩闊台《オゴタイ》系の反目と葛藤の種が蒔かれたわけである。即位の翌年、オゴタイは、すでに瀕死の状態にあった金（女真族）に最後のとどめをさし、黄河以北の中国の地はすべてモンゴルの支配下に入る。この時点での、モンゴル支配者層の中国に対する理解度を示す有名な逸話が伝えられている。オゴタイの近臣別迭《ベテ》が「漢人は我々には何の役にも立たぬ。全部消してしまってその土地を牧場にするがよい」と提案した。それに対しチンギス汗の特別な信頼を受けていた耶律楚材《やりつそざい》は、「中国の土地は運用に人と方法を得れば、地税、商税はじめ莫大な収益を産み出すものである。ましてこれから南を攻めようとする時、その軍費をどう調達するのか、牧場から財貨は生まれない」、と強硬に反対した。遼の王室の血をひき、金王朝でも名声ひときわ高く、チンギス汗の幕下に加えられた耶律楚材こそは、遼金元と続く非漢民族王朝が個体発生を系統発生に移行する時、極めて重要な役割を果していた「漢人」、すなわち北方異民族の下で暮らした中国人、とくにその知識人たちを代表する存在だった。

オゴタイ系に圧迫され、カラコルムほかに安住の地のないツルイ系の男児には、蒙哥《メンゲ》、忽必烈《フビライ》、そして旭烈《フラグ》ら優れた人物が輩出した。ところが、オゴタイ系は、オゴタイの死後、その皇后たちが何かと政治に口をはさみ、オゴタイ一門で汗位を独占しようとする策謀を続ける。その紛糾を力で抑え、第四代の汗位に就いたのが、ツルイ系の蒙哥《メンゲ》（憲宗）である。彼は心情としては、祖父チンギス汗の大帝国の継承を意図していた。弟のフビライをユーラシア大陸東部を管轄する東方大総督に、フラグを、西アジア方面の西方大総督に任命し、また北中国（燕京すなわちペキン）、東西トルキスタン（ビシュバリク）、イラン（アム河）などの四ケ処に中央政府の支庁を設け、各汗国や分封地に睨みをきかそうとしたのは、その具体的政策のあらわれと言える。ここで東方大総督の地位についたフビライの行動が今後の一つの焦点となる。

一二三四年金国が滅亡して暫らくたった、オゴタイ治世の八年、河北や山東をはじめとした旧金国支配域で、モンゴル一族たちに広範な分地・分封が実施された。その時ツルイ系は、フビライの弟アリグブカ（阿里不花）を中心に、河北省真定《しんてい》の八万戸を与えられる。そのうち邢《けい》州（邢台）の一万戸あまりがフビライの持分とされた。このような分封地は、その経営に直接フビライ達が乗り出すわけではない。彼らツルイ家の面々は、多くはカラコルムに居住し、真定路の分封地から徴発されてくる金品を手にするだけである。それまで家畜が唯一の財産だった蒙古人にとり、農民を対象とする複雑な徴税方法をただちに理解することなどはできない。おまけにカラコルムから遠く離れた、植民地に等しい分封地にやってくる執達吏たちは、これまた農業社会の実情にうとい西域人をはじめとした、頭割りの強制徴収、穀物よりは金銀とりたてを金科玉条とする連中である。こうした自分たちの分地の管理経営に対して疑問を抱き、中国的な農民対策、言いかえれば中国社会における当り前な政策を認識したところから、フビライの中国支配が開始される。それと並行して、カラコルムという、当時のモンゴル帝国の首都に集った西域各国の人々、あるいは遼・金以来、異民族の支配下で暮らして来た上記漢人知識人、あるいは漢化した先行異民族支配者層との接触を通じ、モンゴル人の中では柔軟で多方面に関心を持つフビライの性格が育くまれていったことも忘れてはなるまい。一二五二年、フビライはメンゲ汗の命で、きたるべき南宋征伐を視野に入れつつ、陝西から四川西部を縦断し、金沙江を渡って雲南西部に侵攻した。雲南が中国の領域の一部として意識されるようになったのはこの時からと言える。二年に及ぶ遠征で、漠北の草原と全く違う地方を実際に経験した彼は、中国理解の歩みをさらに進めたと推測される。

一二五六年、フビライはみずからの根拠地として、信頼厚い漢人劉秉忠《りゅうへいちゅう》に、上都《じょうと》開平府を建設させた。ペキンの北約二五〇キロ、外長城線を越え、一望千里の高地草原に位置するこの都城は、フビライの中国支配の橋頭堡とも言え、大都（ペキン）の造営まで、許衡《きょこう》、郝経《かくけい》ら漢人知識人や、河北、山東の漢人軍閥にとりまかれ、東方大総督の地歩を固めると同時に、将来の中国支配を目指す重要な居住地となった。

祖父チンギス汗の偉業の最後の仕上げともいうべき南宋征伐は、その孫メンゲ汗の手で一二五八年二月、軍事行動が開始された。メンゲ汗の本隊はオルドスを南下し、甘粛東南から四川に軍を進める。いっぽう先に雲南に派遣されていた兀良哈台《ウリヤンハタイ》の別働隊は、宋の西南から北東にむかって攻めのぼる。フビライたちは、幾つかに進路を分け、中国内地を縦断して武漢をはじめとした揚子江岸に達する。四川から揚子江を下るメンゲ本隊が、これら諸軍と合流し、長江を一気にくだって南宋の国都杭州を攻め落す手筈だった。しかるに翌五九年夏、猛暑の四川に入った蒙古軍を伝染病が襲い、メンゲ汗その人が、重慶の北の合州で急逝してしまう。この時点では、弟のアリクブハがカラコルムで留守を預かり、オゴタイ、チャガタイの子孫たちやフラグが、帝国の東西に勢力を張っていた。メンゲの跡目、つまり大汗位は、彼の息子たちも含め、改めてカラコルムにクリルタイ（大集会）を招集して決定しなければならぬ。これより先、上都を五八年の十一月に出発したフビライ軍の南下速度は遅々たるもので、河南の地に長逗留し、四川のメンゲを焦らだたせているうちに突発事態を迎える。フビライのそうした行動は、メンゲが南宋を征伐したあとの、フビライ自身の立場に思いをめぐらしていた結果である。別の表現をすれば、フビライ自身が描く中国支配とは違う事態を招く可能性への拒否反応だったと推測されている。

とまれメンゲ汗の死とともに、四川の本隊は怱々《そうそう》に北に引揚げ、フビライは鄂州《がくしゅう》（武漢）まで南下して、北上してくる兀良哈台《ウリヤンハタイ》軍を収容し、鄂州を守る宋の司令官賈似道《かじどう》と秘密協定を結んで、これまた自分の根拠地開平に帰還する。本来であれば、フビライを含め、チンギス汗の正統にあたる孫たちの世代を対象に、カラコルムの大集会《クリルタイ》で第五代可汗が選出されるべきだった。兄メンゲでさえ懸念していたフビライのモンゴル帝国からの離畔《りはん》行動すなわち中国化は、カラコルムのアリクブハを筆頭とした、蒙古帝国の継承を意図する人々の眼には、許しがたい行為とうつる。そうはいっても、カラコルムのツルイ系の子孫たちが、西方の諸汗国から強い支持を受けているわけでもなく、帝国分裂の気配はこれまた覆い隠すべくもない。そうした諸条件を熟慮のうえ、メンゲの死から一年半がすぎた一二六一年、フビライは開平で、形の上ではチンギス汗の子孫たちの顔を揃えた、いってみればお手盛りのクリルタイを開き、みずからが第五代の汗位についた。事態がそのように展開すれば、カラコルムの方でも黙っては引きさがれない。フビライが汗位を宣言した翌月、カラコルムではアリクブハが、やはりクリルタイの決定で第五代の汗に推され、ここに二人の汗が分立する異常事態を迎える。

私は少し詳しくモンゴル帝国内の勢力争いを語りすぎたかも知れぬ。しかし、この問題はフビライの中国での皇帝政治、つまりは元王朝の性格を根底で規定する要素を含んでいる。モンゴル人の皇帝の中では、誰よりも中国に対する理解が深いとするのが、フビライへの一般的評価である。にもかかわらず、彼は常にチンギス汗の孫として、兄メンゲとともに祖父みずからの祝福を受け、理念的にはその帝国の継承者たらねばならぬ立場にたたされる。だが中国においては、たとえ異民族の首長であっても、漢民族中心の支配を行う中国風皇帝たることが要請される。この両者は合体できるかに見えて、実は水と油のように分離しがちである。すでにこの時確立していた中国的世界観では、漠《ばく》北も、中央アジアも、西域各地も、すべて中国文明の枠外にある野蛮国「四夷《しい》」にすぎない。蒙古帝国を旗印に掲げれば、四夷が上にきて、文明国中国はそれに従属する型となる。このディレンマの中で、フビライは表面上はあくまで中国皇

フビライ

帝としての顔をしていなければならぬ。彼が立前として意識する祖父の蒙古大帝国なるものは、現実には半世紀以上の時間の経過の中で、すでに大幅に様変りしている。はやい話しが、開平とカラコルムの二つのクリルタイで、フビライとアリクブハの兄弟が汗位を争い、両方がその正統性を主張したところで、それは蒙古帝国全体の最高指導者たる実質を意味してはいない。カラコルムの西方ジュンガリアのオゴタイ汗国の海都《ハイズ》、キプチャク汗国のベルゲ、そしてイラン方面のフラグたちは、その地方に勢力を扶植《ふしょく》し、カラコルムの指令を仰ぐわけではない。正直なところ、汗位はすでにカラコルムのツルイ家だけの標識、フビライとアリクブハの争いはツルイ家のお家騒動程度の意味しか持たなかったろう。そうした現実にもかかわらず、フビライとアリクブハは長期にわたる抗争でお互いに消耗し、さらにはツルイ家に怨念をいだき続けたオゴタイの孫海都《ハイズ》とフビライの間に、三十年にも及ぶ抗争がくりひろげられる。このような争いは、漢や唐の時代の、異民族に対する漢民族王朝の対応と、あい似た側面もあるにせよ、フビライにとっては、相手が単なる異民族ではなく、血をわけたモンゴル帝国の一族だったところに、苦悩の程度はより深刻だったろう。

フビライの元王朝

一二六一年汗位についたフビライは、間もなく中国風に中統《ちゅうとう》の年号をたて、さらに『易経《えき》』の「大いなる哉乾元《かなけんげん》」にもとづき、大元《だいげん》と国号を定めた。由来、中国の各王朝は、その創業の主の爵位や官職名にもとづいて国名を選んできた。それを儒教イデオロギーの根本をなす経書《けいしょ》からとったことだけでも画期的なできごとと言える。しかし元朝皇帝政治の歩みは決して容易なものではなかった。

異民族金の統治下にあった華北、山東の漢民族は、重圧に呻吟しつつも、何とかその日その日をすごしていた。ところが十三世紀に入り、モンゴルの中国侵攻が激化するに伴い、情況が変化する。蒙古軍、金の敗残兵、盗賊の群、さまざまなアウト・ローの掠奪や殺戮から逃れるため、人々は、地の利を占めて自己防衛をする土豪や軍閥のもとに身を寄せざるを得なくなる。実はこうしたパターンは、すでに北宋が金に追われる十二世紀にも、この地方で発生していたのだが、十三世紀中ばには、より大規模かつ普遍的にそうした自衛集団が叢生する。モンゴル側でも、対金軍事行動や占領地行政、あるいは物資の調達など、多方面で彼らを利用できる。そこでこれら漢人豪民集団に、軍事や民政の権限を請負せ、やがて彼らは一種の軍閥として世襲されつつ強大化してゆく。特に河北真定の史天沢《してんたく》、史天祥《しょう》、同じく藁城《こうじょう》の董俊《とうしゅん》、董文炳《とうぶんへい》たちはひときわ頭角を抜んで、早くから開平のフビライの傘下に馳せ参じ、その羽翼となっていた。数多くの軍閥集団が、華北のあちこちで勢力を持つようになると、皇帝を頂点とする官僚政治の遂行に当然支障が生じる。そうした折、中統三年（一二六二）、山東の益都《えきと》を根城とし、李全《りぜん》、李璮《りたん》と続く軍閥が、南宋と通じて元に歯向かう行動にでた。アリクブハの乱で北方にも兵力を割かねばならぬフビライではあったが、半年にわたる戦いの結果、李璮は誅滅《ちゅうめつ》される。これを絶好のチャンスとして、フビライは華北領内の、漢人世侯《かんじんせこう》と総称された軍閥たちから、その特権をすべて取りあげ、改めて中国伝統の州県制を完徹させる。ここにおいて初めて「元」の中国支配が現実のものとしてその姿を定着させ始める。次に残された課題は、兄メンゲ以来の悲願である、江南の南宋征服である。南宋征伐に関しては、フビライは実行の意志が疑われるほど慎重だった。至元五年（一二六八）年から開始された、湖北省の要衝襄陽《じょうよう》の包囲攻撃は、五年以上の歳月を要し、西方伝来の投石攻城砲である回々砲《かいかいほう》を使用して、漸くこれを陥落させた。あとは総司令官伯顔《バヤン》の指揮のもと、長江を流れくだり、破竹の勢で南宋軍を撃破し、至元十三年（一二七六）の正月、南宋の都杭州は降伏、城門を開く。その後文天祥《ぶんてんしょう》ら、いくばくかの抵抗も空しく、一二七九年、太祖趙匡胤《ちょうきょういん》の建国から三一九年で、宋の王朝はこの世からその名を消す。それとともに、二度目の非漢民族の大浪ともいうべき元朝が、中国全土を覆い、新しい皇帝政治の幕を切って落す。

蒙古人優位の元の治世

百年に満たない元朝の功罪はあと回しとして、さしあたり、その施政で目につく点を指摘しておきたい。フビライの持つ二元性は、少し内容を異にするとはいえ、遼金と続いた異民族王朝の二元性を、現実社会の中ではさらに拡大、定着させてしまった。質量ともに圧倒的に劣るモンゴル人たちは、官制、法制、税制など、あらゆる分野で自分たちを最高の身分（社会）層に置き、さまざまな特権に囲まれる。その次に、経済に弱いモンゴル族を助け、財政の運用をはじめとした舵取りに携わる、西方出身者を中心とした色目人《しきもくじん》がくる。断わるまでもないと思うが、色目人とは諸色目人、いろいろな種類の西方人種の省略で、目の色とは関係がない。そして、遼、金及び蒙古の支配の初め、黄河以北の土地に居住し、異民族に協力した中国人すなわち漢人《かんじん》がきて、最後に、旧南宋領の中

発掘された大都和義門

国人、おおむね揚子江の南に住み文化程度の高い中国人が、南人もしくは蛮子と総称されて最下層に置かれる。この四つの階層区分は、元朝支配下の中国で、あちこちに顔をのぞかせる。たとえば、元は中国支配にあたり、主要官庁はじめ、地方行政の各段階で、行政監督官、お目付けに相当する達魯花赤《ダルハチ》と呼ぶ官職を設ける。この達魯花赤のほとんどは、蒙古人に限られる。さらにまた、南宋はいうまでもなく、異民族国家の金でも実施されていた科挙を廃止し、漢人と南人に大きな屈辱感を味わわせる。ちなみに科挙は、四代皇帝仁宗の時、一時復活が試みられる。しかしそれは、実際には中国人にとってほとんど意味をなさなかった。

元の支配の性格を何より雄弁に物語るのは、華北と江南の税制の相違である。北方の旧金国領内、別の表現を使うと非水田耕作地帯では、フビライは、彼が当初最も信頼していたウイグル人財務長官阿合馬《アフメッド》たちの方針にもとづき、モンゴル・西域的色彩の濃い、個人割当を主とした税制を採用した。それは五戸糸《ごこし》とか包銀《ほうぎん》とか呼ばれる、かつて中国には存在しなかった新しい税制だった。いっぽう江南を主とした旧南宋領の水田耕作地帯では、九世紀後半から定着した両税制《りょうぜいせい》が踏襲される。つまり同じ元の王朝で、原則の全く異なる税制が公式に行われたわけである。それでは税制が南北で截然《せつぜん》と二分されていたのかというと、間接税などの分野では必ずしもそうではない。阿合馬と彼を助けた漢人盧世栄《ろせいえい》や色目人たちは、鉄や塩などの財源に最初から関心を寄せた。江南を併合したのち、阿合馬が失脚し、その後を継ぎ、数ヶ国語をあやつった桑哥《サンガ》が力を握ると、塩を基軸とした専売法と紙幣をリンクさせる財政政策を、こちらは全国的に実施した。このような色目《しきもく》財務官たちの意図は、中国世界の貴金属や銅銭を国外に持ち出して利益を稼ぎ、その代り塩税などを著しく引きあげて、それを中国人に強制的に割当て、その支払いに紙幣を使わせることで、紙幣価値の安定をはかるカラクリによって成り立っていた。フビライが中国を支配する理念が、表面上はどのように粉飾されていても、悪貨が良貨を駆逐する原則はものの美事に実行され、宋代に培《つちか》われた中国の富、とりわけ都市に蓄積されその繁栄をもたらした財貨は、逐次陸路や海路をへて西方に運び去られてしまう。

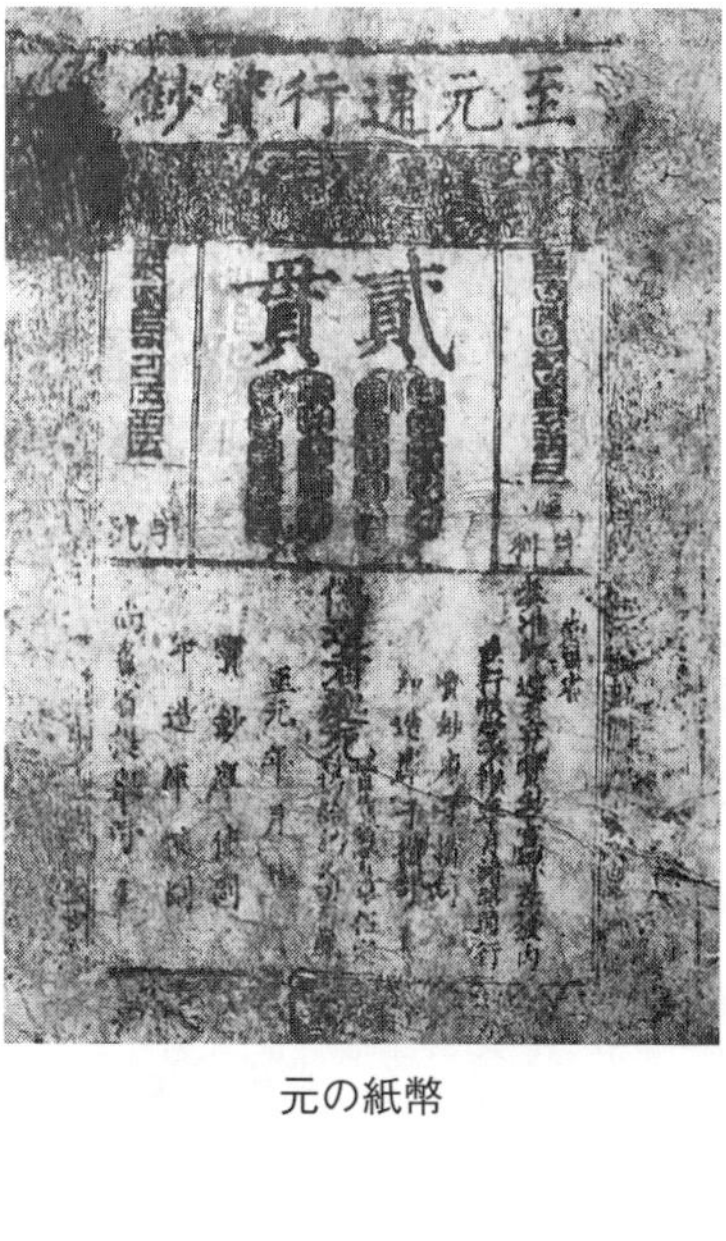

元の紙幣

　フビライの中国支配は、宋代の皇帝政治を自分たちの統治に適するよう手を加えた部分が目につく。しかるにその変更は、彼ら本来の意図から離れて一人歩きを始め、それがかえって明以後の中国に少なからぬ影響を与えているのも興味深い。その代表は、地方の大行政区としての省の原形の出現であろう。元は金や宋にならい、中書省を中央の最高官庁とした。それとともに門下省は消滅し、尚書省も時には姿を見せたがこれまたなくなり、行政実務を担当する各省つまりは六部《りくぶ》が、直接中書省に属する構成に変る。唐代の中国的な立法、審議、行政の三部門が、宋代の大勢をふまえつつ、元代に至り中書に一体化された事は、中国の皇帝政治の流れの中では、少なからぬ意味を持つ。この中書省のいわば出張所が、各地に設けられるのだが、長城線以北を除き、その数は八つあり、それをたとえば行《こう》江西中書省、略して行省《こうしょう》と呼ぶ。河南江北、浙江、江西、湖広、四川、陝西、甘粛、雲南と、旧金領の河北・山東・山西の中央中書省直轄地がそれで、最後の直轄地は腹裏《ふくり》と別称される。こうした行省が、次の明代になると、その地方の実情に合わせて整理され、いわゆる本部十八省《しょう》ができあがる。既述のように、北宋時代には二十四、南宋では十五ほどの、「路《ろ》」と名づける中央と地方をつなぐ監督区分が作られた。しかし宋代の路はその性格や、そこに置かれた官員の役割が曖昧で、金や元の人たちにもわかりにくかったのであろう。そこで元では、中書の出張所である行省の下に、新しく総管《そうかん》と呼ぶ長官をいただく路を二百近く作り、その下に州県を附属させる形に改めた。簡単にいうと、宋の路の中味が唐宋時代の主な府州といれかわっただけなのだが、次の明代には、この路の名称がなくなり、再び全部が府州に戻る。一般の読者のかたがたは、さして気にとめて頂かなくても構わないが、宋代の(路)—府州—県、元代の(省)—路—(府州)—県、そして明代の省―府州―県といった制度と、それに伴う官職の変遷は、この三つの王朝の皇帝支配の本質とかかわる要素を裏面に持っているのである。

数では劣るモンゴル族が、円滑に中国を支配するためには、監察機構の比重が当然重くなる。そこでまず、路、府州、県の各行政単位に一人ずつ、上述の達魯花赤《ダルハチ》なる蒙古人目付役が置かれる。中国の事情に疎く、恐らく言葉も十分に使いこなせなかったはずの彼らは、権威をかさに威張り散らし、その反面利欲に眼のない連中だったろう。表面は従順を装い裏で適当にあしらうくらいは、中国人にとって朝食前と想像できる。そうしたことも承知して、元朝側は次に御史台系統の行政監察機構の刷新にとりかかる。これまで歴代王朝に必ず顔を見せた御史台は、初発的には皇帝直属の総務局長か事務総長といった役むきだった。行政の細分化とともに、それは独立した監察機関と変り、同時に特別検察庁の役目も引受ける。元朝ではこの御史台の充実をはかり、中央の御史台の出先機関として、これまた陝西と江南に行《こう》御史台を設置し、その下に全国を管轄区である二十二の道《どう》に分けた粛政廉訪司《しゅくせいれんぼうし》を属せしめる。こうして全国の司法行政の網は宋代よりずっと細かなものになる。このような地方行政の改革は、次の明清の皇帝政治への布石として、閑却できない意義をもっている。ただ、繰り返しになるが、元帝国は、経書を中核に古典的教養溢れた知識人＝士大夫《したいふ》を、科挙を通じて皇帝直属の官僚に採用する方法を拒絶した。行政のすべては彼らがいなくても、すでに揺るぎなき組織をつくりあげていた胥吏だけで十分であり、理窟が多くて煩らわしいインテリより、彼らの方がモンゴル、色目人にはずっと気安くつき合える。こうした発想そのものが、実は中国文化に対する無知から出発しているわけなのだが、その竹篦《しっぺい》返しはフビライの子孫たちが味わう破目に陥る。多くの問題はかかえつつも、フビライ自身は、モンゴル語で薛禅《セチエン》皇帝、賢明な人と尊称される通り、これまで述べきたったような姿勢で、真面目に中国皇帝支配の完徹を目指した点は間違いない。

お粗末なフビライの後継者たち

在位三十五年、中国皇帝の中でも珍らしい八十歳の天寿を全うした世祖フビライの後継者たちに眼を転ずると、そこには溜息が出るような世界が広がる。五胡十六国時代でも北朝の終末でも、異民族王朝の末裔たちは、皇帝としての資格を云々する以前の人間が多かった。短命といっても九十年も命脈を保った元王朝の後継者たちが、かくも当事者能力を喪失しているのはどこに原因があるのか。むろんそれは各皇帝だけの責任ではない。先にフビライの所で述べたように、元朝ではモンゴル中心派と大都優先派の争いの火種が潜在していた。帝位継承一つをとりあげても、そのルールは確立しておらず、仮に中国風に皇太子を立てて帝位を継がせようとしても、宮廷内やカラコルムのモンゴル勢力の意思統一はできない。古来、中国人の王朝にあっても、皇帝の継承をめぐっては、いつも血腥《なまぐさ》い争いが起りやすい。早くから皇太子をきめておくと、その周囲には蜜にたかる蟻さながらに、利権をめざす取巻き集団ができ、また往々にして現皇太子をなきものにして、別の皇太子を擁立する陰謀が絶えない。それに何よりも皇太子のおかげで、父親の皇帝が足許《もと》を掬《すく》われるケースも稀ではない。おまけに漢民族の場合なら、現皇帝や後継者候補をとりまく集団は、すでに十世紀を過ぎると、儒教的教養をまとった文人士大夫が中心になっていたから、凄惨な血の流し合いは避けられる。ところが漠北の空気を依然として身につけたモンゴルの貴族や有力者たちは、ことが起ればすぐに武力に訴えようとする。そうした背景の中で、元朝の皇位継承を左右する条件の一つは、相も変らぬチンギス汗の直系、とりわけ拖雷《ツルイ》家の血族をたてる慣行である。モンゴル遊牧民族の首長にふさわしい体力と気力のトレーニングを怠り、中国的宮廷において、美食、美酒、美女の放埓《ほうらつ》な生活にドップリとつかった元朝の皇帝たちは、フビライ以外はなべて短命であった。在位一年に満たぬ三人を除き、とりあえず七人の皇帝をとり出すと、二代目のテムール（成宗）四十三歳と、最後のトゴン・テムール（順帝）五十一歳のほかは、長くて三十なかば、二人は二十代で世を去っている。その成帝すら治世後半は半病人、順帝に至っては最初から荒淫《こういん》で名高いから、結局フビライ以外の元代皇帝は、治世五、六年がせいぜいという次第で、このため後継者争いが絶え間なく起る始末となる。その代表例を一つだけ挙げよう。六代目泰定《たいてい》帝イスン・テムールが一三二八年上都で崩御《ほうぎょ》すると、三代皇帝ハイシャン（武宗）の親衛隊から身を起し、大都《だいと》で軍権を掌握していた燕鉄木児《えんテムール》が、武宗の息子を帝位につけるべく、上都の丞相倒刺沙《タラシャ》とそれを支持する王室と正面衝突を起す。その結果、武宗の次子トク・テムールが即位するが（文宗）、彼も数年で亡くなり、あとは再び燕帖木児が後継者選びのキャスティング・ヴォートを握る。ところが燕帖木児自身、荒淫日に甚しく、乱行《らんぎょう》が過ぎて衰弱死してしまう。そのあと元朝最後の皇帝として明宗クシャラの子、トゴン・テムール（順帝）が位に即く。では燕帖木児の荒淫とは、どんな有様だったかを、『元史』に語ってもらおう。一回の宴会で馬十三頭を殺し、死んだ泰定帝の皇后を妻に迎え、宗室の女性四十人をめとる。その中には三日で追い出す者もいる。彼の閨房には女性があふれ、全部覚えきれない。ある日鴛鴦《おしどり》会と呼ぶ男女をならべた宴会をやった。末席に坐る一人の麗人が目にとまった燕帖木児が、「あれはいったい誰じゃ」とたずねたところ、家来は「あの女は殿様の後宮におりまする」と答えたという。こうした話題では皇帝たちとて毫《ごう》もひけをとらない。形の上で科挙を復活した仁宗アユール・バル・バトルもアルコール依存症だったし、最後の順帝に至っては、ラマ教をはじめとした西方宗教の衣をかぶった房中術に熱中し、弟たちに宮中の美女連中と自分の目の前で猥雑な行為をくりひろげさせ、はては全員で着物を脱ぎ、ウイグル語、モンゴル語何でもとり混ぜた乱痴気《らんちき》さわぎとなる。こうなっては中国皇帝としては全く存在意義はなく、至正十一年（一三五一）、のちに明王朝につながる民衆の反体制運動＝紅巾《こうきん》の乱が発生するのは、むしろ当然であった。

元朝の歴史的意義

私は前章で宋代の漢民族による君主独裁政治について語り、本章で第二次の非漢族を支配者にいただく異民族王朝を扱った。後者は前者と時代的に並行し、時に接点を持ちつつも、必ずしもそれに同化や吸収されてゆくわけではない。また前者は、少くとも社会、経済、文化など多くの面で、格段に後者より高次の段階にある。こちらの方は異民族王朝から直接学びとることは少く、あえて言えば、被害者として、マイナスの恩恵を被る方がはるかに多い。しかし、長い中国社会の系統発生という視点に立つと、特定の時期のプラス、マイナスだけでは片付かない、その時代に個有の歴史的役割は見えてくるように思われる。

征服王朝のところでも触れたが、中国はあたかも大海さながらに、周囲の文化を吸収、同化し、世界でも類例をみない巨大な文化圏、中華世界を作りあげたと教えられたことが何回かある。不断の運動により、卓越した文化を作りあげた中華世界には、北や西から武力すぐれた異民族が攻撃、侵入してくるが、やかて時とともに、中国の影響を受け、それに同化、吸収されてしまう。文字で書くとそれは確かにそれなりの真実のように感じられる。しかしここでいう同化とか吸収の定義は、もう少し厳密に規定しておく必要はあるように思われる。本章ではじめにあげた契丹族遼を例にとろう。最近続々と調査が進み、その発掘報告を見ることができる遼の貴族たちの墓中には、宋代文化の影響が濃厚に見られる。一〇〇四年の澶淵《せんえん》の盟約以後、宋から贈与された莫大な富は、これら遼の上層階級に大きな変化をもたらし、またそれにスポイルされたろう。それにもかかわらず、遼は、ウィットフォーゲルが抵抗型の範疇に入れるように別の一面も残存し続けている。いったい同化とか吸収というのは、あくまでも部分的な問題にすぎないのではないか。フビライが中国世界に傾斜し、その皇帝になったからとて、彼自身はもとより、後継者たちが、中国語や漢字に習熟したわけでは決してない。特に元朝後半の皇帝たちが、揃って欠陥を持つ連中だったとしても、それを中国文明に毒された結果だと単純に割切れないのではないか。これから三百年ののち、やはり異民族の満洲王朝が中国に君臨した。清朝二六〇余年の皇帝のうち、元王朝のような人物は文字通り一人もいない。そこに、モンゴルとマンシュウの根底とかかわる社会や文化の差をもちこみ、早く武力を失ったマンシュウ王朝は、急速に中国文明に同化されたなどと説明することは、多分当を失するであろう。すでに入関以前から、来たるべき中国本土の支配者たるべく、マンシュウの指導者たち、特に順治《じゅんち》、康熙《こうき》の両帝は、中国語、漢字をはじめとした訓練を続けていた。彼らの脳裏に、モンゴル王朝皇帝たちが反面教師としてイン・プットされていたことはほぼ間違いない。順治、康熙にそうした姿勢をとらしめた原因は、同化や吸収以外の視点からより深く考えねばならぬであろうし、そのことはウィットフォーゲルの反抗、受容、中間といった類型で第二次の異民族王朝を理解しようとする方向への疑念とも繋がっている。

ここまで書き綴ってきた元王朝の皇帝政治を、私はマイナス面ばかり強調してきたかに受取られるかもしれない。だが、もし宋王朝が、遼金など異民族の攻撃を受けず、あるいは受けたとしても開封《かいほう》で金に、また杭州で元に勝っていたら、そこにどんな立派な中華王朝や皇帝支配が期待できたであろうか。ことは三百年近い南朝が、隋の楊堅に攻めこまれず、そのまま漢民族王朝として続いていたらどうなったかを考えても同じである。人間や動物に老いと寿命があるように、どんなに長い王朝でも、老残の姿を隠すことはできない。最近アメリカの学者が明の万暦年間の一種の真空状態について書いている。だがそれもまさしく、老の部分をとり出して強調しているにすぎない。ある文明が爛熟しきった時、それ自身はすでに身動きがとれなくなり、新しい活力と力によるリフレッシュ、リクルートが不可欠となる。第一波にせよ第二波にせよ、非漢民族王朝の波は、漢民族王朝の蓄積された汚物を洗い流し、次の再生への道を拓《ひら》く。しかし、新しく作られた世界は、常に前にあった世界より優れたものとは限らない。宋代に蓄積された中国の富、とくに国都のそれは、まず金によって北に持ち去られ、元の杭州の場合も似たようなことが言える。ただ元による百年間の中国支配は、中国の社会、文化に甚大な後遺症を残し、特にそれは経済の面で著しい。旧南宋全域の富が、それまでの華北の富と同様に、モンゴル人と色目人の手で収奪され、国外に持ち出されてしまう。紅巾の乱をへて、朱元《しゅげん》璋《しょう》が明帝国を創建した時期には、塩の専売とリンクされていた紙幣はただの紙きれとなり、かといって銀も銅銭もその備蓄は極めて少なかった。同じく戦乱のあとの漢民族王朝といっても、宋は五代の江南はじめ十国の富を背景とし、経済的に壊滅状態にあった明とは話しが違う。明初の皇帝政治はそうした厳しい制約の中で、新しく動き出さねばならなかった。

そうはいっても、こと皇帝政治の機構、とりわけ官制や法制の枠組みの面に限ってみれは、元王朝は腕のよい大掃除屋の仕事を的確になしとげてくれている。そこで彼らの能力と必要に応じて加えられた改良は、唐王朝の建前、宋王朝の現実の双方から生じる行詰りを解消し、明代の皇帝政治を進展させてゆく上で、少なからぬ寄与をなしたと私は評価しておきたい。

第八章　複雑な性格の明代

元への反抗―紅巾の乱

河南省の北端、大陸を縦断する京広線の鄭州の北で、黄河は山峡地帯を抜けて華北大平原に躍《おど》りでる。この河に含まれた大量の土砂は、流れが緩慢になると同時に堆積して河床をあげる。堤防によって流路がコントロールできなければ、簡単に大氾濫をおこし、その河道を右に左に変える。河北省東南部、山東省北西部一帯は、すべてこの黄河の氾濫原といってもよかった。華北に進出してきた女真族金王朝は、そうした治水工事に対して理解が不十分で、結局は黄河の氾濫に悩まされ続ける。特に章宗の明昌五年（一一九四）の決壊は、規模も大きく、河流は大運河に沿って東南流し、各地に甚大な被害をもたらした。元代になると、この東南に流れる黄河本流がひとまず安定し、淮《わい》水に入って東シナ海に注いでいた。ところが、さきの荒淫《こういん》天子

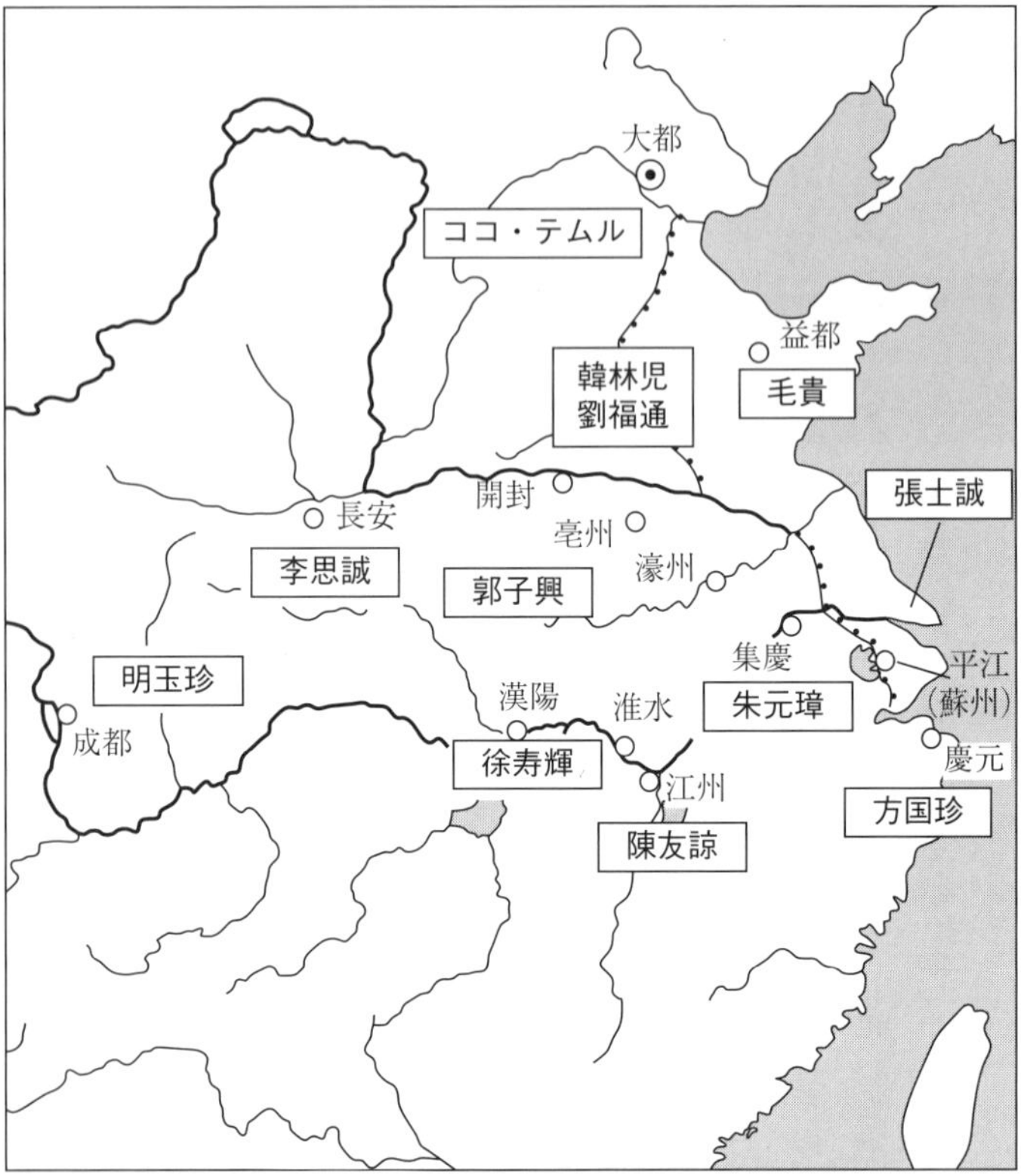

元末の群雄蜂起概念図

順帝の至正十一年（一三五一）、またもや黄河は荒れ狂い、放置すれば、南北の大動脈たる大運河にも大きな影響が及ぶ状況に至った。元の都大都の食糧は、そのほとんどを江南の米穀に依存している。南宋滅亡後、朱清《しゅせい》とか張瑄《ちょうせん》たち豪俠を利用して、海路米穀を北に運ぶ方法が採用された。しかし揚子江口の劉家港から、東シナ海、黄海の航路は、砂洲や暗礁、風波や海賊などの危険がつきまとい、必ずしも安定した供給を約束できない。そこで旧大運河と南流黄河の一部を使い、徐州からはまっすぐ北上して、済州河、会通河をへて御河《ぎょが》に入る運河が併用される。それが徐州と淮安《わいあん》の間で不通になると、大都の死活とかかわってくる。順帝の宰相脱脱《トクタ》は、水利技術者として名のあった賈魯《かろ》を起用し、黄河氾濫地の罹災農民や、兵士十七万人を動員して、河南省北部一帯の黄河河道の修復整備を断行した。工事はひとまず成功し、新しい河道は彼の名をとって賈魯河と命名された。しかし、ことはめでたくおさまらず、次のより深刻な事態の導火線となってしまう。

前章で縷説《るせつ》した通り、元朝の中国支配は、そもそもが安定した基盤の上に立っていたわけではない。それに加えて、皇帝はじめ政権を握る集団は、農民を中心とした中国人民への配慮に欠け、政治の運用面でも不手際をくり返し、遂には誰の目にも当事者能力の喪失を印象づけてしまう。『元史』をめくっていると、順帝の初めから、各地で群盗や、弥勒《みろく》仏に名を借りた民衆たちの反体制蜂起が目立ち始める。彼らはモンゴル王朝の苛酷な収奪を受け、疲弊の極に達して立ちあがった人々だが、それが分散的、局地的にとどまる間は、権力側の武力に抑えこまれてしまう。だがこうした蜂起の瀕発は、ひとたび対応を誤まれば燎原の火のように拡大し、王朝の命取りとなる危険信号でもあった。黄河の治水に十七万もの人間を動員し、その工事が終ったあと、彼らの大部分がすぐには帰るべき場所も仕事もなく放置された時、それが反体制集団に合流することは見やすい道理であろう。

賈魯河の開修工事にあたり、あらかじめ「これが現われれば、天下反せん」という文字を背中に刻みこんだ、一つ目の石人が埋められていた。この地方で弥勒仏の救済を唱える秘密結社白蓮教《びゃくれんきょう》の指導者韓山童《かんざんどう》一派の企みといわれる。それと同時に彼らは、「黄河が氾濫し、一つ目の石人があらわれると、天下は乱れる」と同じ内容のはやり歌も流布させておいた。かくして計略は成功し、民衆は韓山童をおしたて、頭に紅《あか》い布をまき、紅巾《こうきん》の乱の爆発となる。韓山童自身は旗上げに先立ち、捕えられて生命を落すが、その子韓林児《かんりんじ》は、河南、安徽《あんき》を地盤に、宋王朝の復活をうたって勢力を拡大する。これを口火として、淮河《わいが》以南、揚子江を越えた湖南や江西まで、反元運動の大波は広がり、そうした中で、明帝国を樹立した朱元璋《しゅげんしょう》がみずからを生長させてゆく。元末の反乱の一つの特色は、そのほとんどが旧南宋領、つまり南人世界で発生している点である。それは、江南の中国人たちすべてに、モンゴル元王朝は不満を与えていたという証拠でもある。従って彼らの反乱が激化してくると、大都を根拠地としたモンゴル支配者たちとその周辺は、江南からの物資の供給を絶たれ、経済的に追いつめられる事態をも招く。韓林児やそれを支えた郭子興《かくしこう》たちの集団は、勢に乗って、河南の開封《かいほう》から河北へと破竹の進撃を続ける。しかしその行動は、黄巾《こうきん》や黄巣《こうそう》の乱に似て、掠奪と殺戮に明け暮れ、確たる将来への展望を持たない。最初は郭子興の部下に加わり、認められて彼の養女、のちの馬皇后を貰った朱元璋が、紅巾軍に見切りをつけ、揚子江を渡って金陵（ナンキン）に腰を据え、群雄たちが弱肉強食を続ける中にあって、力を貯え機会を窺ったのは賢明な選択だった。私が学生の頃は、明の太祖朱元璋は、揚子江の北、安徽省鳳陽《ほうよう》の、とある田舎寺の前に棄てられていた赤ん坊で、乞食坊主として生長し、やがて郭子興軍団に参加したと教えられた。ところが最近

堂々たる朱元璋

どちらが本当？
もう一つの朱元璋像

の朱元璋に関する書物では、貧農というより流民に近かったとされる彼の一家の家系や、元璋の生い立ちなどが、不思議にも詳細に書きこまれている。だからといって、そのことが元璋の理解に何ほどの役に立つものでもない。私は彼を、漢の劉邦よりさらに下層の、全く氏素姓なしから皇帝になった人物としておいて一向に差支えないと思う。惜しむらくは、彼は劉邦と違い、人間的魅力があまりにも少なかった。

わが師宮崎市定先生は、清朝の考証学者趙翼《ちょうよく》がお好きだった。先生の『中国史』（岩波全書）を拝読していると、明代の部分では、特に趙翼のアイディアを借り、それを御自分流に使っておられるのが目につく。朱元璋が郭子興のもとにいた時分、すでにその部下となっていた李善《りぜん》長《ちょう》は、元璋に劉邦を見習うことをすすめ、そのため、根拠地金陵の造営、出身地鳳陽への江南富民の移住強制、皇子分封など、元璋の施策は劉邦を意識したものだと趙翼は言う。仏門に拾われながら、元璋は碌《ろく》に字も知らず、インテリ嫌いで、賢夫人馬氏に頭が上がらなかったところなども劉邦と似ている。やがて勢力を強化し、とくに浙江に進出した結果、劉基《りゅうき》や宋濂《そうれん》たち一流の文化人を配下におく頃には、博く古今に通じ、文学明達の人となったと喧伝される。事実、のちに述べる律令の編纂の経緯をみていると、彼が皇帝にふさわしく、知識教養を身につける努力をしたことは確かであろう。それにもかかわらず、一方ではちょっとした文字、文章に言いがかりをつけて儒者を殺し、文人士大夫たちも、彼の裏に隠された残虐性を嫌い、彼の政権への参加を拒否しがちだった。元の至正十六年（一三五六）、金陵を足場に、元の官職名を借りて江南行中書省の長官となった朱元璋は、西の陳友諒《ちんゆうりょう》、東の張士誠《ちょうしせい》ら強豪をうち破り、建国前年の一三六七年、徐達《じょたつ》、常遇春《じょうぐうしゅん》らに北伐を命じ、元帝国の支配者たちを長城線の北に追い払った。翌一三六八年、いご三百年に近い明王朝が開始される。ここではその間の詳細は例によって他の書物にゆずり、ただ中国の皇帝政治の変遷の中で、朱元璋すなわち明の洪武帝《こうぶ》が示す特色や意義に焦点を合わせ、少し詳しく論じておくことにする。

洪武帝の恐怖政治

洪武帝は早くから地主勢力を味方につけようと考え、その下で農民を安堵させようと、支配地を拡大しても無闇みに人殺しをしなかったと書く人がいる。私は別にそれを否定はしないが、かといって、彼が心底から人民の生活を考え、その生命を尊重していたかとなると、甚だ疑問に思う。元代の政治は実務専門の胥吏《しょり》たちに任されていた。その上に立ち、ヴィジョン、理念を持ち、ある程度は彼らに歯どめをかける士大夫官僚は存在しない。元末には、ほとんどの地方州県では、貪婪《どんらん》な官吏たちが百鬼夜行の有様だった。その改革を企図した洪武帝は、早くも即位後三年で科挙を再開し、劉基らの進言をいれて法律の制定に取組む。むろんことは簡単には進まず、科挙も法制も多くの曲折を経過しなければならぬ。その間にあって、民の害となる貪《どん》吏に対する洪武の処罰は苛烈を極めた。明の葉子奇《ようしき》の随筆『草木子《そうもくし》』には、次のような話しが載っている。人民に苛酷な官吏を訴えさせ、贓罪が六十両になれば、さらし首にした上、皮を剥いで中に草をつめる。州県の役所の側には、皮場廟《ひじょうびょう》と呼ぶ皮剝ぎ場を設け、また知事たちの執務室には、剝いだ皮に草をつめた人間袋を吊るして誡《いまし》めとした。このほか、民の害となる官吏は都へつれてきて城壁工事をさせ、また笞罪以上を犯した者は、すべて洪武帝の出身地鳳陽《ほうよう》（安徽省江北）の屯田に送り、その数は一万を超えたという。そう書くと、いかにも洪武帝が人民の味方になって、悪徳官吏を懲《こら》しめたかに聞こえるが、処罰された者全部が本当に悪徳官吏だったかどうか判断のしようがない。同じ『草木子』には、次のようにも書きとめられている。洪武帝は特に重い刑罰を使って臣下を馭し、少しでも意を害《そこ》なうとすぐ生命を奪われる。都で毎朝御前に伺候《しこう》する官員は、妻子に今生《こんじょう》の別れを告げて家を出、夕方無事に戻ると、一日生きのびられたたと慶賀した。こうした話しとて、すべてが真実を伝えてはいないにせよ、洪武帝の皇帝政治は、宋代や漢代のそれを遥かにとびこして、秦の始皇帝の恐怖政治に本家帰りしたような錯覚さえ起させる。それが単なる感覚だけでないことを証明する事件が、彼の治世に波状的に発生する。その筆頭が、洪武十三年（一三八〇）に起った胡惟庸《こいよう》の獄である。朱元璋の起義に参加し、その片腕として行動をともにし、やがて丞相にまで進んだ彼が抹殺されてしまった。洪武帝の信頼厚かった劉基《りゅうき》を殺害し、専横がゆきすぎて反逆を謀ったとの告訴をもとに、本人の処刑はもとより、連坐により、家族一門、関係者で誅殺された者三万人以上といわれる。さらに洪武も終りに近づいた二十六年（一三九三）、これまた処刑者一万五千とされる藍玉《らんぎょく》の獄が起こる。藍玉もまた朱元璋の腹心常遇春《じょうぐうしゅん》の妻の弟で、早くから元璋の幕下に馳《は》せ参じ、北伐した徐達につぐ将軍として高い地位を与えられていた。この両方の獄は、密告者の訴えに端を発し、確たる物的証拠となく、公正な審理などは全く行われないままに、驚くべき多数の人命が奪われ、しかもその対象が、洪武帝建国の功臣、当時の行政、軍事の最高責任者たちだったところに問題がある。平心にこの二つの獄を眺めると、自分の地位を危うくする可能性を持つ草創期の実力者たちを、まず荒療治で片付け、残ったものに第二波、第三波の攻撃をかけその息の根をとめるという、洪武帝の特殊な猜疑《さいぎ》心、いってみれば異常性格の結果としか言いようがない。まさしくそれは始皇帝の専制政治に似ると同時に、中国に侵入した非漢民族王朝が行った行為とも重なり合う。

元朝時代、モンゴル、色目人たちの搾取により、明が成立した時には、経済は金や宋の時代とは比較にならぬ水準に落ちこんでいた。洪武帝は地主、小作人を問わず、さしあたっては農本主義に徹した社会の再建を目指さなければならなかった。その際、賄賂や汚職により、個人の利益だけを謀る官吏たちは、何をおいても排除すると同時に、自分が最高権力者に成上った帝国では、自分に拮抗する勢力の存在は許されず、その危険な芽は早く摘み取るべきであると考える。こうした別々の事象が、すべて相手をこの世から抹殺するという方法で処理されるところに、経済状況と同様に、時代の著しい逆行が看取される。

洪武帝に皇帝独裁、専制君主という用語を使ってもかまわない。しかしそれは、宋代に成立した君主独裁制とは別物であって、洪武帝の政治は、少くとも直接に宋のそれを継承するものではない。ここでも、洪武帝は、一旦、明王朝独自の個体発生を最初からやり直し、やがてその子孫たちが宋代の君主独裁制という系統発生に合流してゆくという、段階が必要だった点を忘れてはならない。但し、個体発生のくり返しといっても、洪武帝を取巻く環境は、秦代や五胡十六国時代と遥に異なるレベルにあり、皇帝政治だけでも千五百年以上のお手本が残っている。その中で系統発生に戻ることは、異民族王朝とくらべれば、より早く、より容易にできるはずであった。

皇帝専制と法律編纂

洪武帝は自己の専制を徹底させるため、まず官制の改革と法令の整備に心をくばった。すでに元王朝において、門下省と尚書省は姿を消していた。胡惟庸の獄を契機に、洪武帝はさらに中書省をも廃止して、丞相《じょうしょう》以下の組織も取り除いてしまった。つまりは、皇帝自身が、行政の最高責任者である六部《りくぶ》尚書（各省大臣）を直接統率する形式となる。なお明代には、元の制度を引きつぎ、御史台《ぎょしだい》を都察院《とさついん》と改めて、中央最高機関の一つとしたため、その長官である都《と》御史《ぎょし》も大臣待遇となり、六部《りくぶ》尚書と合わせて七卿《しちけい》と呼びならわす。中書省の廃止は、立法、審議など国政万般の最も枢要な政務に対し、それを皇帝一人の責任に帰するだけでなく、みずからの手で取り仕切ることにほかならぬ。始皇帝は一日六キロの簡牘《かんとく》文書を決裁しなければならなかったと伝えるが、それに何倍もする行政文書の原議から決定までの可否を決する立場に立たされる。それは洪武帝のような超人的な王朝の始祖には可能だったかも知れないが、たとえ凡庸ではない皇帝でも、それを毎日励行することは所詮《しょせん》不可能だった。その解決のため、明代独特の制度が生まれ、それは周囲に少なからぬ影響を及ぼすが、詳細はのちに触れる。

始皇帝的独裁の象徴の一つとも言える法制の整備には、洪武帝はことのほか熱心だった。元王朝は、ついに中国法令の伝統をなす律令の編纂を行わず、一種の行政法典である条格と、律的な法規とその判決例を合わせた断例が編《あ》まれただけであった。儒教の礼と表裏した律は、モンゴル異民族にとっては、日本の場合と同様に、その本質的理解が困難であった以上、仕方がない。江南の漢民族農耕文化を基盤とした洪武帝が、自分の性格とも合わせ、何よりも国家権力の象徴である律令制定を優先させたのは首肯できる。ただ現実には、漢民族王朝にとって理想とされる隋唐の律令は、すでに六百年以上昔の代物である。それは唐代においてさえ、八世紀なかばには社会の実情にそぐわなくなり始めていた。唐を継いだ宋は、律《りつ》については、皇帝が新しい現実に対応して発布した勅《ちょく》で、令《れい》については、隋唐の令を離れ、官職、儀制、軍事など多くの分野に分けた独立法規を編纂し、これまた複雑多様化した現実に対処した。唐代の律は、何度も繰り返したように、儒教イデオロギー、ひいては中国農村社会の根底につながる規範＝礼に拠って立つ以上、政治、社会の発展といった個々の変化とかかわりなく、たとえ一部に現実から乖離《かいり》した部分が生じても、その全体の価値を失うようなことにはならない。明律は、洪武帝の建国前年の呉《ご》元年（一三六七）、李善長《りぜんちょう》を総裁官に、当時の文官二十人をよりすぐって、最初の編纂が行われ、以後洪武帝が先頭にたって数回の改訂を加えたのち、洪武三十年（一三九七）、三十門、四百六十条として正式に公布された。その大きな特色は、唐律の十二門、五百二条の内容を尊重しつつも、現在の行政に便利なように六部《りくぶ》中心に分類し直した上で、冒頭に律総論にも当たる名例《めいれい》律を置いた点にある。とくに前近代中国の学者たちは、唐律と明律の相互対比に熱中するが、この両者は正直に言うと似て非なるもので、単純に比較してもたいして意味はない。明律では、こののち問《もん》刑条例などを筆頭とした各種の事例が附加使用され、唐宋にはなかった「律例《りつれい》」という用語が日常化する。いっぽう令の方は、やはり呉《ご》元年に、百四十五条の、これも六部に分類した大明令《だいみんれい》が纂修されたが、上述のように、ほかの各種の行政法と重複し、それ自身の独立制が稀薄になって消滅に向う。ここに至って我々にも馴染み深い隋唐の律令格式の法大系は、性質を異にした明律的法大系に姿を変えたと考えてよい。

洪武三十年制定の大明律は、明では祖宗《そそう》の成法として、少くとも表面的にはことのほか尊重され、若干の手を加えて清朝にも継承される。とりわけ罪刑の最終的な判断の拠り所として、それは重い意味を持ち続けた。

靖難の変―永楽帝の簒奪

洪武帝が在位三十一年、七十一歳で崩御した時、その皇太子はすでに早逝してこの世になく、優れた資質を秘めるかも知れぬが、まだ二十二歳の皇孫朱允炆《しゅいんぶん》があとを継ぐ。ここで洪武帝がこの若者を補佐すべき、漢代の周勃《しゅうぼつ》や霍光《かくこう》にも相当すべき重臣たちを皆殺しにしてしまった報いがやってくる。劉邦を真似たかどうかは別として、朱元璋は皇子二十六人のうち、皇太子を除き、すべてに三千人ほどの軍隊をつけ、全国各地に王として派遣し、明王朝の柱石にしようとした。とりわけ、北に逃れたモンゴル勢力の北元《ほくげん》を防禦する長城線には、東から、遼、寧《ねい》、燕《えん》、谷《よく》、代、そして西に離れて慶、粛といった塞王《さいおう》たちが配置された。彼らの中で、第四子で大都（ペキン）の守りを任された燕王朱棣《しゅてい》が最も強力であった。洪武帝もその末年、まだ心もとない孫の行末を慮《おも》んばかり、息子の諸王たちの動静をひそかに探らせていた。いっぽう允炆《いんぶん》の周囲には、科挙のトップ・クラスの秀才である斉泰《さいたい》や黄子澄《こうしちょう》がつき従い、即位とともに宋濂《そうれん》門下の逸材方孝孺《ほうこうじゅ》も加わる。かねてから、おじに当る諸王たちの横暴と、彼らの行動への懸念を抱いていた允炆は、泰や子澄とはかって、即位後間もなく、名目をつけて五人の王の領地と軍隊を次々ととりあげ始めた。漢が諸王を廃し、呉楚七国の乱を招いたのと同様な事態があっても乗切れると、秀才たちは考えたのかも知れない。しかしまだみずからの足許も固めずに、すぐに諸王の領土とりあげの行動を起し、謀議をめぐらすにも、老練な策士や将軍がほとんどいない状況では、ことは未熟な若者の机上の空論となってしまう。果して大都で、旧モンゴル軍を再編成してみずからの武力に加え、諸王の中で最も強力だった燕王は、逆に允炆の君側《くんそく》の奸《かん》を除く意味で「靖難《せいなん》」の名分を掲げ、兵を挙げて南下を開始する。允炆側では耿炳《こうへい》文《ぶん》、ついで李景隆に数十万の大軍を授けて迎撃させるが、二度も大敗を喫して打つ手を失う。やがて燕王は長駆中央突破を試みて金陵を衝き、允炆側近たちの内応も手伝って、呆気なく国都は燕王の手に落ち、允炆は自焚《じふん》して果てる。ただその死をめぐってさまざまな秘話が生まれ、我が幸田露伴《こうだろはん》も、長編小説「運命」をものにしている。燕王朱棣《しゅてい》は金陵に入って明の帝位をつぐが、これはどうみても、叔父が甥を殺して国を奪った簒奪《さんだつ》であり、漢民族王朝としては自慢できないルール違反である。このため、帝位につき永楽の年号をたてた朱棣（永楽帝）は、四年にわたる朱允炆の治世をなかったものとして、公式記録にその年号を載せず、洪武を三十六年まで延ばすことで辻褄《つじつま》合せをはかる。これは明一代は暗黙のうちに認められたものの、次の清朝乾隆《けんりゅう》帝のはじめ、その不自然さを改正すべきだとの意見が高まり、允炆は恵帝恭閔皇帝《けいていきょうびん》

世祖永楽帝

の諡《おくりな》を貰って復活し、建文の年号と建文帝の名が史書に明記される次第となる。

永楽帝は洪武帝とならび、明代のみならず、中国歴代皇帝の中では名が売れていると思われる。若い頃から父の膝下を離れ、モンゴル人や北方漢人の世界で生長した彼は、靖難の変で苦しい経験をかさねつつ、明帝国の皇帝に駈けのぼった。しかし残念ながら、漢民族皇帝として必要な知的教養や文化は、彼もそれほど多くは身につけていなかった。のちに廟号を成祖と呼ぶように、彼は元の世祖フビライや、父の洪武帝と同様に、専制君主の性格が濃厚ににじみ出ている。金陵を征圧したあと、君側の奸すなわち建文帝側近の斉泰《せいたい》や黄子澄《こうしちょう》、方孝孺《ほうこうじゅ》たちが、いずれも磔《はりつけ》の刑に処せられたのは仕方ないとして、百人、千人の単位で、彼らの親族、門弟、関係者が捕えられ、死刑や流罪にされたのはこれまた目をそむけさせられる。二百年近く後の万暦年間になってさえ、辺境に流されて本籍地に戻ることを許されなかった方孝孺の子孫たちが、なお千三百人も残っていたと伝えられる。また、方孝孺と誼《よしみ》を通じ、のちに永楽帝の暗殺をはかった耿清《こうせい》の場合、彼の本籍の村では、瓜の蔓《つる》のように、次から次へと関係者が引張りだされて命を落し、全村廃墟になってしまった。こうした永楽帝の行為は、宋代の皇帝などには思いもよらぬ残虐さで、私などはそこに、モンゴルなど北方異民族の性格が二重写しになって重なる感じがする。

明の創業の地金陵を国都とすべき永楽帝ではあったが、簒奪《さんだつ》者の引け目も手伝って、何となく落着きが悪い。おまけに北に逃げ去り、カラコルムに本拠を置いた北元は、永楽帝たちが大都を留守にして南に移ると、防備の手薄さに乗じて南侵の機会を窺う。遠く離れた江南の金陵では、そうした動きに即応しにくく、かつまた永楽帝の親衛部隊には、江南の環境に順応できないモンゴル人も混っている。モンゴル征討を口実に、何回かの北への往復の末、永楽十五年ごろから、北平（大都・ペキン）の国都としての建設工事は本格化し、永楽十八年（一四二〇）遷都の詔がくだり、それに伴って金陵は南京《なんけい》として、明一代特別な優遇措置が講じられることが決まった。現在通用される北京《ペキン》、南京《ナンキン》の呼称はこの時に始まり、同時にこれからあと、今にいたるまで北京（ペキン・北平）は、中国の国都であり続けることになる。

朝貢貿易と海禁

洪武・永楽父子の手で始まった明代の皇帝政治には、これまた後代に少なからぬ影響を与える政策が含まれていた。その一つは朝貢貿易体制と海禁を柱とする外の世界への対応である。モンゴル世界帝国とそれを一部にせよ継承した元朝のメリットの一つは、中国を中心とした漢字文化圏の枠など意識せず、ユーラシア大陸のほとんど全域にわたり、海陸両方において、人間の交流、物貨の流通ができた点であった。マルコ・ポーロにしても、イブン・バトゥータにしても、そうした東西交通の自由な大地を背景に、歴史に名を残した人たちだった。ところが明帝国を創建した洪武帝は、それにブレーキをかけ、永楽帝は父親とは同じではないけれども、改めて「中華世界」ないしは「中華意識」の強化を助長する行動をくりひろげる。

即位から間もなしに、洪武帝は周辺の東アジア各地へ、建国の通知とともに朝貢を促し、いわゆる冊封《さっぽう》・朝貢体制の樹立を目論んだ。「地大物博」すなわち土地広大で物資は豊富の四文字は、唐の文豪韓愈《かんゆ》に由来するが、明代の朝貢貿易や中華意識が語られる時の枕言葉に定着してしまう。中国にはどのような物資とて産しないものはなく、周囲の諸国は、自分たちの所にないそれらを求めて中国にやってくる。中国皇帝は広大なる恩徳により、その求めに応じるが、そのためには諸国に制限を設け、その親疎に従って朝貢貿易の形式を整える。このシステムは、明清時代を通じた対外交渉と貿易の原則となり、同時に中華意識を強化する土壌を提供した。

洪武帝治世の初期には、蘇州に張士誠《ちょうしせい》、浙江東南部に方国珍《ほうこくちん》といった、彼に敵対する集団が残り、東南海上の制海権や貿易権を掌握していた。さらにその残党や、元末の混乱に乗じた日本の倭寇《わこう》たちが海上で跳梁《ちょうりょう》し、とりわけ江蘇や浙江の沿岸は放置できぬ状況になる。そこでまず、これら地方の人民が、倭寇たちと結託しないよう、その出海の禁止令がくだされる。ついで数年をへて、宋代以来、杭州、明州、泉州など、沿岸の主要都市に設けられていた、海外貿易を管轄する市舶司《しはくし》も廃止され、表向きは貿易は朝貢に附随するもののみに限られてしまう。かくして、事実上は、中国人民の自由な海外渡航や外国人との交易を認めない、鎖国状態に突入してゆく。

しかるに永楽帝の時代に入ると、父親の方針と一見矛盾するような現象が起る。鄭和《ていわ》の南海への航海と、永楽帝の外モンゴリア遠征がそれである。雲南出身で

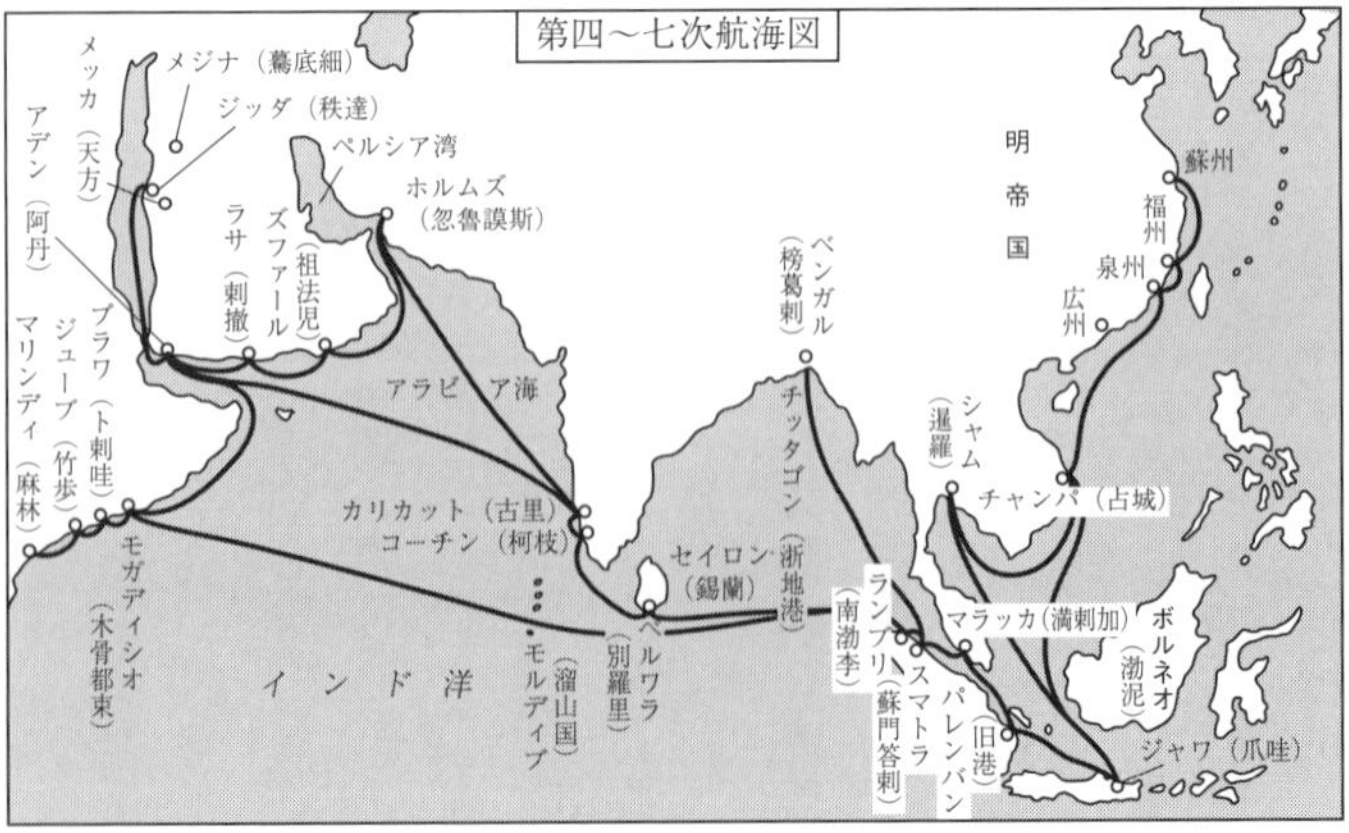

鄭和外征図（『中国の大航海者　鄭和』寺田隆信著　清水書院）

イスラム教徒の家系とおぼしき鄭和は、早くから宦官として燕王王宮に仕え、信頼を受けていた。永楽帝の即位後は、三保太監あるいは三宝太監と呼ばれる宦官の長官にのぼり、その彼に一四〇五年、南海巡航の命が与えられた。六十二隻の船に将士以下二万八千を載せ、揚子江をあとに、ヴェトナムからマレー半島、そしてインド洋の航路をとり、ヴァスコ・ダ・ガマと同じくインド西岸のカリカット（古里）に達した。さらに第四回以降は、遠征はインド洋を越えてペルシャ湾頭のホルムズに至り、別働隊はアデン、メッカから、アフリカ東岸のモゲドクス（木骨都束）までその足跡をしるした。永楽から次の宣徳年間にまたがり、前後三十年、歴訪した国三十以上というこの壮挙は、同じ世紀の末にヨーロッパ人が来航する直前における、中国および南海諸国にとって、記念すべき大事件だった。それは永楽帝の国威発揚、世界帝国の喧《けん》伝といった側面もありはしたが、本音のところは、朝貢国をできるだけ増やし、宝石や薬品など、本当は中国にも必要な物資を調達しようという思惑が、強く働いていたことは否定できない。十九世紀に至るまで、中国各王朝のもとでは、そもそも民間人の自由な経済活動、海外貿易といった発想は、極めて限定的である。それらによって最大の利益を受けるのは皇帝とその周辺であるとすれば、鎖国や自由貿易の禁止と、国力を傾けた鄭和の大遠征は、決して矛盾はしない。

永楽帝の事蹟

燕王時代より、北へ逃れたモンゴルの防衛を任務としてきた永楽帝は、洪武帝と違い、むしろ積極的にモンゴル族を叩く姿勢をうち出した。カラコルムに逃れた北元《ほくげん》の系統は、明代には韃靼《だったん》（タタール）と呼ばれるが、永楽帝の頃には、本雅失里《ベンヤシリ》、阿魯台《アロタイ》が勢力を張り、明の朝貢勧誘に応じようとしない。これより先、明では、満洲一帯の女直（女真）族を服従させ、そこに数多くの植民地支配基地＝衛所《えいしょ》を設けて、東方の憂いを取り除いてあった。また、同じ発想で、西方東トルキスタンの哈密《ハミ》王も冊封のうえ、明に敵対しないよう順撫することに成功していた。この両者の間に拡がる蒙古高原では、東部に先のタタール、西部にそれと拮抗する瓦剌《オイラート》が縄張りを形成していた。永楽七年（一四〇九）、ベンヤシリが明の使者を殺害すると、永楽帝は靖難《せいなん》の変で功をたてた将軍丘福《きゅうふく》に十万の大軍を授け、タタール討伐の行動を開始した。予想に反して、丘福軍はハルハ川で全滅の憂目に遭《あ》い、激怒した永楽帝は、翌年みずから親征の軍をひきいてケルレン川まで到達し、そこから東に向きを変え、興安嶺《こうあんれい》に沿って北京に戻った。このあと、十五年の間に、彼は五回に及ぶモンゴル親征を敢行する。漢民族の皇帝でゴビの砂漠を越え、外モンゴリアでみずから戦った人物としては、永楽帝は空前絶後である。タタールに打撃を与えると、それに代ってオイラートが東にその勢力を伸ばし、明はこれとも戦わねばならぬ。当時の人は、永楽帝の北征を五出三犂《ごしゅつさんり》、五たび出軍し三たび敵地を耕した、と讃えるが、本当はそんな立派なものではなく、始めの二回以外は、大軍をひきいて砂漠と草原を行進したにすぎない。彼の死後、二十年もたたぬ正統《しょうとう》十四年（一四四九）、侵入してきたオイラートの首領エセンのため、北京と張家口の中間土木堡《どぼくほ》で、正統帝が捕虜にされた事実は、永楽の遠征がほとんど意味をなさなかった証明となろう。ではなぜ、莫大な労力と費用を使って永楽帝はモンゴル遠征を企てたのだろうか。多くの人は、永楽帝が父親とは違い、世界帝国の王者を目指したためという。さきの鄭和の遠征もそれと同じ平面で理解できるかも知れない。しかし、チンギス汗からフビライあたりまでの世界帝国のイメージを、果して永楽帝が持ち続けていたのだろうか。内部矛盾を外に転ずる政策を使うのは独裁権力者の常套手段である。建文帝の帝位を簒奪し、大明皇帝となった彼の評判は、あまり香《かんば》しいものではなかった。モンゴル遠征と鄭和の南海出巡は、一般大衆の眼を外に転じ、勝っても負けても、成功と失敗は第二義にしておき、そこは情報操作と宣伝により、自己の栄光と威信を人々にうえつけようとしたところに、その重要な目的があったと私は考える。

一方、とかく口うるさいインテリの口を封じるためには、彼らを集めて大文化事業をおこし、そのプライドを満足させるとともに、適当な恩賞を与えることで懐柔が可能になる。永楽帝は洪武帝と同様、新しい仕事にとりかかる決断と実行力に秀でている。早くも即位のその年から、知識人たち三千人以上を動員して、中国的百科事典『永楽大典《えいらくたいてん》』の編纂事業にとりかかる。そ

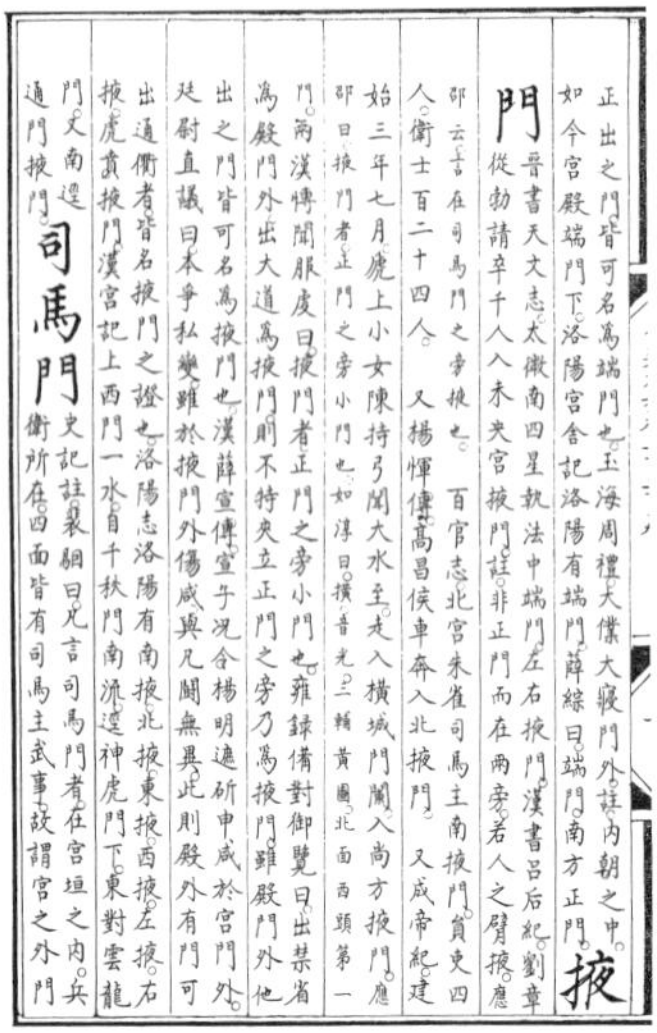
正出之門皆可名爲端門也。玉海周禮大僕大寢門外註内朝之中
如今宮殿端門下。洛陽宮舍記洛陽有端門薛綜曰端門南方正門。
掖
門
晉書天文志太微南四星執法中端門左右掖門漢書呂后紀劉章
從勃請卒千人入未央宮掖門註非正門而在兩旁若人之臂掖應
邵云言在司馬門之旁掖也。 百官志北宮朱雀司馬主南掖門負吏四
人。衛士百二十四人。 又揚惲傳高昌侯車奔入北掖門。 又成帝紀建
始三年七月虒上小女陳持弓聞大水至走入横城門闌入尚方掖門應
邵曰掖門者正門之旁小門也如淳曰横音光三輔黄圖北面西頭第一
門。兩漢傳聞服虔曰掖門者正門之旁小門也。雍録備對御覽曰出禁省
爲殿門外出大道爲掖門則不特夾立正門之旁乃爲掖門雖殿門外他
出之門皆可名爲掖門也。漢薛宣傳宣子況令楊明遮斫申咸於宮門外。
廷尉直議曰本爭私變雖於掖門外傷咸與凡鬬無異此則殿外有門可
出通衢者皆名掖門之證也。洛陽志洛陽有南掖北掖東掖西掖左掖右
掖虎賁掖門漢宮記上西門一水自千秋門南流逕神虎門下東對雲龍
門又南逕
通門掖門。
司馬門
史記註裴駰曰凡言司馬門者在宮垣之内兵
衛所在四面皆有司馬主武事故謂宮之外門

永楽大典

れは当時存在したあらゆる書物の中から項目をえらび、内容、分野別にまとめた中国では類書《るいしょ》と呼ばれる大事典だった。これに類した事業は元末にも行われたが、『永楽大典』は一万二千冊、二万二千巻に達する尨大な分量で、三年をかけて完成した。この百科事典の変っているところは、項目別に関係書物を列挙するにとどまらず、引用文献を掲載する書物の全部やかなりの部分も、一括して採録するという、信じられないようなかたちをとる点である。悪く勘ぐれば、それは全体の目的や編纂の理念は二の次にして、知識人たちに、長期間黙々と仕事をさせておく手段のようにも見える、他の歴史世界では類をみない不思議な事業だった。ところがこれが、中国の重要な文献史料を後世に残す、極めて価値ある役割を果したのだから、物事はわからない。異民族王朝である清朝の乾隆《けんりゅう》帝は、これまた漢民族知識人の不満を解消させるために、その三十七年（一七七二）、四庫全書館を設け、それまでの主だった書物をすべて集める大文化事業に着手した。そのうち、特に重要な書物は同じ体裁に筆写して、「四庫全書」と名付け、宮中図書館に架蔵した。その全貌はいまでも簡単に見られるが、その

時点ですでに、二百五十年を遡る永楽帝当時の書物のうち、失われてしまったものが少くなかった。幸いにも『永楽大典』の中には、そうした書物の多くが、全部または一部残されていた。四庫全書の解題で、「永楽大典本」と注記された書物はすべてそれで、歴代王朝の正式記録である正史の一つ、『旧五代史』一五二巻をはじめ、南宋はじめの基本文献である李心伝《りしんでん》の『建炎《けんえん》以来繋年要録《いらいけいねんようろく》』二百巻などがすぐに頭に浮かぶ。まことに残念なことながら、『永楽大典』は原本と副本の二部しか作られず、清朝まで残っていた一部は、一九〇〇年の義和団事件で、連合軍が泥濘の道路に敷石の代りに使ったりして、貴重なその多くは烏有《うゆう》に帰し、現在は北京や世界各国の図書館で部分的に珍蔵される状態になってしまった。

宦官と明の政治

洪武・永楽の皇帝政治を語る時、特に明代に甚大な影響を与えた秘密警察と宦官体制を忘れてはならない。情報の網羅的な蒐集《しゅうしゅう》を熱望する権力者が、秘密警察のスパイ網を張りめぐらすことは、現在に至るまで常套手段とする必要悪であり、一概には非難できない。しかし、それを最終的にコントロールすべき人物、中国においては皇帝がその運用を誤まると、とんでもない結果を招く。残念ながら、明代はその一つの典型を作ってしまった。

洪武帝は直属の特務機関錦衣衛《きんいえい》を創設し、緹騎《ていき》や検校《けんこう》と呼ぶ手下を使い、拘束した者には残忍な拷問や刑罰を加えたが、間もなくその機能を停止させた。ところが永楽帝は錦衣衛を復活し、腹心の部下を使って詔獄《しょうごく》、すなわち皇帝直接の取調べに名を借り、通常の司法機関とは別に、恣意的な特高取り締まりをエスカレートさせる。この錦衣衛と、国都の憲兵隊に相当する鎮撫司《ちんぶし》が相表裏し、それに宦官が絡《から》みついて、明代特有の秘密警察組織ができあがる。当時の秘密警察について、こういう話が伝わっている。洪武帝の配下に加わった知識人の宋濂《そうれん》に、帝は、昨夜誰と酒を飲み、何を食べたかをたずねた。宋濂がありのままを答えると、すでに密偵から報告を受けていた帝は、「汝は朕を欺きはせぬ」と喜んだ。それが明末の天啓時代には次のように変る。密室で盃をくみ交していた四人のうち一人が、宦官魏忠賢を罵倒した。間髪をいれずスパイが四人を捕えて忠賢の前に引き出し、罵倒した一人は即坐に磔《はりつけ》にされ、物言えないでいた三人には恩賞が与えられた。秘密警察と憲兵隊なら、二十世紀の文明諸国でも、それがない方が珍らしかろう。だが、そこに宦官——人間ならざるもの——が加わると事態はすっかり変る。

洪武帝は、宦官は千人百人の中で、よき者は一、二にすぎないと広言し、少しでも政治に口を出せばただちに追放し、また文字を習得させなかった。おまけに洪武十七（一三八四）年には、宮門に鉄牌《てつはい》をを立て、「内臣《かんがん》は政事《まつりごと》に干預《かんよ》するをえず、犯す者は斬《ざん》」の十七文字を鋳込《いこ》ませた。すべてにわたり、洪武帝の祖訓《そくん》を振りまわしたがる明朝のくせに、永楽帝はいとも簡単に、この教えだけを反故《ほご》にしてしまい、それが子孫たちはじめ、官員や一般民衆たちに大きな不幸をもたらしたことは、まことに皮肉と言えよう。

ことの発端は、靖難の変に際し、建文帝に反感を抱いていた金陵の宦官たちが、内部の事情を通報して永楽帝を助けたことにある。間もなく帝位についても、国都や南方の事情に疎く、おまけに猜疑心の塊と化していた永楽帝は、ことあるごとに宦官の手を借りなければならぬ。彼は燕王時代から、先の鄭和らに親しんでいたこととて、外国への奉使や、地方の軍隊の監督や目付けに、宦官をさして抵抗なしに使えたのであろう。こうした宦官重視の趨勢は、次の宣《せん》徳《とく》時代に入ってもとどまらず、帝は宮内に内書堂《ないしょどう》なる宦官学校を開き、大学士陳山《ちんざん》を招いて、宦官たちを教育させた。宦官には識字・読書を許さずとの洪武帝の祖訓は、ここに至って完全に無視されてしまう。しかし、それだけでは、まだ明代の宦官の専横や弊害は生じてこない。それを増幅したのは、洪武帝の性格に強く影響された、中書省と丞相の廃止という施策だった。なるほど、すでに元代から、尚書省はその独立性を失い、皇帝―中書―六部《りくぶ》のスッキリした系統に一本化されている。それだけにいっそう、皇帝を補佐して万機を処理する宰相たちと、その機関中書省は重視されるべきだった。ところが洪武帝は、中書を取り仕切る宰相（丞相）を自分の地位を脅《おびや》かしかねない危険物と見做《な》し、疑心暗鬼の青い炎を燃やして、これを取り潰《つぶ》してしまった。この行為は、宋代に始まる君主独裁制がより徹底し、ここに至って君主みずからが行政のすべてを統轄することになった、などと簡単には言い切れないできごとだと思われる。中書省・丞相の組織を廃止したことは、明らかに洪武帝の失敗だった。しかし、後継者がそれに気付いても、宦官の時は頬かむりをした祖宗の法を、ここでも知らぬ顔で、丞相復活に走るのはむづかしい。そこには表の丞相と裏の宦官の厳然たる相違、いいかえれば人間と見做されない宦官ならどうでもよいが、丞相を廃された祖訓はそうはゆかぬという障碍が横たわる。

内閣制度

洪武・永楽父子の超人皇帝の時代が過ぎ去り、宣徳帝以下、程度の差はあるにせよ普通の人間が帝位に坐ると、一人で国政の最高責任を負って行動する芸当など、とてもできなくなる。これより先、明朝でも唐宋に倣い、宮中に帝室アカデミーを設け、文華殿、武英殿あるいは文《ぶん》淵閣《えんかく》などの嘉名をつけ、正五品と位は低いが名誉あるポストとされる大学士を置いて、皇帝や皇太子たちの学問所にあてた。この大学士たちは、皇帝じきじきの詔勅の起草官である翰林学《かんりんがく》士《し》ほど位は高くないが、詹事府《せんじふ》（皇太子府）の大学士とともに、皇帝の顧問グループを形成していた。僅か一年の治世にすぎなかった洪熙《こうき》帝は、その養育掛りだった楊士奇《ようしき》、楊栄《ようえい》、楊溥《ようふ》、あわせて三楊と呼ばれる人たちに、上記殿閣の大学士、学士の肩書を与えて政治顧問に任用した。これが現代日本でも使われる内閣、当時の感覚でいうと、宮中内の殿閣学士の組織の始め

王朝	
秦・前漢	丞相　御史　九卿　　　大将軍　将軍
後漢	三公　九卿　録尚書事　御史　大将軍
晋	丞相　九卿　(中書、門下、尚書の出現)　御史
隋・唐	中書省　門下省　尚書省 (三省) (六部)　九寺　五監　御史
北宋 (熙寧前)	中書門下　枢密院　三司　審官院　審刑院ほか　御史　翰林学士
宋 (元豊以後)	中書省　枢密院　尚書六部　九寺　五監　御史　翰林学士
元	中書省 (行省)　六部　御史台 (行台)
明	(内閣)　七卿 (六部尚書と都御史)
清	軍機処　内閣　六部　都察院　九寺　理藩院

歴代中央最高官職の変遷

である。では彼らはどのような仕事をしたのだろうか。下部組織から皇帝の裁可を求めてのぼってくるさまざまな形式の文書を検討し、詔・誥《こう》・制・諭など、これまた目的に応じた、皇帝より下達する命令の擬《ぎ》案(原案)を作ることが、彼らの主要な職務だった。より具体的にいうと、下部からの文書にもとづく政策の原案を見て、それら上奏文の末尾に、票と名付ける紙片をつけ、そこに採否の原案を書きこんで皇帝のもとに送る。皇帝はそれに目を通し、最終的には朱筆で可否を書き、それが各行政官庁にくだされて発効する。このシステムそのものは一概に悪いとは言えないが、その運用の際に、予想もしなかった事態がおこる。

宋代の君主独裁政治は、皇帝にすべての責任が集中する機構になっているだけで、君主自身が独断的、恣意的に振舞う余地はむしろ少い。君主は、毎朝、十人程度の宰相たちと御前会議を開き、意見をたたかわせつつ、政策を決定しなければならなかった。ところが宰相たちを廃止した明代では、行政機関の長たる各省大臣が意見を具申することはできても、全体を見渡す広い視野から、多人数で政策を討議する場はむしろ狭められる。内閣大学士が提出した原案（票擬《ひょうぎ》）が皇帝の手許《もと》に届けられる時、そして皇帝が朱筆で可否を決定した書類を、行政官庁に送る際、その受け渡しはすべて宦官の手に委ねられる。票擬はそれほど長いものではないから、清朝の雍正帝ならずとも、自覚を持って少し政務に身をいれる皇帝なら、それほど労力を必要としなかったと思われるが、この重要な仕事が、すべて宦官に委譲されてしまう。つまり、皇帝みずからが書くべき「旨《し》」を、票擬に従って宦官が代筆する。誰でもすぐに想い浮かべるように、宦官が内閣の原案（票擬）通りに「旨」を書き記す保証はない。あるいは票擬が複数に分かれた時、もしくは内閣から皇帝へ、皇帝から施行機関への道筋で、宦官は誰にも知られずに政策を改刪変更することも容易であろう。制度上は、この任務に携わる宦官は、司礼監《しれいかん》に属する、宦官の書記局長ともいうべき秉筆太監《へいひつたいかん》である。この秉筆太監が、皇帝の私設秘書にすぎず、必ずしも中央の高官とはいえぬ内閣の大学士を軽視し、国政を左右することができたところに、後漢や唐代にも増して、明の宦官が弊害を起す下地があった。悪智慧と才覚にたけた秉筆太監を頂点とする、十万人を超える異常な数に達した明代宦官のヒエラルヒーは、皇族や高級官僚の一部と結託し、その共通利益に従って、国の政策を巧妙に誘導してゆく。原則としては後宮内に閉じこめられるはずの宦官が、官僚たちの任免を左右し、もし抵抗されれば「東廠《とうしょう》」を中心とした宦官独自の秘密警察を使って、反対者を意のままに抹殺する。

先に述べた宦官学校内書堂で教育された秀才の王振は、正統帝の皇太子時代からのおそばづきで、帝は彼を先生と崇めて信頼を寄せた。折しも、オイラートのエセンが侵攻を開始した。王振に尻を叩かれた正統帝は、みずから討伐軍に加わったが、土木堡でモンゴル軍の虜となり、王振は混乱の中で命を失う。『明史』では、七年の専権《せんけん》の間に、王振は、金銀を貯えた蔵《くら》が六十以上、玉《ぎょく》製の盤が百、高さ二メートルの珊瑚《さんご》を三十株も持っていたと書き記す。清の乾隆時代、権勢を恣にした満洲貴族和珅《わしん》の没収された財産が十数億両というから、王振のそれは特に驚くに当らぬかも知れない。しかし内廷だけを生活空間にしているはずの宦官にして、賄賂によりこのように富が蓄積できる状況は、やはり明代に固有な特性といってさしつかえない。されればこそ、その組織にしても人数にしても、明代の宦官は断然ほかの時代をひき離し、宦官希望者が殺到するのも故《ゆえ》なしとしない。

この王振を筆頭に、成化の汪直《おうちょく》、正徳《しょうとく》の劉瑾《りゅうきん》、そして天啓の魏忠賢の面々が、明代の突出した宦官たちである。彼らはいずれも、明代特有の皇帝政治機構の中に安住の地を見出し、皇帝の権力に寄生しつつ、巧みに士大夫官僚の派閥争いや権力斗争を利用し、自分たちの利益を貪り、民衆をその犠牲にした。ただし、彼らが一般の人間と同次元で遇されなかった点は、それ以前の時代と全く変りはない。おまけに、一度宋代に確立した君主独裁制は、元から明初、その機能を停止したかに見えたけれども、宣徳・正統以後は再び活動を開始する。科挙官僚は定期的に正確に再生産され、皇帝を頂点とした中央集権士大夫官僚制は、中味はともかく、恒常的に稼働している。そうした中では、いかに権力の中枢にくいこんだとて、人間と認められない宦官は、究極では皇帝にすがりつくペットにすぎない。漢や唐のように、仲間だけで強固な集団を作り、皇帝の廃立を左右するような行動をとることは、整備された皇帝・官僚体制のもとでは、もはや不可能になる。劉瑾《りゅうきん》や魏忠賢、あるいは万暦時代の宦官馮保《ふうほ》にしても、皇帝の関心が彼らから離れ、あるいは別の皇帝が位につくと、そこには呆気ないくらいに悲劇的な死が待っている。その意味でも、明代の宦官の禍は、当時に特有な政治構造によって醸成された、一種の人災と見ることができるだろう。

明代の皇帝政治を語る際、北虜南倭と呼ばれた広義の対外問題をより詳しくとりあげる必要があるかも知れない。たとえば万里の長城にしても、世界の文化遺産の最右翼におかれ、観光客にもてはやされる現在の姿ができあがるのは、オイラートなど蒙古民族を防ぎとめるための、十六世紀なかば嘉靖・万暦の大工事だった。当時の社会・経済、そして何よりも民衆に多大の負担を強制したこの工事が、結果としては何をもたらしただろう。それは中国の皇帝政治が持つある空しさを象徴するかにさえ見える。また、日本人も多数加わっていた前期の倭寇と異なり、これまた十六世紀の後半、揚子江以南、浙江や福建沿岸で猖獗《しょうけつ》を極めた後期倭寇は、やはり明帝国の政治と密接に連動した社会的な現象である。それとはさらに明末清初の鄭成功たちの活動や台湾の問題にもつながってゆくが、ここではすべて割愛せざるをえない。

明の皇帝政治、あるいはそれにとどまらず、明という時代は同じ漢民族王朝の宋と比較し、すべてが雑然として混沌たる印象を私は受ける。少なくとも戦前、私の育った京都の中国学で、明代を専門とされていた研究者は極めて僅かだった。それが、戦後の社会経済史の著しい発達で、土地所有制、徭役制度などを中心に、細部に及んだ明代の研究が進み、政治、社会な

明の万里の長城

どの各方面にもその成果は拡大している。にもかかわらず、私には依然として明代の雑駁《ざっぱく》さのみがいっそう浮彫りにされる感じで、その性格が十分に摑みきれない。洪武・永楽両代の、明代独自の専制政治、私が言う明の個体発生は、宣徳からあと、宋代の君主独裁制の系統発生に吸いこまれてゆく。むろんそれは単純な吸収や同化ではさらさらない。別のたとえを使うと、明初という支線から出た列車は、宣徳以後、宋を出発点とする本線に入りそこで前にいた列車に連結される。しかしその列車は、最近のカラフルなJ・Rの車輛を、あちこちから一輛ずつ集めて編成したようなもので、色彩はもちろん、形式や大きさも新旧とりまぜてマチマチという姿である。この列車はいま一度、新しい形に抜本的に編成し直さなければなるまい。その役割を果したのが清朝ということになるだろう。

第九章　清新なマンシュウ王朝・清

満洲《まんしゅう》族の興起

満洲といっても、遠い昔に聞いた名称という感覚になってきている現在ではあるが、旅順・大連から瀋陽《しんよう》（奉天）をへて、長春・ハルピンに至る旧満鉄線の東側、朝鮮半島との界をなす長白山脈の北側には、黒竜江の支流である松花江と、それから分れて南下する牡丹江が流れている。現在の遼寧、吉林、黒竜江の東北三省から、ロシア領沿海州までの広大な地域が、かつて十二、三世紀に金国を作った女真《じょしん》（女直、ジュセン）人たちの住み家であった。明代には、彼らは南部吉林の建州女直、北部松花江地域の海西女直、そして遠く黒竜江下流域の野人女直の三つのグループに分かれていた。明朝はこれらの女直人たちに対し、軍政組織である衛《えい》・所《しょ》の制を導入し、三百以上の小集団に彼らを分割して、いわば植民地同様に扱った。女直各部族の首長たちには、名目的な官職や貿易上の特典を与えつつ、彼らの部族統一を阻止する巧妙な分割統治に他ならぬ。しかし逆に、中国文明は、相対的に未開だった満洲東部に拡大し、女直族全体に政治、経済各方面で変化を促がす原動力として浸透していった。清朝を建てたヌルハチは、こうした女直族の一番東南の端、炭鉱の町撫順《ぶじゅん》の近くにいた建州女直の有力な族長の家に生を享《う》けた。三十年の長い歳月をかけて、ヌルハチは徐々に女直諸部を統合し、一六一六年、明の万暦四十四年、かつての金国を継承する意図で後金《こうきん》国と号して独立を宣言した。ヌルハチは虐げられ続けた明朝への七大恨《こん》を掲げて戦をいどみ、やがて撫順に近いサルホ山で正面衝突が起る（一六一九）。十万以上の明軍を撃破したヌルハチは、満洲全土を味方につけ、一六二五年瀋陽に都を定めて盛京と称した。こののち盛京は、清朝発祥の地として特別の意味を与えられる。やがて彼は西南進して中国内地に攻撃をかけたが、山海関に近い寧遠で、明軍の火砲のため重傷を負い、それがもとで翌年六十八歳で世を去る。あとを継いだ彼の第八子太宗ホンタイジは、明と雌雄を決する前に後顧の憂を断つべく、まず朝鮮半島、ついで満洲西部・興安嶺のモンゴル・チャハール部を征圧し、満州全域と内モンゴリアをその支配下におくことに成功した。このあと、後金国は一六三六年、大清国と国名を改めると同時に、早くも中国王朝に倣《なら》い、『太祖実録』をはじめ、王朝の正式記録となる歴史書の編纂に取組んだことは、将来を見透した、異民族としては珍らしい記憶に値するできごとであった。太宗急逝のあとは、

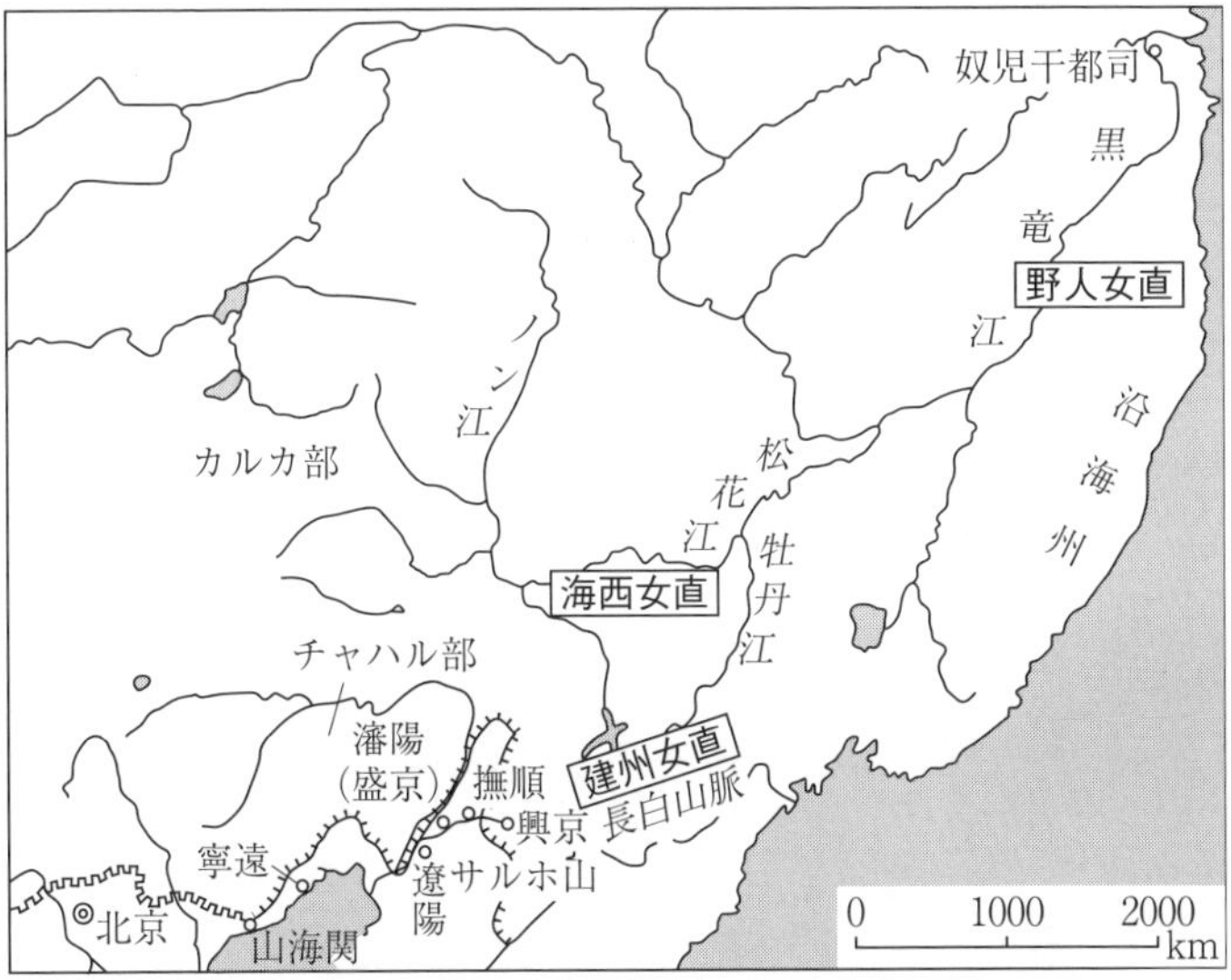

ヌルハチの即位（上）と明初のマンシュウ（下）

僅か六歳の順治帝をお前立ちに、弟のドルゴンが実権を握り、十万の兵を率いて山海関に向かう。ここを明軍が死守すれば、その先の展開は違ったかも知れぬが、守将の呉三桂は、美貌の女性を反賊李自成に奪われて気もそぞろといった裏の理由はともかく、北京を占拠した李自成討伐を口実に、清軍に協力を求めた。難攻不落と謳《うた》われた山海関は開け放たれ、ドルゴン麾下《きか》の清軍はやすやすと北京に入る。一騎当千と恐れらた満洲八旗の北京入城をまのあたりにして、たとえ明を滅したとはいえ、烏合の衆に近い李自成軍は、あわてふためき陝西に逃れ、明朝の旧支配官僚たちは、李自成に対した時と同様に、香を焚き花を捧げてドルゴンを歓迎した。この有様には流石にドルゴンも驚き、ここで北京、いな中国の支配者になる決意を固めたという。すでに嘉靖・万暦の、世にいう爛熟《らんじゅく》の時代から、明朝は統治者能力を喪失しており、一六四四年の時点で、それに決着がつけられたにすぎない。その過程は、まさしく「朱（明）さんの小麦粉で、李（自成）さんが饅頭を作り、趙（清の中国姓）さんにさし上げた」という俗謡の通りであった。

そもそも清朝を立てた主人公満洲族は、東北地方東部一帯を根拠地とするツングース系の狩猟民族であるが、牧畜、農業なども組合わせた、いわば多様性を備えた定住民で、この点はモンゴル高原の遊牧民とは根本的に違った側面を持つ。マンシュウという言葉は、その首長が文珠菩薩の化身だとするところから生じた新しいもので、中国では十世紀以後、ジュセンを漢訳した女真、女直の呼称を使う。彼らは狩猟民族特有の集団軍事行動を得意とし、その巻狩りの方法を応用した八旗《はっき》の戦法で相手を攻撃してくる。巻狩りの時は、獲物を追いつめる場所をきめ、そこに首領が黄色い旗をたてて陣を構える。他の部族長の率いる集団は、遠巻きに分担をきめ、藍・赤・白の旗をたてて、獲物の包囲網をせばめてゆく。この四色の旗色には、別に縁取りを加えた同じく四色の旗幟があり、合わせて正・鑲《じょう》四つの合計で八旗となる。ドルゴンが山海関を突破した時の満洲八旗騎兵は約十万といわれるから、徳川の旗本八万騎を頭に描けばよいかもしれぬ。明代の中頃から、満洲全域はその擬似植民地の様相を呈し、高貴薬の人参、貂《てん》などの毛皮、あるいは北珠と呼ばれた淡水真珠などを求めて中国商人が入りこみ、明側の軍隊司令官、女直側の部族長たちがいり乱れて、利権を争い合った。その中で財力を貯えたヌルハチが頭角をあらわす結果になる。従って彼らは、中国世界に入りこむかなり以前から、その裏表にとりあえずは通暁していたわけでもあった。このため、清朝創建の時点で、満洲の指導者たちは、モンゴル・元の二の舞いを犯さぬくらいの心構えは、中国に対して持っていたと考えてよいであろう。

清朝中国支配へ

北京宮城の主人となったドルゴンは、まず明末の重税、特に附加税免除をうち出し、農民たちの負担を半分から三分の一に減らし、一方清軍などによる掠奪を禁じ、また知識人に対しては、官員身分の保証と科挙のすみやかな実施が約束された。ただ、急に北京の漢人の中にとびこんだドルゴンにとって、まだ南には明の反抗集団がのろしをあげ、江南社会の事情も未知数な状況の中で、確たる中国支配の具体策があったわけではあるまい。この時彼の前に、蘇州出身で、明に寝返って李自成に頭を下げ、ついで清朝に投降して「三朝の元老大忠臣」と悪口をたたかれた陸軍次官の金之俊《きんししゅん》があらわれた。いわゆる漢奸の代表的人物といえる。彼はドルゴンに、次の表のような十項目の従と不従の条件を持ち出した。

従	男	生	夫	官	老人	儒	妓	仕官	国号	税金労役
不従	女	死	妻	吏	若者	僧道	俳優	婚姻	官称	言葉文字

一見判じ物のようであるが、男性は原則としては清朝の命令、政策に従い、とりわけ、士大夫、官、吏はたとえ漢奸と罵られても、満州のために働くが、それ以外の人々や女性たちは、旧来の中国の習慣をそのまま動かさないという約束にほかならない。ここにいう死とは葬儀と墓制などを指し、僧・道は異民族に仕えることを拒否する人たちの逃げ場となる。若者は戦争に徴発されないし、芝居や娯楽、あるいは結婚などは、すべて政府の干渉の埒外におかれる。

その意味と重要性を必ずしも十分には理解できなかったであろうドルゴンは、当面漢人を味方につける方向を優先させて、この条件を許諾した。おまけにドルゴンは金之俊に、「旗人の商行為の禁止」「王公は国都を離れない」「宦官が宮廷から出れば斬」といった約定もさせられ、これらが後に清朝の足枷となってゆく。異民族の治世とはいえ、こと政治に参加しない限りにおいては、明朝末期の絶望的な宦官政治よりは、遥かに清新で健康な支配が約束され、漢人たちの多くはこの異民族王朝に好感を抱いた。ところがここで一つだけ問題が起った。

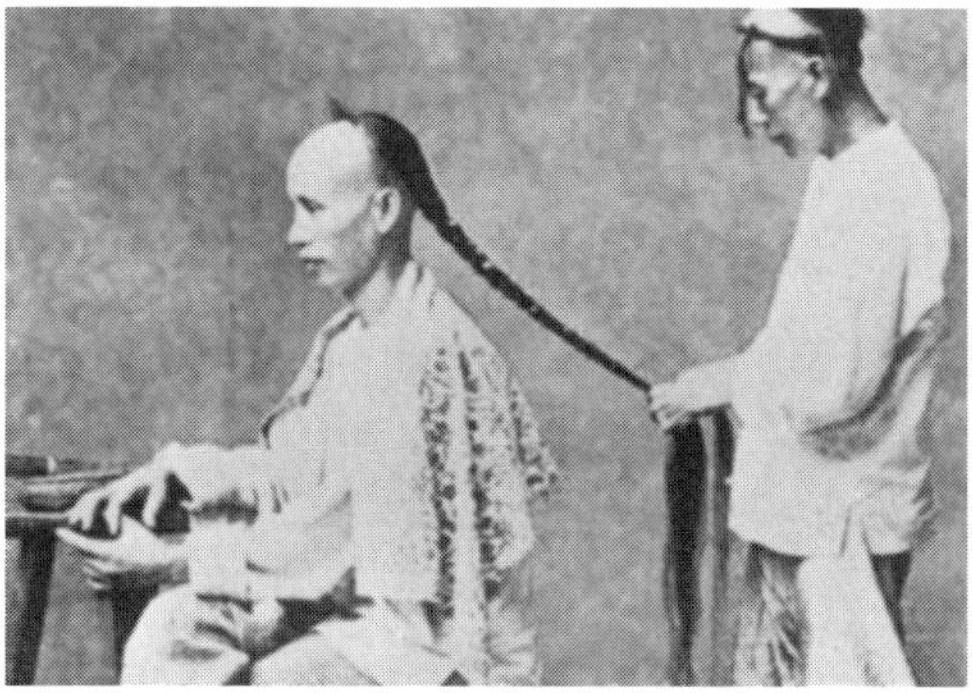

辮髪を結う人

狩猟民族だった満洲族は、頭髪の前面を剃り、残った毛を後に伸ばして三つ編にする辮髪《べんぱつ》を結《ゆ》う。これに対する漢民族は、髪を頭の全部にわたって生やす総髪（束髪）である。十三世紀以降の東アジア世界では、漢民族と朝鮮半島の人たちは総髪、満洲やモンゴリア、そして日本は頭の一部を剃る髪型と二つに大別され、前者が尚文派、後者が尚武派だと三田村泰助氏はいう（『世界の歴史』九、中央公論社）。この辮髪を清朝は漢人たちにも強制せんとした。当初、予想外の抵抗にあって、ドルゴンは一時その実施を弛めんとしたけれども、江南征圧と同時に、再びこれを強制し、「髪を切らねば首を斬る」ような事態に至る。豚の尻尾と悪口を言われたこの辮髪は、暫くは紛糾が続いたものの、やがてそれに対する抵抗感も薄らいだ。これなどは異民族への漢民族の同化の一例といえなくもない。

康熙大帝と雍正帝

順治帝から康熙《こうき》帝の初めにかけては、まず江南はじめ各地で、明の諸王が反満洲の旗印を掲げて、明朝の復興をはかる。これに対して清朝は、かつての「夷を以て夷を征する」漢民族王朝の常套手段を逆手にとって、「漢を以て漢を征する」方法をとった。すなわち、先の呉三桂たち漢民族の軍将を巧みに使い、諸王の鎮圧に成功したが、こんどはその軍将たちが、昆明、福州、広州などを根城に、三藩《ぱん》と呼ばれる勢力圏を扶植する。軍事的にも経済的にも放置できないこの三藩たちに対し、若き康熙帝は断乎たる処置に出る。ハムレットさながらに、才能に恵まれながら、二十四歳の若さで亡くなった順治帝のあとをうけた康熙帝は、水際立った采配と掛引きで三藩の乱を平定した。時を同じくして台湾で清朝に反抗し続けた鄭成功（国姓爺《こくせんや》）勢力も、その死とともに互解し、かくてブルボン絶対王朝に比すべき、康熙帝の治世を迎える。

この康熙帝に始まり、雍正・乾隆と続く三代百三十年あまりは、中国の皇帝政治はその絶頂期に登りつめる。雍正帝の十三年間を挟み、康熙の六十一年、乾隆の六十年の数字は、一人の帝王が王座を独占した長さとしては、洋の東西を通じて、稀に見るものであった。その康熙帝の横顔は、当時帝の側近にいた宣教師ブーヴェの手になる『康熙帝伝』によって詳細に書きとめられ、功罪両面があるにせよ、むしろヨーロッパ人に対し、中国皇帝の強烈なイメージを与えるにあずかって力があった。

康熙帝

中国歴代皇帝のうち、名君の最右翼は唐の太宗李世民だろうが、康熙帝はそれと十分に拮抗し、あるいは太宗を凌駕する突出した人物であった。十五人力の弓弩をひき、生涯に虎を一三五頭、狼を九六匹斃した豪勇の帝は、酒・煙草・女性などには関心を示さず、昼夜を問わず時間ができれば、ひたすら学業に努めた。儒教の経書や歴史書はもとより、宣教師たちからは幾何学、天文学などの知識を高い水準で吸収し、「格物致知《かくぶつちち》」つまり広汎で深い勉学によって聖人になり得るという朱子学の教えを一途《ず》に実行した。その目指すところは、治国、平天下という聖王政治の実現に置かれていたのである。むろんその裏に、たとえば隔絶した名誉欲や権力欲が潜んでいたにせよ、このような努力を毎日休みなく続けられた康熙帝は、異民族であるなしにかかわらず、中国皇帝の理想像に、最も近い人物だったことは否定できない。

明の末には、宮廷の女官が九千人、宦官は十万といわれ、その維持だけでも天文学的な数字の金銭が浪費される。清朝には、それらを全部で四―五百人に削減してしまった。康熙帝は、明朝一日分の費用で、我が朝一年分が賄《まかな》えると自慢した。明代宮廷の女性たちの化粧料が銀四十万両、宮城で使う薪炭《しんたん》が千六百万キロとされるが、順治帝は化粧料を廃止し、薪炭の方は六―七万斤程度で済ませた。この質素な政策は、当然国家の財政負担を大巾に軽減し、たとえ人気取りの側面はあるにせよ、毎年五十億円以上の減税が継続して実施できる余裕をうんだ。

宋代に始まる君主独裁政治の理想に大巾に近づいた康熙帝にも、泣き所が一つあった。皇帝のもとにすべての権力と責任が集中する中国的君主独裁制と、満洲民族固有の、首長選出のための合議制とは次元の異なる代物である。このため、満洲族でも、モンゴル族などと同様に、皇位継承者を皇太子として予定しておくような発想はない。中国皇帝に近づいた康熙帝は、二歳の長男を皇太子に指名し、将来のために早くから帝王学を仕込もうと企てた。ところがその周囲をとりまく満洲貴人たちにスポイルされ、あまり賢明でなかった皇太子は、やがて叛逆罪の嫌疑を受け、泣く泣く康熙帝は彼を廃位させなければならない破目に陥る。このため、康熙帝の後継者は、その死の直前に指名された第四皇子、当時すでに四十五歳に達していた胤禛《いんしん》、すなわち雍正帝にまわってくる。

　二百人あまりの中国歴代皇帝の中で、この雍正帝は例外的に特異な存在といってもよい。それはすでに何人か例を挙げたような、淫蕩・残虐などの所業とは全く違った、その対極ともいうべき特異さである。則天去私《そくてんきょし》（天に則り私を去る）と、わが漱石《そうせき》を連想する印章を愛用し、為君難（君たるは難《かた》し）をくり返しつつ、午前四時起床、午後十二時就寝を続け、十三年の在位期間を政治ひとすじに捧げた、その人間離れのした奮闘の姿は、宮崎市定氏の『雍正帝』（岩波新書　一九五〇）に描かれているから、興味を持たれるかたはそれを御覧いただきたい。といっても、本書をお読みのかたがたに、小さなご不満を抱かせては悪いから、雍正帝の政治の実例を一つだけ書き記しておこう。帝は全国の情報を正確かつ疎漏なく知ろうと心掛けた。そのためには通常の政務報告と全く別に、府州以上の地方高官たちとの間のホット・ラインの設定を思いついた。地方に赴任する官員が、出発にあたり帝に挨拶する際、帝はじきじきに秘密の小箱の鍵を渡される。この小箱の鍵は全国三百以上の府州全部について当然異なる。また一つの府州へ送られる小箱の数も、往復に要する日時を考え、北京からの遠近によって、その数の多少がきめられる。任地に赴いた地方官たちは、自分の管轄区域や周辺の耳にした情報を、自発的に、あるいは帝の下問に応じて、この小箱におさめて随時早馬で雍正帝のもとに送る。何百という鍵と、何千という小箱を手許においた帝は、毎日地方から届けられる。これまた尨大な量の秘密報告書に目を通し、その一つ一つに簡にして要を得た批評・意見を朱墨《しゅずみ》で書き入れ、本人に送り帰す。「お前はそういうが、それは偽わりで、事実はこうであろう」「そんな言葉を並べる前に、もっと真面目にやれ」「お前はどうしょうもない馬鹿者だ」。若い時分、多少は暗黒街の連中とつき合いもあった雍正帝は、臣下に対して容赦なく、歯に衣《きぬ》を着せぬ言葉を浴びせかける。各府州には当然相互監視の命も出ており、また上下、左右にスパイ網も敷かれているから、地方官たちは、ある程度は政務に目を配り、正しく地方の実情を皇帝に報告せざるを得ない。このような雍正帝の政治の生証人である夥しい量の報告書は、いまでも台湾に大切に保存されて、そのコピーもあり、また一部は『雍正硃批諭旨《しゅひゆし》』(雍正帝の朱墨の批評・訓諭)の名で出版され、たやすく目にすることができる。それらは、とかく後宮の佳麗《かれい》たちにうつつを抜かし、人民を顧りみないと思われがちな皇帝とは全く別な雍正帝の姿を、ありのままに写しだしてくれる。相手替れど主《ぬし》替らず、雍正帝はくる日もくる日も、何十、何百通という報告書に目を通し、それにコメントをつける。しかもそれは皇帝の日常政務以外の仕事である。毎日三―四時間しか眠らず、酒・女性・快楽をすべて放棄しなければそれは不可能である。そうした皇帝が、康熙と乾隆の繁栄の狭間にあって、十三年間火だるま同然に働きつづけた事実は、

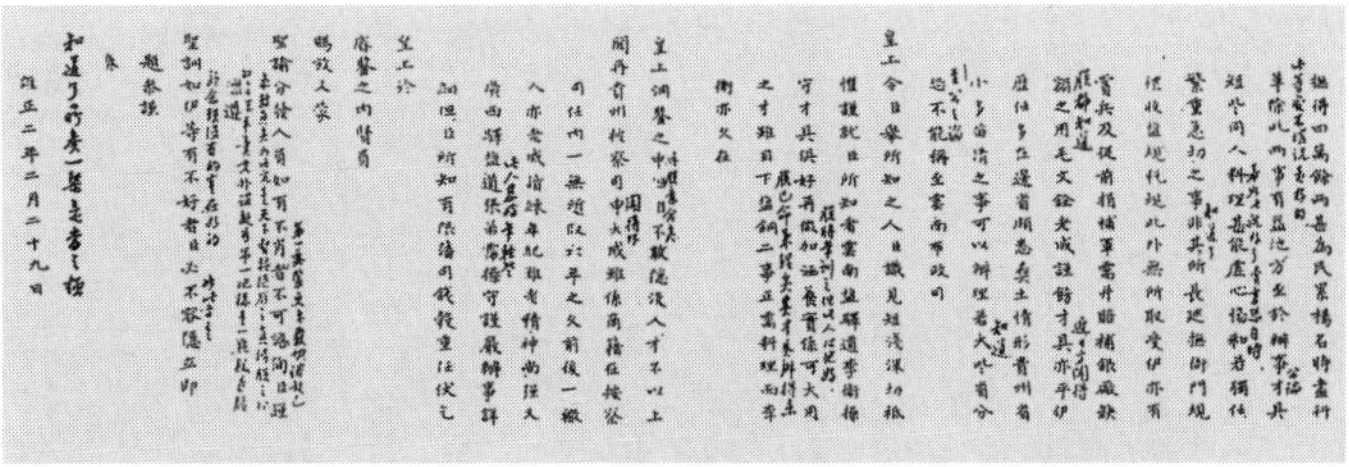

雍正硃批諭旨

中国の皇帝政治を考える上で忘れてはならない。

清朝官制の特色

少し話題が本筋から外れたかも知れない。この辺りで、清朝の皇帝政治で目につく点を幾つか拾ってみたい。

モンゴル王朝元が、蒙古至上主義をとって失敗した例を教訓に、清朝では満洲と中国人を一線にならべ、協同で政務を行う原則を採用した。中央政府では、宰相にあたる内閣大学士三人、協弁大学士一人、その下の大臣クラスである六部の長官と次官の尚書と侍郎各六人づつは、すべて満・漢を同数任命する。公用語としては満洲語が使用されるが、漢字も添えるため、両方の言葉と文字に通じた旗人の筆帖《ひつじょう》式《しき》（通訳）が、各官署に配置される。多くの官署における実際の職務は、宋代以来の胥吏《しょり》の手で行われる点は変りなかったため、その総管責任者として、多数の漢人首領官《しゅりょうかん》が設けられる。また、十八省に区分された本土の漢民族地域には、総督、巡撫、布政使、按察使などが民政長官のトップに据えられ、軍事上の要地には満、蒙、漢の八旗が駐屯し、その指揮官は旗人が握っていた。

ところで、天子への上奏と決裁の文書は、満洲語で書かれるのが建前だから、すべて漢字への通訳が必要となる。ために内閣はまるで翻訳局の様相を呈し、煩雑で時間がかかり政務は停滞する。順治帝以来、皇帝たちはすべて中国語と漢字に堪能で、別に満洲語にこだわらなくても良いのだが、民族の誇りとして建前はくずせない。雍正帝はここでもその合理性を発揮し、一七二九年、西北のジュンガリアへのオイラート討伐を機に、数名の軍機大臣と満・漢同数の章京《しょうきょう》を配備した臨時大本営とも呼ぶべき軍需房を設け、重要政務を即決させた。前線からの報告は、満文と漢文に分けられ、いちいち翻訳せずに処理される。軍需房は間もなく軍機《ぐんき》処《しょ》と改名され、国政の最高機関として清末まで定着する。この軍機処には胥吏を置かず、満漢の章京がその肩代りをつとめた。

指導者の実力が何より重要な北方異民族の社会では、首長の世襲や、あらかじめ後継者を指名することは例外に属する。康熙帝がそれに失敗した経緯は上記の通りだが、臨終間際の雍正帝指名には何かと黒い噂もとびかった。このため雍正帝は、皇太子を立てず、清朝独特の制度となる皇太子密建の法を案出した。それは皇帝みずから、後継者の名前を書いた木の札を箱に収め、宮中乾清宮《けんせいきゅう》の正面に掲げられた「正大光明」の扁額の裏側に置く。皇帝が崩御すると、大臣たちが箱をあけて、次の皇帝を決定する手続をとる。むろん継承予定者は、皇帝在命中なら、いつでも書き換えられる。この密建の法は、次の乾隆帝は、祖父康熙と同じ在位年限に達したという理由で退位し、代りの嘉慶帝を立てて些かのルール違反を犯したものの、祖宗の法として歴代継承された。候補者たりうる皇子たちは期待をもって自己の修練にはげまねばならず、また臣下や取巻きの弊害からある程度免がれることができた。一、二を除き、清朝の皇帝に暗愚といわれる人物が少ないのは、密建法の効果もたしかにあった。

乾隆の盛期―君主独裁制のピーク

雍正時代が終り、第四子宝親が皇太子密建の第一号として位に即く。乾隆《けんりゅう》皇帝である。父祖の倹約と質素な宮廷生活のおかげで、清朝の財庫は余裕たっぷりである。おまけに海外貿易ひとつとっても、陶磁器、絹織物、後れて茶がポルトガル、オランダ人たちの手で西洋に運ばれ、見返りとして銀が大量に流入してくる。康熙帝はそうした国庫の蓄積を社会に還元し、経済を活性化するために、康熙二十三年（一六八四）以降、六回にわたり、江南を主な目的地として豪勢な南巡を実施し、

乾清宮の正大光明の額

地方に財貨をばら撒いた。雍正帝はそうした父の行動で緩んだたがを締め直し、再び財庫は豊かになった。これを承け、乾隆帝は祖父に輪をかけた豪奢な行動をくり返し、世を繁栄の渦に巻きこむ。まず、父祖以来、長くトラブルの種であった天山山脈の北、ジュンガリア草原に大規模な攻撃を仕掛け、モンゴル系オイラートを打倒、イリ地方に八旗を新設して、ロシア帝国と直接境域を接する。さらにこのオイラートをはじめ、北方モンゴルもその宗教世界に組込み、ことあるごとに紛争の火種を作るラサのダライ・ラマに対して征伐軍を送り、ヒマラヤを越えてネパールま

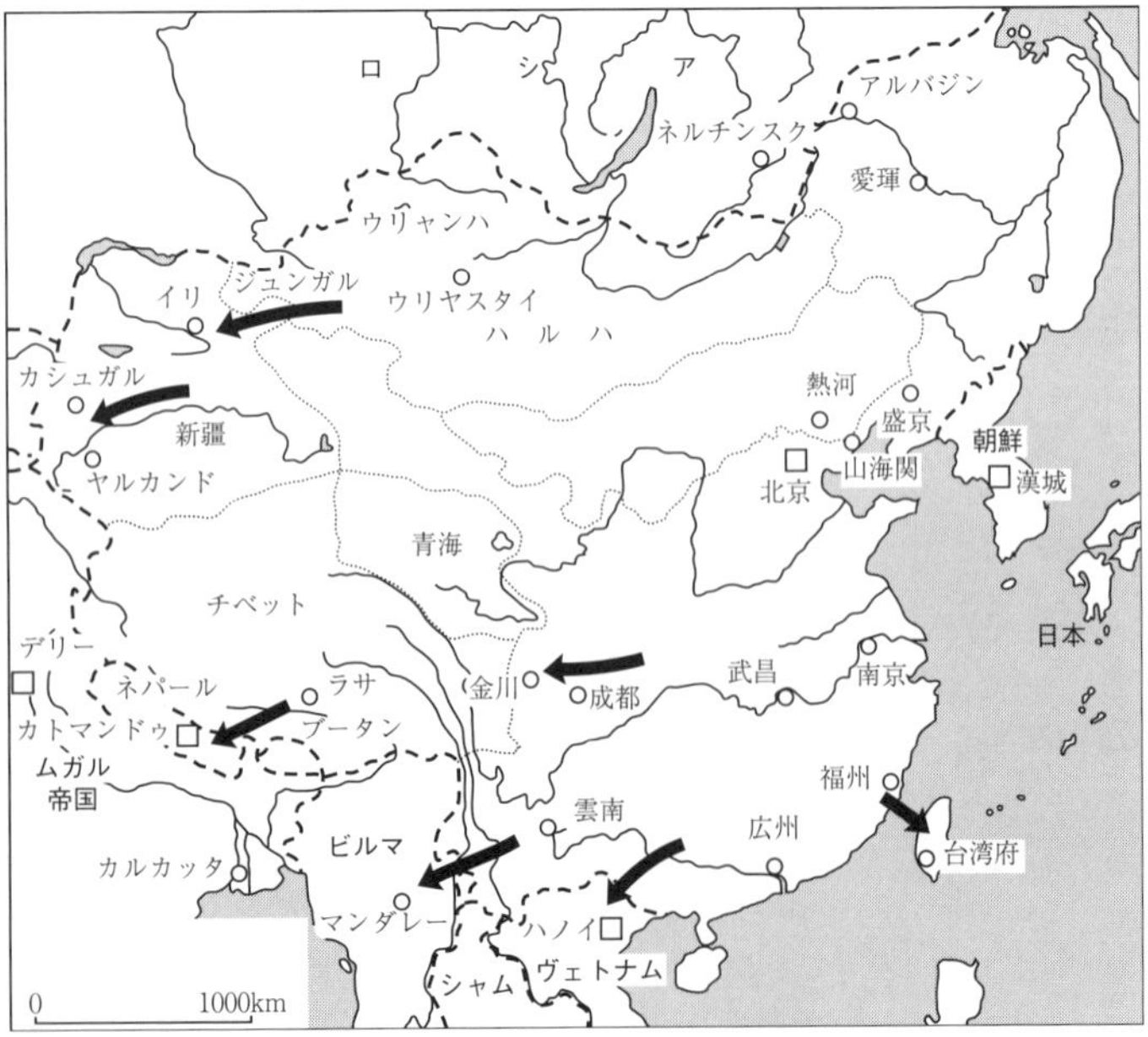

乾隆極盛期の版図（『図説中国の歴史８』神田信夫著　講談社）

で足跡を印する。このほか、ヴェトナム、ビルマ、カシュガルなど、十八世紀のなかばには、中国王朝としては最大の版図を拡げるに至った。彼は十回の大遠征を誇って「十全老人」の印を作り、曾祖父から孫まで五代の世代の者が同じ家に住む「五世同堂」を果し、文字通り、福、禄、寿の頂点を極めた皇帝といってよい。この乾隆帝によって拡大された版図の支配方式は、現在も中国が行っている自治区の形をとっていた。中央の直接支配する地域としては、清朝の故郷盛京（瀋陽）を拠点とした八旗中心の軍政区と、明代を継承した中国本部十八省の漢人州県行政区に分れる。いっぽう内外モンゴリア、新疆のイスラム圏、青海、チベット（西蔵）などは藩部と総称され、それぞれの地域の特性に応じた行政・統治が認められる。これら藩部は、いわば封建諸侯の国に似て、清朝皇帝とは主従の絆《きずな》で結ばれる。藩部を統轄する機関としては理藩院《りはんいん》が置かれたが、その長官や官員は満人とモンゴル人などに限られる。こうして見ると、かつてのモンゴル至上主義とは違った、満・漢・蒙・回・蔵の五族が対等の立場に立ち、お互いに共和の世界を作ることが建前だった。従ってそこでは、安易に同化、吸収、あるいは敵対といった言葉で現象を説明することは、十分な注意を要する。のちに太平天国は、その檄文で露骨に満洲族への敵意をあらわす。また孫文の三民主義でも、最初の頃の民族は、漢・満の間に主眼を置いていた。だがそれらは、時の政治状況と連動した、むしろ特別な現象である。清朝と漢民族の対立が、二百八十年に及ぶ満洲王朝支配の期間を通じて、普遍的かつ恒常的に見られた現象だったなどとは決して言えないのである。

清朝とヨーロッパの接触

清の皇帝政治とかかわる次の問題は、宣教師を通じた、ヨーロッパ文明との接触である。周知のように、十六世紀に入り、ポルトガル・スペインによって開拓された新航路の貿易船に乗って、カソリックの宣教師たちが中国にやって来る。ヨーロッパから中国に到達するまで約二年、宣教師で無事に到着できた者は二～三割というそれは遠い旅路だった。日本でも馴染み深いフランシスコ・ザヴィエルに続き、一五八二年、マテオ・リッチ（利瑪竇《りまとう》）がマカオに到着し、長い期間、中国人理解の努力の末、一六〇一年、漸く万暦帝に謁見を許された。マリアやバイブルには何の反応も見せなかった帝も、仕掛時計（自鳴鐘《じめいしょう》）には心を動かし、北京に天主堂建設の許可がおりた。やがて徐光啓《じょこうけい》ら少数の士大夫たちの入信も得はしたものの、その数は日本のキリシタン大名や、島原・天草の入信者とは比較にならぬほど少い。リッチが中国人たちの天や孔子、あるいは祖先崇拝の習慣と妥協しつつ、キリスト教の弘布をはかった方法は賢明だった。しかしそれがローマ教皇の下の教条主義者との間に、激烈な論争を惹き起すのもまたやむをえなかった。そのことは後まわしとして、明末から宣教師によってもたらされた火砲などの新兵器は、清との戦いでその威力が実証された。清朝の康熙帝も、キリスト教布教は

古稀天子乾隆皇帝

させて措《お》き、アダム・シャール（湯若望《とうじゃくぼう》）やフェルビースト（南懐仁《なんかいじん》）を重用し、火砲（紅衣砲《こうい》）を作らせて、三藩の乱やジュンガル征圧にその威力を発揮させたほか、自身も彼らから幾何学などを学んだ。さて、宣教師どうしの布教方法をめぐる紛争は、一七〇四年のローマ法皇の決定で、妥協的なやり方が否定されてしまう。怒った康熙帝は、ローマ教皇派の宣教師をマカオに追放する。次の雍正帝は、

円明園と噴水

宣教師もそれを取巻くヨーロッパ趣味も嫌いで、一七二四年、とうとうキリスト教禁止令を出し、宣教師たちの追放を断行した。これ以後、一八六〇年の北京条約に至るまでの百年あまり、清朝では、キリスト教の布教は表向き禁止となってしまう。但し宣教師たちがもたらす西洋の文物、とくにフランス絶対王政時代のそれは、依然として宮廷で受容され、その担い手としてのヨーロッパ人は、宣教師の顔を隠して中国に入って来た。とりわけ、財庫に余裕があり、万事派手好みで太《ふと》っ腹の乾隆帝は、雍正帝とは全く逆にヨーロッパ趣味を喜び、キリスト教問題は棚上げにして、積極的にそれを取入れた。イタリア出身の画家カスティリオーネ（郎世寧《ろうせいねい》）と、フランのイエズス会士ブノワ（蔣友仁《しょうゆうじん》）が特にお気に入りで、彼らは長く宮廷にとどまり、絵画を中心に造形美術の世界で、中国皇帝の世界に新しい刺戟《しげき》を持ちこんだ。乾隆十二年（一七四七）、ブノワの噴水設備をとりいれ、北京城西北に作られたバロック式庭園「円明園」は、そうしたフランス趣味の精髄であったが、皮肉にも一八六〇年、英仏連合軍の手により掠奪、破壊され、現在は石造の残骸をさらすだけとなっている。こうした宣教師たちを中心とした西洋文化の輸入は、同時に中国文化も彼らの手で本国に持ち帰られることをも意味する。ブルボン、ハプスブルグをはじめ、絶対主義時代の諸王、貴族たちの間には、シーヌ（chine）趣味のブームが起こる。陶磁器、絹織物、家具調度など、中国一式で部屋全体を飾り立てた一室が、ヴェルサイユ宮殿を筆頭に、当時のフランス文化が及んだ各地の王宮に残っているのは、それを雄弁に物語る。

ここで重要なことは、清朝皇帝あるいはその周辺の知識人たちが、宣教師のもたらした西欧文化を通して、自分たちと異なった歴史世界を、それこそ清朝考証学の立場ではないが、「実事求是《じつじきゅうぜ》」の精神で、その本質的部分を探求しようとする方向を、全くといってよい位欠いていた点である。すでに明代、マテオ・リッチは「坤輿《こんよ》万国全図」によって、中国以外の世界の存在を明示し、康熙帝とて、宣教師の説をとりいれ、大がかりな測量を行い、「皇輿全覧図《こうよぜんらんず》」を作っている。しかしそれらはすべて、外に向かって本当に目を見ひらくことには全くつながらなかった。十八世紀の半ばには、清朝もフランスも、同じような文化水準にあった。だからこそ、康熙・乾隆の宮廷と、ブルボン王朝はお互の文化を理解でき、自分たちに欠けている部分だけを、適当に補塡するだけでこと足りた。しかし、この世紀の後半に入ると、イギリス、フランスで市民革命、産業革命という、まさしくエポック・メイキングな出来事が起り、それまでの社会を根本的に変えてしまう。そのことに中国は全く気がつかぬまま、一八四〇年のアヘン戦争を迎える。そこに強力な新しい武器を備えてあらわれたイギリス軍艦は、康熙・乾隆時代とは全く別の顔をした西洋であり、百年以前と同じ姿勢で臨もうとした清朝が、手痛い打撃を受け、収拾すべからざる混乱に追い込まれたのも、致し方のないところだった。

これより先、乾隆二十二年（一七五七）、清朝はヨーロッパ船の来航を広東一港に限り、煩雑な規定を設け、十月から三月の貿易シーズンに限り、広東西南城外の珠江に面した場所でだけ貿易を認めた。これとて北京政府は直接干与せず、粤海関《えつかいかん》の監督官のもと、特許商人広東十三行《こう》だけに貿易をまかせる。商人たちはさらに自分の手下の、買弁《ばいべん》と総称される若干は外国語の話せる下請けを使って、イギリス、インドなどの商人と交易を行う。すでにイギリス東インド会社と一体化していたと考えてもよい大英帝国は、乾隆五七年（一七九二）マカートニー、ついで嘉慶十七年（一八一二）アマーストを使節に送り、北京で清朝皇帝との面会、広東貿易体制の改善、対等の国交樹立の要求をくり返す。こうした動きを見て、たとえば日本なら、吉田松蔭が黒船に密航を願い出たように、新しい世界を是が非でも知ろうとする人間が出てくるものである。貿易や交渉の相手一つをとってみても、ポルトガル、スペインからオランダへ、さらに代ってイギリスと、言葉も人間も変りゆき、また宣教師から東インド会社、さらにアヘン密輸商人たちと移行する中で、いったい海の向こうではどういう変化が起っているのかといった関心を持つ人間が、中国知識人には一人もいなかったといってよい。

毎年の広東貿易の場でも、マカートニーやアマースト来航の折にも、中国人が彼らに虚心に接し、その本質を見極める機会が全くなかったとは思われぬ。そのことは、十六世紀以降アヘン戦争に至るまで、宣教師や広東貿易を通じたヨーロッパ世界、その文明との接触が、結果としては、ほとんど何の本質的な影響をも中国に与えなかったと考えて、そう大きな間違いではあるまい。そこに、これまで縷説《るせつ》してきた、二千年に及ぶ皇帝政治が作りあげた、強固で排他的な中華文明の本質を覗き見ることができる。我々はとかくアヘン戦争以後のウエスターン・インパクトと、それに伴う列強の侵略のみを「悪」として捉え、その悪を誘発した中国の中の問題を軽視する嫌いはないであろうか。この点を正しく抑えておかないと、今後の中国に対しても、また過まちをくり返すことになりかねないように思われる。

なお、清朝と外国との関係でつけ加えておくべきは、北方ロシアとの接触である。十七世紀後半、帝政ロシアのシベリア進出が活溌になり、黒竜江流域のアルバジン（雅克薩《ヤクサ》）に城塞を築き、清朝との交易を要求し、再三清・ロの紛争が発生した。そこで康熙帝は、ロシア皇帝ピーター一世に提案し、康熙二十八年（一六八九）、ロシア全権ゴロヴィンと、清のソンゴト（索額図）の間に、外蒙古シルカ河に沿うネルチンスクで、条約が締結された。このネルチンスク条約は、中国が外国と結んだ最初の平等な立場に立った条約で、通訳は北京にいたイエズス教会士が当たり、条約文はラテン語で書かれた。この条約では、北緯五三度線以北の黒竜江流域と、そこから東北に走る外興安嶺《そとこうあんれい》（スタノボイ山脈）を両国の境界線ときめ、出入国や貿易上のとりきめがなされた。この時はまだ清の武力が圧倒的に強く、ロシア側は実利をとることでアルバジンを引渡した。しかし、清朝の衰退とともにロシアの進出は加速し、一八六〇年の北京条約では遂に沿海州の広大な地域まで、その領土としてしまうことになる。

文化事業と思想弾圧

清朝の皇帝政治を眺めて、ほかの時代と隔絶して目につくのは、その文化事業、とりわけ大規模な図書の編纂であろう。天に代ってこの世の頂点に立ち、中華世界を代表する皇帝は、同時に文化の指導者・保護者たらねばならない。

秦漢から唐代まで、たとえば印刷技術などまだ十分ではなかった未熟な段階は別として、君主独裁制が確立する十世紀において、皇帝による、後世に残る文化事業が実施され始める。流石に文字の国である中国では、まず皇帝に知識と教養を十二分に与えるという目的で、百科事典ないしは百科全書の形をとってそれがあらわれる。具体的にいうと、その時点で目睹《もくと》できるすべての書物から、ありとあらゆる事項や記述を抽出し、多くの項目に分類編纂する。それまでの帝王の事蹟の事典『冊府元亀《さっぷげんき》』、主要事物の簡易事典『太平御覧《たいへいぎょらん》』、あるいは小説、物語を内容別に集めた『太平広記《たいへいこうき》』など、いずれも五百巻、一千巻という量ではあるが、それらは現在でも容易に利用することができる。ただ、この段階では、こうした編纂物は、まだ皇帝一人のために役立てる点に主眼がおかれ、必ずしも一般知識人を対象にしていたとは言えない。このような文化事業は、元の『経世大典』、そして前章で述べた『永楽大典』と継承されるが、清朝のそれは、規模も内容も桁《けた》外れに大きなものだった。ではなぜ満洲民族の清朝が、そうした書物編纂事業に熱をいれたのであろうか。直接には、異民族への服従にとかく不平を洩らす知識人分子を懐柔する目的が頭に浮かぶであろうが、問題はそれだけにとどまらない。中国への理解度が、モンゴル王朝元とは格段に違っていた清朝では、順治、康熙以下の皇帝たちが、中国の文化を中国人以上に咀嚼《そしゃく》して身につけるべく、文字通り血を吐く努力を続けた。しかし、それだからこそ却って、彼らは中国文化の深奥にひそむ危険な部分をもまた十分に知ることができた。康熙・雍正・乾隆の極盛期は、裏にまわれば、異民族清朝皇帝の神経を逆撫でする行為に対しては、極刑をもって弾圧できる時代でもあった。先に述べた辮髪強制でも明らかなように、開明な英主たちといえども、絶対に譲れぬ部分はしっかりと心中に抱いていた。満洲支配者たちを「夷狄」として蔑視する風潮、言葉をかえれば漢民族意識に根ざす差別、そして自分たちが滅した明王朝に加担もしくは擁護する言説などがその一例である。それはさらに、こうした事例を口実に、特に江南の知識人士大夫たちに警告を発し、異民族への反対運動を諦めさせる意味も加えられる。秦の始皇帝がひきあいに出されるほど、清初の「文字の獄」と総称される思想と言論の弾圧は厳しかった。

康熙帝の即位間もない一六六三年、浙江の富民荘廷鑨《そうていろう》は、明代の歴史の草稿を手に入れ、最後の崇禎《すうてい》時代を補って『明史輯略《みんししゅうりゃく》』を作って出版した。この本の中に、清朝の禁忌に触れる部分があり、告発によって、本人はもとより印刷者、出版元まで含めて七十四人が処刑、その他大勢が処罰された。また雍正時代、江西省の科挙の試験で、『詩経』の「維民所止」（維《こ》れ民の止《お》る所）が出題された。ところが維と止の二字は、雍正の二字の頭の部分をとったもので、雍正帝の頭をはねる寓意だと言いがかりをつけられ、責任者の査嗣庭《さしてい》は死刑、一族も罪におとされた。それらと少し方向を異にするが、雍正帝と関係する次のような話しもある。四川の軍司令官岳鍾琪《がくしょうき》は、南宋の忠臣岳飛の子孫と伝えられるが、ある日彼のもとに、田舎学者曾静《そうせい》がやって来て、「貴方はどうして岳飛のように異民族を退治しないのか」とたきつけた。調べてみると、曾静は朱子学者として名高い浙江の呂留良《りりゅうりょう》（晩村《ばんそん》）の思想にかぶれていたことがわかった。雍正帝は、天の代りにこの世を治める皇帝には、朱子学の言うような正統も異端も、漢民族も異民族もないとして、『大義覚迷《たいぎかくめい》録』なる著書を公刊し、曾静は赦《ゆる》す代りに、呂留良の墓をあばき、遺骸の首を斬り、息子も処刑して、江南の知識人たちを震えあがらせた。すでに康熙帝は民衆のために、教育勅語《ちょくご》にあたる『聖諭《せいゆ》』十六条を発布していたが、雍正帝はそれを敷衍して、全部で一万字に達する『聖諭広訓』を作り、科挙の受験生にも、必ずそれを暗記するよう強制した。この『大義覚迷録《たいぎかくめいろく》』とならび、両者は知識人から下層階級までを包含する、キメこまかな思想統制の役割を果す働きをする。こうしたいわば鞭《むち》に当る一面に対し、大規模な編纂事業は特に知識人への飴《あめ》であり、同時に飼い馴らされて危険思想の少なくなった学者層を、乾隆から嘉慶にかけて輩出する下地をも作った。

康熙・乾隆の編纂事業

康熙帝は、三藩の乱の頭領呉三桂《ごさんけい》が死んだ直後の一六七九年、前朝の正史である『明史《みんし》』の編纂に着手した。唐代以後の統一王朝は、宮廷に資料編纂所を設けて各種の記録を蒐《あつ》め、それらを「実録」や「国史」といった形で整理しておく。一つの王朝が滅びると、次の王朝が、前朝の「実録」や、「正史」を編輯し、新しい材料をも加えて、司馬遷以来の伝統的な歴史叙述形式である紀伝体を使って、前朝の公式の歴史書を完成させる。清朝の手で一旦正式な『明史』ができてしまうと、そこに書かれた事柄に表立っては反対できなくなる。この『明史』編纂のために、清は博学鴻儒科《はくがくこうじゅ》という、見たからに権威のありそうな特別試験を実施し、学者たちに応募させた。この結果、必ずしも清朝に好意的でなかった江南の学者を含めて、五十人余りが登用される。その成功により、口うるさいインテリ漢人層も、御用学者として、異民族皇帝の文化事業に加わる道が開かれる。康熙帝時代の編纂物で、いまも中国学研究者に多大の稗益《ひえき》を与えている書物は、『康熙字典』と『佩文韻府《はいぶんいんぷ》』、そして中国的百科事典の極めつきともいうべき『古今図書集成《ここんとしょしゅうせい》』であろう。そもそも漢字という厄介なものは、扁《へん》と旁《つくり》を組み合わす楷声《かいせい》（形声）文字なら、幾らでも作ることが可能である。後漢時代にはじめてできた字書で九千三百字だったものが、現在では優に五万字を超えるけれども、一冊になった普通の漢和字典にはその半分も載っていないだろう。康熙帝五十五年（一七一六）にできた『康熙字典《こうきじてん》』は約四万字を収録し、日本人にも広く利用され続けている。また、『佩文韻府《はいぶんいんぷ》』は韻をふむ必要のある詩や文章の作成に役立つよう、古典に記載されたあらゆる熟語をとり出し、末尾一字の韻《いん》で分類排列したもので、使い方によっては甚だ便利で、日本でも、形を変えて、辞典類に広く流用されている。ちなみに佩文の二字は、康熙帝の書斎を佩文斎《はいぶんさい》と名づけるのにもとづく。このほか、康熙の末に編纂が始まり、雍正三年（一七二五）に完成した『古今図書集成』は、その名の通り、当時手にすることができたあらゆる文献から資料をあつめ、それを六彙編《いへん》（大綱）、三十二典（大項目）、六一〇九部（普通項目）に分けた、かつてない大きさの百科事典で、その項目を幾つか集めれば、論文が楽に書けると冗談をいわれるほどである。康熙帝にさらに輪をかけた大事業が、乾隆帝の「四庫全書《しこぜんしょ》」に他ならぬ。中国全土から書物を捜し集め、そのうち三四五八種、巻数にして七九二二四巻を選び、伝統的な図書分類方法により、経《けい》・史・子《し》・集の四部四庫にわかって、宮中図書館に収蔵したため、四庫全書と呼ばれる。この中には、先の『永楽大典』から抽出した書物も五百種ほど含まれている。選別された各書につき、専門の学者が詳細な解題をつけ、すべて同じ形式と字体で筆字される。四庫全書三六三八三冊は七セット作られ、北京と満洲の四ケ所、江南の三ケ所に分置された。このうち四セットが現存し、複製本のほか、ＣＤ－ＲＯＭも作られ、研究者はこれまた容易に利用する便宜を享受できる。四庫全書は、たとえば仏教や道教関係の文献は極端に少なく、むろん清朝の禁忌を犯すような書物は除かれ、またすべて筆写のため誤まりも少なくないが、乾隆時代以前の中国の主要な書物を網羅しており、中国の皇帝政治の文化事業としては空前の金字塔たる名に恥じない。それは乾隆帝の皇帝としての壮大さの誇示、学者たちの懐柔を目的とすると同時に、ありとあらゆる書物を細部まで調べあげる検閲の意図をも隠していた。さらに莫大な費用の浪費といった非難もあるにせよ、それが中国学に残した功績は、現在に至るまで、その欠点を補って余りあるものと言ってさしつかえない。

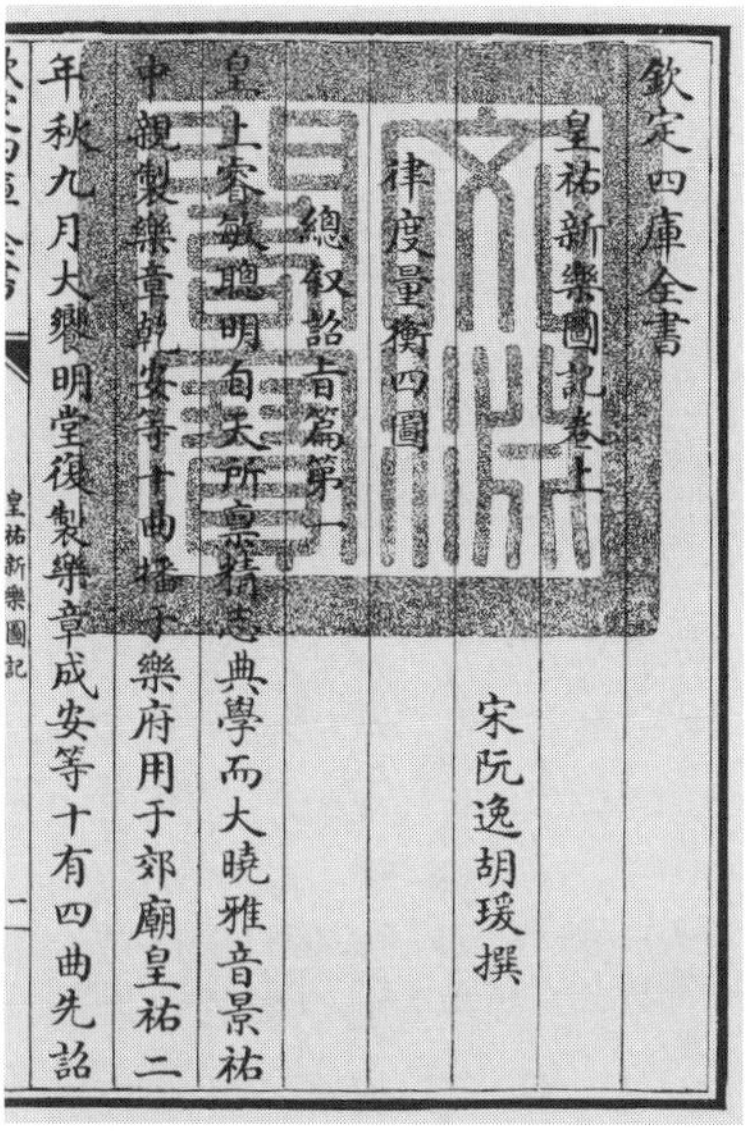
欽定四庫全書
皇祐新樂圖記卷上
宋阮逸胡瑗撰
律度量衡四圖
總叙詔旨篇第一
皇上睿哲聰明自天所禀精志典學而大曉雅音景祐
中親製樂章并安等十曲播于樂府用于郊廟皇祐二
年秋九月大饗明堂復製樂章成安等十有四曲先詔
皇祐新樂圖記

四庫全書　文淵閣本

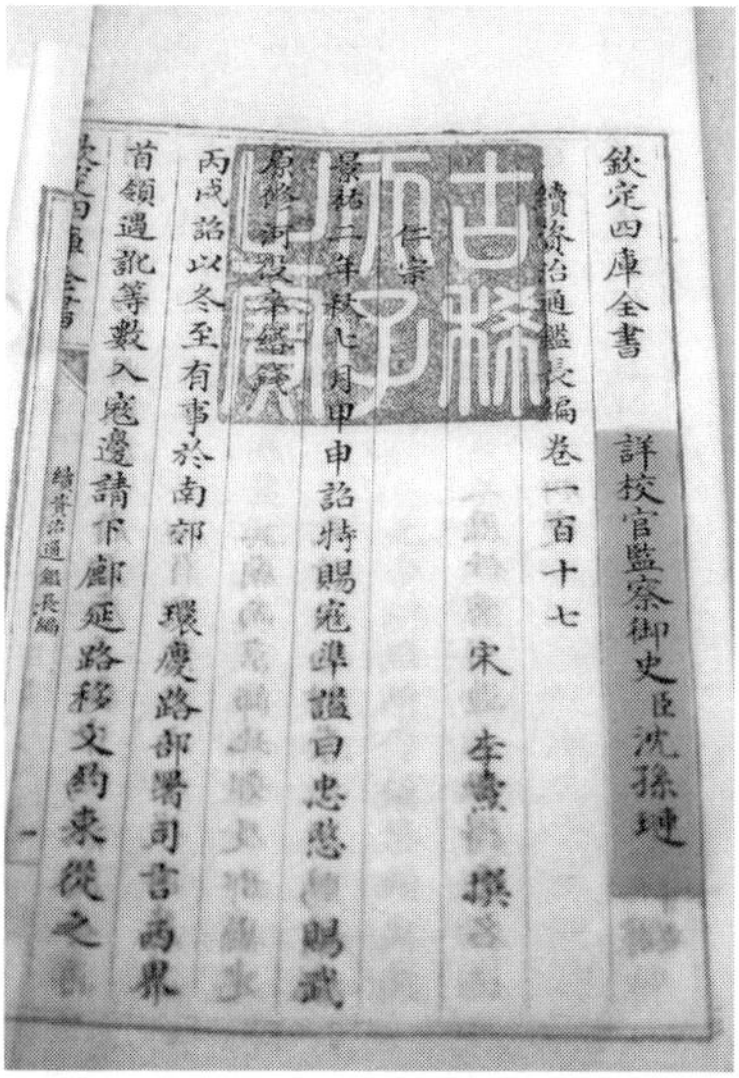
欽定四庫全書
詳校官監察御史臣沈孫塤
續資治通鑑長編卷一百十七
宋　李燾　撰
仁宗
景祐二年秋七月甲申詔特賜寇準謚曰忠愍
丙戌詔以冬至有事於南郊　環慶路部署司言西界
首領過訛等數入寇邊請下鄜延路移文　從之
續資治通鑑長編

杭州文瀾閣本

衰退の兆《きざし》

乾隆の極盛期が過ぎ去り、十九世紀を迎えた嘉慶帝の治世になると、清朝に凋落の影が忍び寄ってくる。嘉慶から五代、ほぼ百年の歳月は、それまで二千年以上をかけて築きあげられて来た中国の皇帝政治が、内と外からの原因により、その極点から消滅に至る、苦難に満ちた道程ということができる。それは小さな綻《ほころ》びが徐々に拡がり、やがて内外の圧力で亀裂があちこちに入り、何とか修復しようとする努力も空しく、最後には手の施しようもなく瓦壊する、老朽した巨大な家屋にも譬《たと》えられよう。

古来七十歳を超えた天子は六人しかいないと、「古稀天子」の印を作り、さらに八十を過ぎると、八十以上の天子三人のうち、立派といえる皇帝は自分とフビライだけだと自慢した乾隆帝も、さすがに晩年には政治に倦《う》み、旗人出身のお追従《ついしょう》に長じた和珅《わしん》を寵愛し、首席軍機大臣として、彼に政務をまかしてしまう。和珅はあたかも、北宋末、徽宗《きそう》時代の蔡京《さいけい》さながらに、あらゆる方面から賄賂を貪り、次の嘉慶帝から自殺を命ぜられた時の全財産八億両は、清朝十年分の国庫収入を上まわると言われた。上がそうであれば下もこれに倣うで、雍正時代の清潔な政治はすっかり忘れ去られ、利権に目のない連中が大手を振って表に顔を出す。特に生業に従事することを制限された、満洲旗人を筆頭とした職業軍人たちは、乾隆帝の外征などを恰好の手蔓《づる》として、和珅らその筋の高官に賄賂を贈り、論功行賞にあずかろうと目論む。そのためには戦争や騒擾が長びく方が、どちらにとっても有利なため、当然国の軍事費は膨大な額にはね上がり、国庫は寂しくなり始める。それに加えて、十八世紀までは、海外貿易は常に輸出超過で、大量のメキシコ銀が流入し、中国経済は好景気の中で推移していた。ところが、資本主義の発達とともに、イギリスを中心としたヨーロッパでは、産業資本の蓄積の必要上、銀を中国に渡せなくなり、その代りに、中国貿易の対貨として、インド産のアヘンを持ちこむことになる。階級の上下を問わず、アヘン吸引者が蔓延し、特に大都市を中心にその数が激増すると、アヘンの輸入量は鰻のぼりにふえる。それは銀の流出をさらに加速するため、清朝の経済は次第に深刻な状況におちいる。

十九世紀に入ると、湖南の奥地や貴州といった、これまで漢民族と縁の薄かった山間部で、少数民族＝苗族の反乱が頻発しはじめる。雍正時代、この地方を内地に編入したため、大量の漢人が移住し、苗族を圧迫した結果である。それと時を同じくして、湖北にはじまり、河南、陝西、四川など中国西部一帯に、白蓮教徒《びゃくれんきょうと》の乱が発生する。白蓮教は、元末の動乱で、明の太祖朱元璋《しゅげんしょう》もそれに加わっていた、弥勒下生《みろくかしょう》を説く民間信仰であるが、清朝では邪教として厳禁されていた。しかし白蓮教徒たちは秘密結社を作り、同じく裏の世界の中心にいる塩のヤミ商人たちとも結びついて、社会に不安定のきざしが見えると蠢動《しゅんどう》をはじめる。その鎮圧のため送られた清の軍隊は、例によって争いを長びかせ、その間に金儲けだけを考える。仕方なく政府は民兵を募《つの》り、八旗を中心とした正規軍は後でそれを傍観し、他方白蓮教側でも、善良な農民たちを駈り出して、自分たちは命を失うまいと策謀する。こうして九年も続いた嘉慶の白蓮教徒の乱がおさまると、十年もたたぬ間に、山東、河南の境界から天理教の乱がおこり、一時は北京の宮中まで押し入る騒ぎとなる。こうした反体制運動の続発は、清朝の権威を著しく失墜させ、とくに八旗軍の無能と無力を満天下にさらすことになってしまう。

　漢でも唐でも、長く続いた王朝は、創業者と後継者の落差がとかく目につく。清朝においても、康熙・乾隆と嘉慶・道光をくらべると、その差は歴然としている。嘉慶帝や道光帝とて、日本の幕府のあたりなら名君ともてはやされるくらいの人物ではあり、さすが皇太子密建の法で選ばれただけに、政務に勤勉で節倹につとめ、国家の衰運を防ごうと心を砕いた。しかし、成功した皇帝たちのように、世間の注目を浴び、民衆を味方につける芝居心や豪快さに欠ける。要するに、皇帝としては面白くない人間である。折角和珅の八億万両を没収しておきながら、それを景気よく放出して世の中を盛りあげる智慧も持っていない。しかし、すべてを皇帝個人の責任に帰すわけにはゆかない。壮年から老年へ、やがて死へ向かう人間と同様に、その体制の中に安住し、周囲も自分もそれに慣れきっている状況では、起死回生の手を打つなどという芸当ができるはずもなかろう。そもそも社会自体が、太平と安逸にどっぷりと浸り、自分とその狭い範囲のことしか考えようとはしていないのである。

道光十九年から二十年（一八三九－四〇）遂にアヘン戦争が起り、南京条約によって清朝は開国を余儀なくさせられる。そのあと、一九一二年、辛亥《しんがい》革命の結果、袁世凱《えんせいがい》の手で清朝のラスト・エンペラー宣統帝に退位の引導が渡されるまで、一般に中国近代史と呼ばれる七十年余りの間、たしかにさまざまな出来事が起る。しかし、アヘン戦争が始まり、南京条約が結ばれた時点で、百歩ゆずって一八六〇年に北京条約が結ばれた時に、すでに清朝をむしばんでいた病気は回復不能の状態にあった。手を替え品を替えた手術や延命策も、大勢にはとりたてて効果はなく、西太后のような女傑の登場も所詮は仇花にすぎなかった。一九一二年、異民族王朝清の消滅と同時に、始皇帝以来二千百年余りを数えた王朝による皇帝政治は、ひとまず幕引きとなったのである。

終章　皇帝政治とは何であったか

ヨーロッパ列強の進出

一八四〇年のアヘン戦争以後、一九四九年の人民中国の成立に至る百年は、英・仏・露をはじめ独・日など、列強諸国の進出のため、中国はかつてなかった苦難の時代、さらには累卵の危機にまで追いつめられる。それより一世紀前には、フランスと肩を並らべる高度な文化を誇っていた清朝も、広東に姿を現したイギリス艦隊の背後にある、市民革命と産業革命の本質を全く理解できなかった。

イギリスにおける資本主義の発達は、工場生産物の市場と原料の調達を求めて、全世界にその触手を伸ばし、まずその標的とされたインド、ついで中国は、武力で脅かされつつ地獄の火中に投げこまれる。現在から振返ると、ヨーロッパの十九世紀という時代そのものが、特異な歴史的性格を持っていたに過ぎないのだけれども、ヨーロッパ人たちは、大英帝国の七つの海の制覇を讃美し、世界に冠たるヨーロッパの感覚を共有した。それは歴史学の分野とて例外ではなかった。とりわけ、アヘン戦争から一九一一年の辛亥《しんがい》革命に至る間、資本主義列強は、最初は眠れる獅子と怖れつつ、恐る恐る、そして次第に大胆に要求を露骨にあらわし、やがて獅子が張子の虎とわかるや、なりふり構わず中華帝国の蚕食を始め、最後には瓜分《かぶん》の囁きさえ交されるようになる。こうした百年以上の清朝の状況を目のあたりにしながら、進んだヨーロッパと遅れた中国という価値観が設定され、中国をかくあらしめた原因の最たるものが「皇帝政治」にほかならぬとする、一種の思いこみができあがる。そうした前提に立つと、たとえば後の人民共和国の成立に際しても、二千年の長きにわたり、皇帝を頭に戴く一握りの権力集団により、膏血を絞りとられ続けた人民が、遂にみずからに目覚め、新しい中国を創るために立ちあがる、という筋書も作られる。本書の中でも幾つか実例を挙げたように、この手の恰好の良い話は、常に時の政治情勢と表裏してあらわれるものである。二千年もの間、皇帝たちの圧制に虐げられ、呻吟してきた農民たちが、突然自覚を持って立ち上るというのは、その時に毛沢東と共産党指導部が優れた方向性と施策を持っていただけのことではないか。現に革命から半世紀、目覚めたはずの人民たちは、社会主義市場経済とやらいう金儲けに熱中し、革命の精神は遥か彼方に忘れ去られた感じさえする。

確かに、アヘン戦争以降、清朝皇帝とその周辺は、列強への対処の方法で誤りを犯し続けた。しかし、当時の清朝の皇帝政治は、唐や明と全く同様に、尾大不掉《びだいふとう》、つまり老化・固陋となって、身動きがとれぬ状況に陥ってしまっていた。南京条約のあと、アロー号事件、北京条約、日清戦争、義和団事件と続く、中国と列強の間のエスカレートする抗争、いっぽう国内では、太平天国に始まる革命運動、洋務運動の改良主義と立憲君主制への模索など、さまざまな要素が複雑に絡み合う。それらが、長い伝統と価値観に支えられた、皇帝・知識人士大夫官僚と、圧倒的に多い無知で貧しい農民が支配・被支配の関係にある広大な国土の上で、次々と生起した時、その責任を皇帝乃至は皇帝政治だけに押しつけるわけにはゆかない。

私はこの書物で、一九一一年までの中国における、王朝に足場をすえた皇帝政治は、この歴史世界に統一をもたらすための、必要不可欠の要素だったという立場をとる。それと同時に、秦の始皇帝以来、二千年間、中国の皇帝政治はほとんど変化がなかったといった、一部になお根強く残る単純な考え方は、ほとんど問題にするに足らないと考える。過去二千年の長きに亘り、中国の皇帝政治がくりひろげられて来た場所は、現在の中国全体からみると、東南部四分の一、いわゆる本部十八省にすぎないが、それでも日本の優に十倍はある大きさを持つ。そこを統轄する皇帝政治は、時代とともに内容を整備・充実させ、社会の発展に応じて次々と新しい要素を付加し、それらを柱として、中華文化、中華世界を成長・発展させていった。私はそうした側面にライトをあてて、各章の叙述を進めてきたつもりである。

かりにヨーロッパ全体といえば、東欧は含めロシアを外すと、二十国ほどになろう。それらの総面積は中国全体の半分、従って先の本部十八省に近い大きさとなる。人種、民族、言語、風習、社会など、多くの面で異なるこれら地域を、一つの統一体に纏めることの困難さは、E・Uの問題を持出すまでもなく明らかであろう。ただし、中国の場合は、歴史的にバラバラだったものを、一度にまとめたわけでは決してなく、長い歳月をかけて、中華文明の核を中心に、周囲の多種多様な民族、文化をとりいれ、それらを醸成して現在のかたちに淘汰した結果である。現在の公式発表では、漢族が九三パーセント強、五十五の少数民族が七パーセント弱とされる。ここで漢族と総称される民族自体が、始皇以来清朝まで、数多くの民族が複雑に混血してできあがったものに他ならず、そうした現代の漢族の世界を形成する過程で、有形無形の寄与をなしたもののもまた皇帝政治なのであった。

中国皇帝政治の基底

中国で皇帝政治を成立させる基礎となる事柄が幾つか数えられるが、さしあたり次の二つを取上げておきたい。一つはこの国を支える農業と社会の関係である。最初に中国文明の核ができた黄河中流域の農業生産は、極めて不安定な環境の中にあった。渭《い》水と黄河に沿う北緯三五度線の年間降雨量は六〇〇ミリ、日本の三分の一にすぎない。しかもその恵みは気まぐれで、そこに黄河の洪水が加わる。十年九旱、夏旱秋澇《ろう》（長あめ）はあたり前、国は九年の備蓄なくしては国とはいわれぬ状況であった。麦、豆、黍《きび》、粟《あわ》などを主穀とした、中原の旱地農法地帯では、男女老幼を問わず、それぞれが持分に応じ、営々たる毎日の土まみれの労働を繰り返さねばならない。そして黄土の生産性と天・地・人が一致した、何年かに一度の大豊作によって、辛うじて生活が維持できた。従ってそこでは、家族の共同労働、それを結び合わせた親属の紐帯が著しく強固で、同時に経験豊かな老人が重視される社会ができあがる。その結果、個人が自己を主張し、勝手に一人で行動できる場は著しく制限され、これまた近代社会からは冷い目でみられる家父長制の枠組が強く存続する。ところで、黄河流域の旱魃《かんばつ》や洪水がいつやって来るか予測はできない。ヨーロッパの偏西風地帯の三圃農法などで、計算して生産を維持できるような場所で育まれた合理的思考は、中国ではそもそも発生する余地がなく、逆にヨーロッパの精神では理解しにくい、中国的合理思想が形成される。戦後の日本ではアメリカ的民主主義、アメリカ的考え方に覆いつくされ、ヨーロッパ、中国両方に対して、それを理解する道が歪められているのは、最も反省と注意を要するところであろう。このような水の利用に細心の注意が必要で、夏は猛暑冬は極寒の場所で、ヨーロッパの史実をふまえた唯物史観の奴隷制の範疇を当嵌めようとしても、うまくゆかぬのは当り前である。西嶋定生氏などは、苦しまぎれに総体的奴隷制などという新概念を提唱されたりしたが、それなら総体的封建制や、総体的資本制も作れるわけで、結局あまり生産的な結果を導き出せない。

問題の第二は、ではこうした稔り少い重労働に従事する、数の上では圧倒的に多い農民たちを、一つの政治権力に組織するためには、どういう方法が有効だったかという点である。上に述べたように、彼らは個人として存在するのではなく、家族が最小の単位をなす。平均十人ほどの家族は、男系血縁の集合体としての親属に包含される。この親属の紐帯は、日本人には想像できぬほど強いものだが、これを逆に利用して、上から血縁あるいは血縁と地縁が混じり合って集団を、まとめて統治する方法を誰もが考えつくだろう。かくして、すでに紀元前二世紀の漢代には、千五百ばかりの郡県（のちの州県）城市が、ヨーロッパ人のいうマンダリン（中国風行政官）の治所となり、そこまでが、皇帝の直接任命する官員の責任受持場所となる。そうした城壁都市の外にある農村へは、原則として官員は直接には足を踏みいれず、徴税にしても裁判にしても一種の請負いの形式で、各農村の有力者もしくはその関係者に委託される。その点だけとれば、農村は自治区となるかも知れないが、その自治には、そこに住む成人個人を尊重するような考え方も実体も全くなく、あくまでも親属が連合した農村共同体といった集団が基礎になっている。

さきの城市（郡県）の住民はもとより、こうした農村からも、優秀な人材は常に生まれてくる。すでに漢代以来、時代によってその方法や内容は異るにせよ、そうした人材を官僚として皇帝のもとに集める制度が創設される。こうした官僚は、指導理念としての儒教のテクスト「経書」を勉強せねばならず、特に宋代以後は、その勉強を三歳から始めて早くて十五〜二十年、遅ければ三十〜四十年も続けなければならなくなる。かくて、皇帝の周囲には、ホンの一握りの、しかしその古典的教養、人文学的知識については比類なき知的官僚集団ができあがり、彼らを援けて行政の補助に任じる若干の識字階級を除くと、農民のほとんどは、目に一丁字もない存在と化してしまう。こうした皇帝支配をささえる、少数ではあるが、とび離れた文化的能力を持ち、儒教イデオロギーの塊のエリートに対しては、自分がその一員に加わる以外は対抗のしようがない。一方の農民たちは王朝末期の混乱した時期以外は、まずまず生きてだけはゆかれ、エリートたちを諦らめを交えた気持ちで遥に望見するだけである。こうした構成は、一方で文言《ぶんげん》つまり漢字を駆使した文章や詩賦が作れる人間とその予備軍を、これまた少数再生産しつづけることによって、ヨーロッパの何ヶ国語にも相当する、あるいはそれ以上の方言を、書き言葉によって統一できるというメリットもあった。ちなみに、二十世紀初めの段階で、自分の名前が漢字で書けない人たちが九〇パーセントを超えていた。これにくらべ、あるアメリカの学者が驚異の口ぶりで語るように、明治の末には、日本では、新聞の見出しも読めない人は数パーセントを切っていた。そうした落差の大きさは、皇帝政治によって必ずしも改善はされなかったが、毛沢東による教育行政でも識字の問題がいまだに大きなネックになっている点を考えあわす時、日本のような島国の小国で、これはとやかく言える問題ではなかろう。

中国皇帝政治の推移

私は本書で、二千年の中国皇帝政治を説明する際、まず漢民族と非漢民族の王朝という二つの縦の流れを設定した。それとともに、十世紀なかば、五代末の後周《こうしゅう》の前で、二千年の皇帝政治を前後に区分した。秦の始皇の手で開始された漢民族による第一次の皇帝政治は、ひとまずは三一六年の晋室の南渡で、実質的な終焉《しゅうえん》を迎える。それに寄り添うように、五胡十六国を先払いとして、北魏に始まる第一次の異民族による皇帝政治が幕をあけ、隋・唐に至ってそのピークを迎える。この第一次の異民族王朝は、彼ら自身の個体発生の中で成長してゆくと同時に、それまでの漢民族の皇帝政治を手本とし、それに合流するかのように、全体の系統発生に融けこむ。十世紀なかば、後周から宋になると、同じく皇帝政治といっても、より高次な段階の君主独裁制が、再び漢民族の手で開始され、皇帝政治全体の系統樹は、さらに一段と伸長する。ところが、ここでも時を同じくして、第二次の異民族王朝の個体発生が開始され、遼、金そして元と続き、最後のモンゴル王朝元が、宋の系統樹を継ぐかに見える。しかし、事実としては、宋までの漢民族中心の高度な文明は、一旦挫折し、系統発生はいってみればあと戻りしなければならなくなる。第二次の異民族王朝の個体発生が、十分開花結実せずに自滅すると、それに代って、第三次の漢民族王朝があらわれる。ところが、この明王朝の初期は、直接宋の社会や文化の系統を継ぐほど高次な段階にはなく、かえって彼ら自身が新しい個体発生をくり返さなければならない。ただそれは加速的に進歩し、漸く明の中頃に至って宋の系統発生の本筋に戻ることができるようになる。明を継いだ満洲族の清朝は、経験的に元・明の轍をふまぬように心掛け、第三次の異民族王朝ながら、実際には漢民族以上に、その皇帝政治の系統樹の生長に尽力し、遂に中国の皇帝政治の最も豪華な花を咲かせる。

私はここで、唯物史観の発展段階説や、伝統的な古代、中世、近世といった時代区分をすべて無視し、皇帝政治の窓を通して、前近代の中国をひと通り叙述したつもりである。但し、皇帝政治といっても、限られた紙数の中では、政治過程、政治制度の叙述だけで精一杯、とても経済問題その他には触れられなかった点はおゆるしいただく他はない。

では、中国において、皇帝政治とは一体何であったのか。一九一一年の辛亥革命の翌年、袁《えん》世凱《せいがい》の手で宣統帝溥儀《ふぎ》は退位させられ、太陽が東から上るごとく、不変の存在とされた皇帝が消滅した。しかし果して、二千年以上も皇帝政治を必要とした、中国の情況は、皇帝の消滅とともに、ただちに別の局面に変れるものだったのであろうか。確かに王朝はなくなり、それを取りまく儒教士大夫たちも姿を消した。しかし広大で必ずしも豊でない土地に生活する尨大な数の農民、あるいはヨーロッパのように個人中心の社会を育てるもろもろの条件の、根本的な欠落や未成熟さが、現在でさえも重なり合って見えるこの国では、王朝や天子個人の存在は全く別としても、皇帝政治的な権威と頭脳、それと表裏した行政制度などの組織が不可欠なのではなかろうか。そこでは、たとえば一九四五年後半以後の日本のように、ただちにアメリカ流の個人を基礎とした民主政治や議会制民主主義が、代りにすぐ機能するといったご安直なことは、とてもできそうにはない。毛沢東の共産党が、ソヴィエトやヨーロッパの共産党と、根本で異なる部分があるように、そうした政治権力の核が、長い歴史的遺産である皇帝政治の長所を取捨選択して、新しい中国の道をきりひらく姿を、私はひそかに頭に描いている。

梅原　郁（うめはら　かおる）
1934年　京都市生まれ。専門は中国宋代史、法制・制度史。
京都大学名誉教授、文学博士。日本学士院賞授賞（2010年）
著書「宋代官僚制度研究」同朋舎1985年「夢粱録訳注」（3冊）平凡社2000年「訳注　中国近世刑法志」上下　創文社2002～3年　など多数。

白帝社アジア史選書
HAKUTEISHA's
Asian History Series
001

皇帝政治と中国

2003年11月4日　初版発行
2012年4月25日　5刷発行

著　者　梅原　郁
発行者　佐藤康夫
発行所　白 帝 社
〒171-0014　東京都豊島区池袋2-65-1
Tel　03-3986-3271　Fax　03-3986-3272
http://hakuteisha.co.jp
印刷　倉敷印刷　　製本　若林製本所

ISBN978-4-89174-633-9

白帝社アジア史選書

HAKUTEISHA's
Asian History Series

発刊にあたって

二十一世紀はアジアの世紀である。日本とアジアの国々の距離はいよいよ近づき、人々の交流はますます緊密さを増していくだろう。わたしたちは今、アジアの一員であることをきちんと自覚し、対等平等の立場からアジアの将来を考え、日本の位置を見定める時期に立っている。

日本は二十世紀の前半、アジアの国々に侵略し、数え切れない生命を奪い、国土を踏みにじり、かの地の人々に激しい憤りと悲しみと絶望を与えた。それから半世紀以上を経過して、かれらの心に沁みついた不信の念は完全に払拭できたであろうか。正直なところ、まだ過去の残像に引きずられ、未来志向の安定した関係を打ち立てるに至っていない。

こうした現状の背後には、欧米と比べてアジアを低く見る観念や、アジアの現実を共感共有できない視野の狭さが伺われる。だがアジアは、世界のどこにも引けを取らない豊かな歴史、多彩な文化をもって今日に及んでいる。しかも世界が宗教を正義として血を流しあうなかで、仏教を信仰するアジア地域からは仏教による抗争を生んでいない。これはわたしたちの誇るべき財産である。

白帝社アジア史選書は、そのようなアジア諸国と正面から向き合い、歴史の面からその魅力と本質に迫り、アジアを知る新たな手がかりと可能性を提示することを目指すものである。わたしたちのいうアジアとは、東アジアに軸足を置きつつ、他のアジア全域に及ぶ。当然日本も大切な領域となる。この選書が少しでも多くの読者の目に止まり、良質なアジア史理解の形成に貢献できることを切望している。

二〇〇三年十月

白帝社アジア史選書

HAKUTEISHA's Asian History Series

001

皇帝政治と中国

梅原　郁

1800円

二〇〇〇年以上続いた皇帝政治は、この国に停滞をもたらし、諸悪の根源ともいわれる。しかし、広大多様な中国を一つに纏める求心力として、それは厳然と機能していた。皇帝政治という視座から中国史の本質に迫り、再生産されてきた「カラクリ」をわかりやすい筆致で解き明かす。

002

知の座標
—中国目録学

井波　陵一

1600円

中国は膨大な書物を残してきた文字の国である。筆者は、その過去から現在、未来にわたり集積される知の世界をConstellation「星座」とみたて、その座標軸になるのが、目録学であるという。図書館学を目指す人、中国文化論に関心ある人に是非とも薦めたい一書である。

003

王莽
—儒家の理想に憑かれた男

東　晋次

1800円

前漢を奪うようにして新の皇帝となった王莽。しかし、彼は、果たして根っからの悪逆非道な簒奪者だったのか。本書は「聖」をキイワードに、儒家理念の権化のごとく生きた男の生涯を克明にたどることによって、その実像を浮かび上がらせる。本邦初の本格的王莽伝。

004

亀の碑と正統
—領域国家の正統主張と複数の東アジア冊封体制観

平勢　隆郎

1600円

正統主張するための形が台座の亀に託された—東アジアは漢字文化を共用するが、その中は一様ではない。これまであまり知られていなかった特別な碑石「亀趺」を検討し、それが東アジア全体に関わり、中国や韓国や日本という国家、地域に関わることを具体的に検証する。

*価格は税別